Piccola Biblioteca Einaudi 100
Nuova serie
Saggistica letteraria e linguistica

Bice Mortara Garavelli

Le parole e la giustizia

Divagazioni grammaticali e retoriche
su testi giuridici italiani

Piccola Biblioteca Einaudi
Saggistica letteraria e linguistica

Indice

Elenco delle abbreviazioni

art.:	articolo
Cass.:	[Corte di] cassazione
c.c.:	codice civile
C.E.:	Comunità Europea
c.p.:	codice penale
c.p.c.:	codice di procedura civile
c.p.p.:	codice di procedura penale
c.str.:	codice della strada
Cost.:	Costituzione della Repubblica Italiana
d.l.:	decreto legge
d.lg.:	decreto legislativo
d.m.:	decreto ministeriale
d.p.r.:	decreto del Presidente della Repubblica
G.U.:	Gazzetta Ufficiale
I.D.G.:	Istituto per la Documentazione Giuridica
L.:	legge
M.C.C.:	Massime della Cassazione civile
r.d.:	regio decreto
U.E.:	Unione Europea

Per le sigle I.L.L.I., LIF, LIP si rinvia ai *Riferimenti bibliografici*, sezione 2. *Raccolte bibliografiche, testi, concordanze, indici e lessici di frequenza*. Per le sigle DELI, DISC, G.D.L.I., GDU si rinvia alla sezione 4. *Dizionari*.

Avvertenze sui rimandi bibliografici.

Si segue il sistema nome-data: tra parentesi quadre la data dell'edizione originale. La data dell'edizione a cui rimandano le eventuali citazioni è messa in parentesi tonde quando l'oggetto del riferimento è l'autore; non è messa tra parentesi quando l'oggetto del riferimento è l'opera.

Premessa

Le parole e la giustizia. Questo titolo richiede una giustificazione preventiva. È una restrizione di campo, sulla base del sottotitolo: "le parole" richiamano ciò che è materia di analisi linguistica, "la giustizia" ciò che è materia di studi giuridici.

Ma il binomio evoca concetti che è bello tenere sullo sfondo. Ha scritto Giorgio Agamben[1]:

> non Logos, ma Dike è [...] la piú antica tradizione umana (o, piuttosto, essi sono in principio indistinguibili). Il linguaggio come memoria storica cosciente è solo la nostra sopravvenuta disperazione di fronte alle difficoltà della tradizione. Credendo di trasmettersi una lingua, gli uomini si danno in verità voce l'un l'altro, e, parlando, si consegnano senza remissione alla giustizia.

Il rapporto tra linguaggio e diritto colloca le ricerche sul linguaggio del diritto in posizione particolarissima rispetto alle ricerche sugli altri linguaggi settoriali. Ne parlerò rapidamente nel primo capitolo. Il punto di vista sarà quello di chi dispone degli strumenti di una linguistica descrittiva, impegnata in un lavoro empirico sui testi; nell'applicazione, non nell'elaborazione, di teorie. Per un tale lavoro ho voluto parlare di "divagazioni", non per sminuirne l'impegno, ma per sottrarre lo sviluppo delle singole parti all'attesa di una omogeneità di mole non cercata e forse neppure opportuna, data la varietà degli argomenti.

Il tema adombrato dal titolo del libro poteva prestarsi anche a divagazioni di altro genere. Poteva autorizza-

[1] «Idea della giustizia», in *Idea della prosa*, Feltrinelli, Milano 1985, p. 52.

re un cambiamento del punto di vista: far considerare il mondo delle leggi e della giustizia "dal basso"; dare ascolto alla *vox populi*, che ha espresso in parole povere, in stereotipi e motti proverbiali, l'atteggiamento di chi sentiva di subire la forza della legge e dei suoi esecutori. «Parole povere»: voci di un *sermo humilis* a cui si affidano opinioni su «tutto quel complesso di cose e di persone» – per dirlo in termini manzoniani – che si chiama «la giustizia»[2]. E sulle leggi, su chi le fa, chi le applica e chi le subisce. Modi di pensare che riducono il generale al particolare o, viceversa, semplificano e generalizzano, opponendo in ogni caso alla lontananza concettuale di principî da cui discendono conseguenze sulla vita di tutti un pervicace rassegnato riparo di luoghi comuni. Pochi, ma con radici lunghissime, che affondano in un passato remoto, ignoto ai piú.

Cristallizzate in stereotipi, in generici elementi di giudizio, le «idee ricevute» alimentano *ab immemorabili* modi di dire e proverbi popolari. Che spesso risalgono a brocardi, o ad ascendenti letterari illustri, a massime del diritto di ogni paese. Come ha mostrato Fiorelli (1997a, p. 156), parecchi dei proverbi raccolti e commentati da Agnolo Monosini nei *Floris Italicae linguae libri novem* (1604) «sono vere e proprie *regulae iuris*»; ad esempio, il motto popolare «Il senno poco vale, ove giuoca la forza», citato dal Monosini a proposito del verso petrarchesco «Ma ragion contr'a forza non ha loco» corrisponde al brocardo *Ratio contra vim parum valet*. E, continua Fiorelli, «non sfugge al Monosini la corrispondenza con un verso di Menandro dove *bía* si contrappone a *nómos* e, nella versione latina, *vis* a *lex*»[3].

Un cammino a ritroso che si preannuncia affascinan-

[2] *I promessi sposi*, cap. IV.

[3] Nel libro VII del *Flos*, dedicato alla *Paroemiae Etruscae per latinas explicatae* è frequente il ricorso a fonti giuridiche «per il fatto che queste, o almeno le piú importanti, erano in latino e offrivano gran copia di *regulae iuris* tutte in latino, spesso orecchiabili e volentieri accolte nello stesso uso colloquiale di gente non necessariamente colta» (Fiorelli 1993a, p. 193).

te sarebbe quello che dal proverbio «La legge è come una ragnatela: se la mosca ci casca dentro è finita – ma se casca un moscone – ci fa un bucone»[4] (conservato in parecchie varianti regionali italiane; ne riporto qui una sola, da una raccolta di proverbi guastallesi[5]: *La giüstissia la fa cume la tlarina: la ciapa li moschi*) ci portasse alla cultura greca del III secolo: alle *Vite dei filosofi* di Diogene Laerzio. Al capitolo dedicato a Solone, il prototipo degli ottimi legislatori: «Le leggi sono simili alle ragnatele: se vi cade dentro qualcosa di leggero e debole, lo trattengono; ma se è piú pesante, le strappa e se ne va»[6].

Un altro esempio: l'adagio francese *Nécessité n'a point de loi*, attestato al n. 780 della raccolta *Institutes coutumières* di Antoine Loysel (1536-1617) e corrispondente al nostrano «Necessità non conosce legge», diffuso in tutte le regioni italiane, ha origine dal diritto canonico. L'enunciato *Necessitas non habet legem*, attribuito al papa Felice IV (prima metà del sec. VI), compare nel decreto *De consecratione*. Riguardava originariamente le messe celebrate fuori dai luoghi consacrati, «poi fu esteso al furto di cibo o di vestiti commesso sotto la spinta della fame o del freddo, in virtú di un testo dei *Proverbi* (VI, 30: "Non si disapprova un ladro se ruba per togliersi la fame quando non ha niente da mangiare") e su un passo di San Matteo (XII, 1-8), dove Cristo giustifica i discepoli che, un giorno di sabato, affamati, strappano delle spighe in un campo di grano» (Roland/Boyer 1999[4], p. 468)[7].

[4] Questa è la versione "standard" del proverbio, che si trova nella rubrica 06.05. «la Giustizia», dell'Atlante geoparemiologico italiano di Firenze.

[5] M. L. VERONA *et al.*, *La mèrla l'a passa 'l Po. Raccolta di proverbi guastallesi e di zone limitrofe*, Panozzo, Reggio Emilia 1981.

[6] DIOGENES LAERTIUS, *Vitae philosophorum*, I, Miroslav Marcovich *ed.*, Teubner, Stuttgart-Leipzig 1999, p. 40 (*Solon*, 1, 58): *toús dè nómous toîs arachníois homoíous: kaí gàr ekeîna, eàn mèn empései ti koûphon kaí asthenés, stégein; eàn dè meîzon, diakópsan oíchesthai*.

[7] La citazione è tradotta dall'originale francese. Cristo giustificava i discepoli a cui i farisei rimproveravano di fare un lavoro nel giorno di sabato, non di cogliere delle spighe in campi altrui (*Deuteronomio* 23, 26 lo permetteva: «Se passi tra la messe del tuo prossimo, potrai coglierne spighe con la mano, ma non mettere la falce nella messe del tuo prossimo»).

Massime e proverbi rappresentano il coagularsi di conoscenze e convinzioni depositate nella memoria come riflessi di categorie universali: il giusto e l'ingiusto, la verità e l'errore, l'inevitabilità del giudizio e la precarietà dei giudizi umani, l'equità e l'arbitrio; la limitatezza di pesi e misure e le conseguenze illimitate che ne derivano. Una serie di contrasti a partire dalla distanza tra ciò che dovrebbe essere (o si vorrebbe che fosse) e ciò che accade realmente. La giustizia come virtú, aspirazione, garanzia di equilibrio e ordine sembra inarrivabile, per il pesante incombere della malvagità ogni volta che resta impunita. Ne derivano sfiducia e rassegnazione, prossime all'indifferenza. Questo, all'incirca, il sottofondo dei motivi che circolano nei detti popolari. Occuparsene è un'operazione di recupero, se è vero, come è vero, che i proverbi sono in disuso: sono materiale da raccogliere e conservare a futura memoria, dato che la memoria collettiva li sta rimovendo. Hanno perso terreno perché sono legati ai piccoli mondi che li hanno prodotti, a usanze vive un tempo e ora scomparse. Di quelli tramandati oralmente la sopravvivenza era legata anche al ritmo, a rime, assonanze, allitterazioni: alle varie manifestazioni del parallelismo fonico e strutturale che ha caratterizzato fin dalle piú lontane origini la trasmissione orale di testi. Nel deposito delle opinioni fossilizzate nelle capsule di una ripetitività acritica, i proverbi occupano un posto di tutto riguardo, nonostante la frequente rozzezza del basso conio. Esemplari di arte povera, hanno dalla loro l'antichità dei natali; tanto piú se li confrontiamo con i banali *parvenus* della pubblicità commerciale che li hanno soppiantati nel parlare odierno.

I proverbi che riguardano la giustizia, le leggi, e gli esecutori dell'una e delle altre, non sono tanti. Lasciando da parte le prevedibili variazioni di lingua, li ritroviamo pressoché immutati nei contenuti e nei motivi da una regione all'altra; basso il numero dei detti tipici ed esclusivi di una qualche località. Questo permetterebbe di isolare alcune costanti nell'atteggiamento popolare e di vederne il permanere nel tempo, nonostante il mutare delle condizioni di vita, delle istituzioni pubbliche, delle usanze. Un tema affascinante, rimasto escluso da questo libro (ma non dalle intenzioni di lavoro di chi lo ha scritto). Si è voluto evocarlo qui, in apertura, vincendo lo scrupolo di accentuare cosí l'eterogeneità che è fin troppo facile ravvisare negli argomenti trattati. Vorrei illudermi che le differenze lasciassero nell'ipotetico lettore l'impressione di una *concordia discors* (l'ossimoro, questa volta, sa di ottimistico eufemismo) piuttosto che di una deprecabile *discordia*.

Ma la discordia e le discordie non sono forse una delle condizioni che hanno reso indispensabile il legiferare? E che hanno alimentato, in buona e in cattiva parte, l'attività degli "operatori" della giustizia? Qui torna a proposito la personificazione ariostesca della Discordia[8]:

Di citatorie piene e di libelli,
d'essamine e di carte di procure
avea le mani e il seno, e gran fastelli
di chiose, di consigli e di letture;
per cui le facultà de' poverelli
non sono mai ne le città sicure.
Avea dietro e dinanzi e d'ambo i lati
Notai, procuratori et avocati.

L'ottava del *Furioso* è un blasone aristocratico per alcuni dei luoghi comuni sugli uomini di legge, sui profitti che essi traggono dalla litigiosità degli sprovveduti, e sugli incentivi che a questa sanno astutamente fornire. Diversa la condizione degli stereotipi formatisi per effetto del potere irradiante dell'invenzione letteraria o di tradizioni religiose. Fissati in ciò che si suole chiamare "immaginario collettivo", stereotipi quali le antonomasie (un *azzeccagarbugli*, una decisione *salomonica*) fini-

[8] L. ARIOSTO, *Orlando Furioso*, XIV, 84, a cura di C. Segre, Mondadori, Milano 1976.

scono per spogliarsi dei loro connotati originari: diventano etichette definitorie, scorciatoie retoriche tracciate dagli stessi congegni che producono le catacresi. Diventati "modi di dire" hanno in comune con gli altri di origine popolare il carattere citazionale e, in molti, la messa in ombra o addirittura l'oblio della fonte. Sono passati, come si dice, in proverbio.

Non è il caso di indugiare su temi di cui si vuole lasciare in sospeso lo svolgimento. Nel magma delle testimonianze, tra voci di popolo, massime sapienziali e giurisprudenziali, creazioni e rielaborazioni letterarie, meglio appoggiarsi a un'evocazione, come si suol dire, emblematica. A un emblema barocco, appunto, di cui poco è rimasto nell'iconografia tradizionale, tranne qualche spunto diversamente sviluppato. È la «definizione scritta» apposta all'immagine della Giustizia nell'*Iconologia* del Ripa[9]:

> GIUSTIZIA. Donna vestita di bianco, abbia gli occhi bendati; nella destra mano tenga un fascio di verghe, con una scure legata insieme con esse, nella sinistra una fiamma di fuoco, e a canto averà uno struzzo, overo tenga la spada, e le bilance. Questa è quella sorte di giustizia che esercitano ne' tribunali i giudici e gli essecutori secolari. Si veste di bianco, perché il giudice dev'essere senza macchia di proprio interesse o d'altra passione: tien gli occhi bendati, non guardando alcuna cosa della quale s'adoperi per giudice il senso nemico della ragione. Il fascio di verghe con la scure era portato anticamente in Roma da littori innanzi a' consoli e al tribuno della plebe, per mostrar che non si deve rimanere di castigare, ove richiede la Giustizia, né si deve esser precipitoso: ma dar tempo a maturare il giudizio nello sciorre delle verghe. La fiamma mostra che la mente del giudice deve esser sempre drizzata verso il Cielo. Per lo struzzo s'impara che le cose che vengono in giudizio per intricate che siano non si deve mancare di strigarle, e isnodarle, con animo paziente, come lo struzzo digerisce il ferro, ancorché sia durissima materia, come raccontano molti scrittori.

[9] A proposito dell'enunciato «come lo struzzo digerisce il ferro, ancorché sia durissima materia», che si legge alla fine del passo qui citato, come non ricordare il motto (*Spiritus durissima coquit*) impresso sul cartiglio dello struzzo einaudiano?

Questo mio lavoro ha richiesto una lunga gestazione. Ma solo a Lao-tzu la lunghezza della gestazione diede il privilegio di nascere già vecchio di saggezza. Per il mio libro non c'è che da augurarsi che le tracce del tempo impiegato nelle fasi preliminari non diventino rughe incancellabili come sono quelle della vecchiaia.

La prospettiva della ricerca è linguistico-testuale, nei termini chiariti specialmente nel secondo capitolo. L'attenzione alla "testualità" ha comportato una scelta di campo che si lascia etichettare come "retorica", dando a questa qualifica il senso che ho cercato di spiegare a varie riprese, e specialmente nel secondo capitolo.

L'arte retorica, intesa nel senso tramandato dalla gloriosa tradizione classica, viene ad occupare la scena nell'ultimo capitolo, dedicato a una delle manifestazioni qualificanti dell'oratoria forense: l'arringa. Se ne osservano esempi, non dal vivo, ma da documenti scritti, con la consapevolezza del limite imposto (arbitrariamente) a un genere che ha origine e ragion d'essere nell'oralità.

La disposizione degli argomenti fa pensare a una catena dagli anelli disuguali. Piaccia o no, questa è stata una scelta programmatica, non casuale. Se il risultato apparirà poco sistematico, si sappia almeno che era previsto. E voluto, dal momento che ho imboccato la strada dei sondaggi sui momenti e i temi che mi sono sembrati da preferire. Ho privilegiato le istantanee. Ho rinunciato agli sguardi d'insieme quando questi avrebbero richiesto "pose" di lunga durata. Le istantanee, a differenza dei filmati, colgono solo aspetti momentanei. Non danno immagini collegate nel succedersi degli eventi, non ritraggono il cambiamento nel suo divenire. Benché vivide, quando possono esserlo, sono condannate alla fissità. Perfino al frammento. Esserne consapevole, se non rimedia ai difetti, almeno serve a mettere sull'avviso il lettore. A dirgli: guarda che questi sono i limiti segnati a ragion veduta; non cercare qui quello che non c'è.

Una confessione imbarazzante: affiorano qua e là, nel

libro (sí, sí: nella trattazione degli argomenti e nei commenti agli esempi) alcuni degli stereotipi linguistici che, *sine ira et studio*, ho cercato di descrivere. Si è trattato di contagio? È piú probabile, credo, che si tratti dell'appartenenza comune di vezzi e malvezzi, in settori differenti, al calderone della comunicazione specialistica.

LE PAROLE E LA GIUSTIZIA

ai genitori di
Luca e Giorgio

a Mario, ancora

Capitolo primo
Indagini preliminari sul linguaggio giuridico

> Il linguaggio giuridico, adoperato nelle leggi e negli altri testi normativi, e nelle scienze giuridiche, è in tutti i paesi di avanzata civiltà il frutto di una secolare opera di ricostruzioni parziali all'interno dei linguaggi naturali, ricostruzioni parziali incidenti principalmente sulla dimensione semantica dei linguaggi stessi: attraverso queste ricostruzioni il linguaggio giuridico è diventato un linguaggio tecnico, nel senso, soprattutto, di un vocabolario tecnico introdotto nella struttura di un linguaggio naturale.
>
> UBERTO SCARPELLI[1].

> Chi s'illudesse di mettere in fila tutti i termini giuridici d'un qualche testo, e quelli soli, separandoli dagli altri con un criterio rigido fissato una volta per tutte, si ritroverebbe a far proprie le riflessioni dell'autore dei *Promessi sposi*, là dove racconta del vispo fanciullo a lui caro, «affaccendato sulla sera a mandare al coperto un suo gregge di porcellini d'India [...]»; e quelli si sbandavano da una parte e dall'altra, rendendo vano il principio d'ordine che il loro padroncino avrebbe voluto rispettare. Lo stesso [...] è costretto a fare chi cerca l'elemento giuridico nella lingua avendo in mente una sua regola universale, e se la vede smentita o messa in forse in tanti dei casi che si presentano. Il diritto ha la duttilità delle cose umane; e farà bene, chi ne studia il linguaggio (solo il linguaggio?), a tener presente che non si può sempre procedere con spirito di geometria.
>
> PIERO FIORELLI[2].

Ci si affaccia, con una buona dose di coraggio, su campi comuni a linguisti e a giuristi per introdurre questioni di lingua che interessano gli uni e gli altri.

Con spirito di servizio – come si usa dire – giustificato dall'onesta intenzione di informare chi ne fosse almeno parzialmente disinformato, si danno poi notizie elementari (scontate per chi ha pratica del diritto) sul vasto e variegato insieme dei testi giuridici italiani.

E infine si delineano le principali tendenze negli studi attuali sulla lingua della legislazione, della giurisprudenza e dell'uso giudiziario in Italia.

[1] Scarpelli 1969, p. 995.
[2] Fiorelli 1993b, p. VII.

1. *Generalità*.

Il linguista che si occupa di testi giuridici si trova di fronte ad argomenti che sono, o sono stati, materia di discussione da parte degli specialisti del diritto; a questioni di forma linguistica che possono avere importanza essenziale per la soluzione di problemi giuridici. La cosa appare ovvia sia a chi veda nella lingua *il* veicolo di trasmissione, interpretazione ed esecuzione delle leggi[3], sia a chi ammetta che «il diritto non si serve della lingua, ma è fatto di lingua»[4].

Di fronte allo stesso oggetto di studio le pertinenze dei due campi, linguistico e giuridico, si intrecciano e si sovrappongono; e la reciprocità delle competenze si impone con una forza che non ha riscontri in quanto accade per gli altri linguaggi specialistici quando sono esaminati da chi li usa professionalmente e dai linguisti. A ciascuno il suo: è buona norma di igiene disciplinare tenere ben presenti le differenze di campo, che sono intuitivamente evidenti. L'occhiale del giurista scruta i fatti di lingua negli aspetti che sono pertinenti alle teorie generali del diritto, all'interpretazione e all'applicazione delle norme. L'occhiale del linguista cerca di isolare nei testi giuridici i tratti che li caratterizzano in quanto appartenenti a varietà di lingua distinte nel tempo, nella distribuzione geografica, nel mezzo di attuazione (scritto o parlato), nei registri; cerca di riconoscere i profili argomentativi, le strutture sintattiche, semantiche e testuali, le implicazioni pragmatiche, sociolinguistiche e via elencando.

[3] Cfr. Levi / Graffam Walker (a cura di) 1990, p. 4.

[4] Cortelazzo 1997, p. 36. Il rapporto tra diritto e linguaggio, tema basilare di riflessioni e di elaborazioni teoriche divergenti in scuole diverse di filosofia del diritto, verrà lasciato sullo sfondo del mio lavoro. Per conoscere, come si dovrebbe, almeno gli aspetti fondamentali di tale rapporto, che è argomento da non accantonare impunemente, giova rifarsi all'eccellente silloge di Scarpelli / Di Lucia (a cura di) 1994.

Giuristi e linguisti potranno essere ugualmente interessati a questioni tipologiche, a ricognizioni storiche, ai problemi degli usi che diremo patologici del linguaggio giuridico e alle controverse proposte dirette a semplificarlo. Le eventuali incompetenze verranno fuori nelle occasioni in cui gli uni, addentrandosi nei territori degli altri, non trattino con le necessarie avvertenze, e coi dovuti sospetti, oggetti di ricerca e strumenti altrui che sembrino fatti apposta per avallare illusorie analogie. Per quanto riguarda, ad esempio, la normazione giuridica, l'aria di famiglia che avvolge le nozioni di norma proprie dell'uno e dell'altro campo potrebbe ingannare un linguista che non disponesse di attrezzature sufficienti a fargli notare come le differenze siano radicali e assai piú profonde delle somiglianze.

Gli "uomini di legge" si cimentano con argomenti prettamente linguistici quando devono fare riferimento al «significato proprio delle parole», come richiede l'art. 12 delle *Disposizioni sulla legge in generale* (Preleggi), oppure quando si impegnano a stabilire se due o piú termini possano essere trattati come sinonimi, o a intervenire sull'impiego di connettivi, frasali e testuali. A questo proposito un linguista-giurista statunitense, Lawrence M. Solan[5], ha esaminato un gran numero di sentenze per concludere che spesso i migliori giudici si sono dimostrati dei pessimi linguisti. Avrebbero basato le loro interpretazioni di enunciati facendo un uso improprio di argomenti linguistici: un uso incoerente, dai punti di vista sia logico sia semantico. Bisogna vedere fino a che punto la severità di questo giudizio sia legata a una certa sottovalutazione dei fattori pragmatici che orientano la determinazione dei significati.

Ai linguisti che analizzano testi legali le incursioni nei campi che sono di pertinenza dei giuristi sono necessarie e obbligate, non solo per l'ovvia comunanza della materia dalla quale gli uni e gli altri traggono differenti og-

[5] Cfr. Solan 1993.

getti di ricerca, ma specialmente per raccogliere gli elementi di contenuto che servono sia a delimitare il *corpus* da descrivere, sia a orientarsi su questioni terminologiche: ad esempio, per valutare il grado di necessità dei tecnicismi giuridici. Partirò da questi ultimi per alcune rapide indagini preliminari su temi ai quali converrà tornare nel corso del lavoro.

L'espressione che ho appena usato, *indagini preliminari*, esibisce uno dei procedimenti che caratterizzano la lingua dei testi specialistici (la specializzazione, appunto, del significato e dell'uso di vocaboli della lingua comune) e dà un (piccolo) esempio della ricaduta che i tecnicismi hanno nel parlare quotidiano. *Indagini preliminari* è un tecnicismo giudiziario a partire dalla formulazione che ne ha dato il nuovo codice di procedura penale[6]. Si è verificato un fatto ben noto ai giuristi, conforme al principio secondo il quale «le norme giuridiche creano il significato di certi termini»: in questo caso, specializzando il senso e il riferimento di una combinazione di parole della lingua comune. È vero che l'uso preferenziale o addirittura esclusivo di *indagine* e *indagare*, nei settori giudiziario e poliziesco, è ben piú vecchio, se già nel 1905 Alfredo Panzini osservava: «Si ripete spesso la frase fatta: *La polizia indaga*». Ma è anche vero che fino al 1989, se si parlava o scriveva di «indagini preliminari» alla trattazione di qualsiasi argomento, non si richiamava automaticamente all'ascoltatore l'ambito poliziesco e giudiziario. Oggi, invece, l'accezione specialistica, divenuta di dominio pubblico, è balzata al primo posto. Sicché pare poco probabile che si possa parlare di «indagini preliminari» con riferimento a cose estranee al campo giudiziario senza fare, o sembrar di fare, un'allusione agli «atti della polizia giudiziaria e del pubblico ministero»,

[6] *Indagini preliminari* sono atti della polizia giudiziaria e del pubblico ministero. Il vecchio codice, del 1930, parlava di "atti preliminari all'istruzione": atti sia di polizia giudiziaria, sia del giudice istruttore o del pretore.

nel senso stabilito dal nuovo codice di procedura penale. Scatta uno dei meccanismi della produzione di tropi: pressappoco l'inverso della catacresi[7]. Quando una certa combinazione di parole del linguaggio ordinario è diventata un tecnicismo, si tende a considerare come un "riuso" allusivo e metaforico l'impiego che se ne può fare con un riferimento diverso da quello che ha nel settore specialistico. Che mostra di avere perciò un forte potere attrattivo, un forte prestigio, sulle abitudini comunicative dei parlanti. Sarebbe questa appunto, secondo Tullio De Mauro, una prerogativa dell'uso giuridico-normativo della lingua, capace di riproporre imperativamente termini e modi di dire assorbiti dai piú disparati settori e cristallizzati[8].

Quando si dice «linguaggio giuridico» o, con un'espressione assimilabile alla corrispondente inglese, «linguaggio legale», si ricorre a un'etichetta di estensione variabile, adattata, dai non-giuristi almeno, a un universo testuale composito, in cui si riconoscono varietà di lingua concorrenti. Fissare per ognuna i caratteri specifici ed esclusivi diventa problematico: la difficoltà di comporre una tipologia rigorosa è pari alla facilità di riconoscere provenienze e ambiti di uso coi soli mezzi del-

[7] Si ha una catacresi quando, anziché introdurre un termine nuovo, si ricorre a una parola già esistente nella lingua, facendone un uso estensivo. Esempi: il *collo* della bottiglia, l'*occhio* del ciclone, il *letto* del fiume. La parola greca *katáchresis* significa "abuso" (e infatti fu tradotta dai retori latini con *abusio*); è un abuso, o meglio un'estensione dell'uso, che serve all'economia linguistica. Tradizionalmente la catacresi è stata definita come «l'abitualizzazione di un tropo»: negli esempi qui citati *collo*, *occhio*, *letto* non sono avvertiti come tropi (o figure), ma sono diventati "abituali". Per elementari notizie su tropi e catacresi rinvio a Mortara Garavelli 1997.

[8] «I testi legislativi, i testi normativi in genere, assumono da tutti [...] i linguaggi specifici, tecnici, da tutti i gerghi, da tutti gli usi, anche locali, termini, parole, espressioni e le portano nell'alveo della normazione di portata generale. D'altra parte, una volta che un'espressione sia entrata in un testo normativo vi resta e vale, quale che sia la sua origine, per tutti [...]. Probabilmente nessun linguaggio specifico ha un orizzonte cosí ampio [...]: si pensi agli usi locali, a nomi di oggetti, di parti di edificio [...]. Non vi è parte [...] del nostro parlare [...] che non possa essere assunto, con la sua valenza specifica, nella legge o, in genere, nei testi normativi: e da questi rifluisce poi l'uso, una volta codificato, nel parlare e nel vivere di tutti» (De Mauro 1986, p. 18).

l'intuizione e della pratica. Si ha a che fare con una condizione condivisa dalle varietà di lingua che differiscono dalla matrice comune per l'impiego di tecnicismi lessicali e per una formalità di registri che è altra cosa dalla formalizzazione delle lingue speciali scientifiche. A differenza «dei linguaggi formali e simbolici delle *hard sciences*» il linguaggio giuridico è distinto ma non «*separato* da quello comune»; tuttavia, «proprio per essere distinto, è percorso da tensioni che lo differenziano dagli usi informali e quotidiani di una lingua» (Cassese 1992, p. 322). È su tali «tensioni», aggiungiamo, che un'analisi linguistico-retorica ha buone ragioni per esercitarsi.

Il criterio della non-separatezza dalla lingua comune è servito a classificare la lingua dei testi giuridici fra i cosiddetti linguaggi settoriali, con l'opinione «che l'aggettivo *settoriale* esprima bene l'attinenza del linguaggio giuridico ad un aspetto della esperienza umana e della vita sociale (quello che, appunto, riguarda "il diritto"), senza però enfatizzare (a differenza degli aggettivi *speciale* o *tecnico*) una sua "separatezza" rispetto al linguaggio ordinario» (Belvedere 1994, p. 22).

La scelta del termine *linguaggio* al posto di *lingua*[9] con riferimento alla varietà di cui ci stiamo qui occupando può sembrare una scappatoia per designare estensivamente una «maniera di esprimersi»[10] o, forse meglio, l'insieme degli ingredienti che caratterizzano gli usi linguistici in settori diversi, quali la legislazione, la giurisprudenza, l'amministrazione pubblica, e via elencando[11]. I testi che ne risultano formerebbero l'universo composi-

[9] Scelta congruente con la preferenza per "settoriale" rispetto a "speciale", come risulta dagli accoppiamenti consueti: «linguaggio settoriale» da un lato, «lingua speciale» dall'altro.

[10] Le ragioni per trattare di "linguaggio" con riferimento alle modalità della comunicazione verbale sono piú evidenti quando ci si riferisce al «linguaggio forense»: dove la parte verbale degli atti comunicativi, l'*elocutio*, è subordinata alla *pronuntiatio*, nelle esecuzioni orali, ed è pesantemente determinata dalle circostanze della produzione.

[11] Esempi di testi legali appartenenti a vari settori della pubblica amministrazione sono analizzati in Dardano 1994.

to delle realizzazioni di ciò che comunemente si intende per «linguaggio giuridico»[12].

Mantenuta in un'imbarazzante vaghezza nell'uso dei linguisti, questa nozione ha avuto un trattamento piú soddisfacente da parte di giuristi. Che ne hanno rilevato innanzitutto la polisemia:

> È noto infatti che l'espressione "linguaggio giuridico" è plurivoca: si può intendere con essa il linguaggio del diritto come universo eidetico, cioè del diritto in quanto concetto teoretico, come appunto un «universale»; il linguaggio delle norme; il linguaggio dell'ordinamento giuridico; oppure ancora si può intendere con essa il linguaggio di coloro che attuano processi di produzione del diritto: linguaggio del legislatore, del giudice, dell'autorità amministrativa, dei soggetti che agiscono in base ad autonomia privata e di coloro che producono quello che Lombardi Vallauri[13] definisce diritto giurisprudenziale. (Filipponio [1983] 1994, p. 208).

Puntando l'obiettivo sulla «giuridicità», Andrea Belvedere la riferisce al «linguaggio con cui vengono formulati sia i discorsi (delle fonti) *del* diritto sia i discorsi *sul* diritto». Quest'ultima nozione («discorsi *sul* diritto»)

> va intesa in un senso assai vasto, non limitato cioè ai discorsi (teorico-interpretativi) della dottrina ed a quelli (interpretativo-applicativi) della giurisprudenza (o di altri organi pubblici), ma esteso fino a ricomprendere qualsiasi discorso (non importa fatto da chi) che esprima la valutazione giuridica (piú o meno corretta) di una situazione reale o immaginaria. (Belvedere 1994, p. 21).

Parlare di «discorsi» indurrebbe a spostarsi dall'ambito indifferenziato del «linguaggio» ai temi, oltre che alle formulazioni linguistiche, dei discorsi stessi; alle loro differenze e interferenze, che rappresentano differenze e interferenze di classi di testi; e infine ai «livelli» dei discorsi sul diritto: argomento di cui Belvedere sottolinea l'importanza. Questo sarà per noi un saluta-

[12] In direzione analoga sembrano andare le osservazioni di un giurista: «Accanto e prima del linguaggio legislativo [...] c'è un linguaggio culto, un linguaggio *giuridico nel senso che recepisce una tradizionale terminologia dei giuristi*» (G. Lazzaro 1981, p. 161; corsivo mio).

[13] L. LOMBARDI VALLAURI, *Saggio sul diritto giurisprudenziale*, Giuffrè, Milano 1967.

re *memento*, quando il lavoro sui testi ci porterà a concentrarci sulle strutture del discorso.

In questa fase preliminare rimarremo provvisoriamente entro piú labili recinti. Dove è inevitabile imbatterci nell'ingrediente privilegiato dagli analisti: la terminologia, il marchio di fabbricazione di ogni linguaggio, vuoi specialistico vuoi settoriale. Tema centrale, i tecnicismi; affrontato dagli studiosi del diritto con grande finezza di *distinguo*, puntando su problemi di interpretazione della legge[14]. Se ne ricavano informazioni basilari per le analisi dei lessici specialistici, caratterizzati dalla presenza di *tecnicismi specifici* e di espressioni *tecnicizzate* o *ridefinite*.

1.1. Tecnicismi specifici.

I tecnicismi *specifici*, cioè propri ed esclusivi di ciascun settore, sono termini di significato univoco (almeno tendenzialmente univoco), che non hanno corso fuori del linguaggio specialistico o settoriale. Qualche esempio dal lessico giuridico:

anatocismo: capitalizzazione degli interessi di una somma dovuta, mediante aggiunta al capitale degli interessi via via maturati;

anticresi: contratto con cui il debitore o un terzo consegnano al creditore, a garanzia del credito, un immobile i cui frutti serviranno per il pagamento dell'interesse e del capitale;

[14] Si veda, ad esempio, la classica trattazione del Messineo, *Manuale di diritto civile e commerciale*, Giuffrè, Milano 1952, le cui asserzioni sul «significato tecnico» dei termini giuridici sono state discusse con chiarezza da G. Lazzaro (1981). La presenza di tecnicismi non basta a rendere inequivoco il linguaggio giuridico: è ovvio che per esprimersi senza lasciare margini apprezzabili all'ambiguità non basta disporre di un lessico univoco. I giuristi discutono da tempo sui modi di eliminare le equivocità nei testi legali. Una delle proposte di "normalizzazione" (Nivarra 1987) mirava a ripulirli «dalle ambiguità di tipo sintattico attraverso una riformulazione che ne esprima in modo univoco la struttura logica». A questo si arriverebbe formalizzando l'uso di connettivi quali: *non si verifica che, e, o, se - allora, salvo che, se e solo se, altrimenti, però*. Rendere chiaro e univoco il discorso è un'esigenza particolarmente sentita quando si tratta di testi normativi; ne troviamo riassunte le «regole principali» in Cassese 1992, pp. 323-24.

laudemio: tassa dovuta dall'enfiteuta al padrone;

sinallagma: obbligazione reciproca che in un contratto vincola entrambe le parti a prestazioni corrispettive;

stellionato: nel diritto romano ogni reato o atto doloso, di natura perlopiú commerciale, non compreso in un crimine specifico.

1.2. Ridefinizioni, definizioni, specializzazioni ed estensioni del significato.

Le ridefinizioni consistono nell'attribuire a parole della lingua comune un significato che non coincide con quello col quale esse vengono normalmente adoperate. Eccone alcune, nell'ambito legale:

emulazione: "atto di emulazione" è quello compiuto dal proprietario al solo scopo di nuocere o di recare molestia a terzi (art. 833 c.c.);

compromesso: il negozio con cui «le parti rimettono agli arbitri la decisione di una controversia insorta fra le stesse» (art. 806 c.p.c.)[15];

buon padre di famiglia (dal latino *pater familias*), nel senso di "uomo medio";

confusione: estinzione di obbligazioni, quali la servitú (quando si unifica nella stessa persona la condizione di proprietario del fondo e di titolare della servitú) o un debito (quando il debitore diventa creditore di sé stesso, ad esempio in seguito a un'eredità).

È l'atto (o, se si preferisce, il gioco) linguistico del "ridefinire" il principale responsabile della condizione tipica del linguaggio giuridico: il riuso specialistico di termini del linguaggio ordinario. Si spiega facilmente perché i giuristi abbiano dedicato tanto impegno concettuale a precisare la natura e il funzionamento di questa particolare specie terminologica. Scarpelli (1985, p. 65) distingueva le *ridefinizioni*, o «definizioni esplicative», dalle «definizioni stipulative». Con le prime «rimanendo nell'ambito degli usi preesistenti» si fissa «in modo univoco e preciso il significato di una espressione, che in modo univoco e preciso non era usata», mentre le «definizioni sti-

[15] Nella lingua comune *compromesso*, oltre che nel senso generale di «accomodamento», è usato per designare ciò che legalmente si chiama *contratto preliminare*. I primi due esempi sono tratti da Lumia (1992, pp. 447-48).

pulative» rappresentano vere e proprie innovazioni lessicali. Sono, come precisa Belvedere (1998, p. 88), «lo strumento necessario per la costruzione (a livello lessicale) di un linguaggio artificiale, sia che con esse si introducano termini nuovi, sconosciuti al linguaggio ordinario [...], sia che si attribuisca a termini già utilizzati un diverso significato».

Quando si parla di "ridefinizioni" si entra nel dominio della nozione giuridica di *definizione*[16]. Per i limitati fini ricognitivi del nostro lavoro, basterà dare qui solo uno sguardo su tale materia, in modo da renderci conto di che cosa significhi "usare lo stesso termine con significati diversi" per nozioni valide all'interno di uno stesso ordinamento giuridico. Detto con le parole di un teorico del diritto:

> È [...] cosa nota, e ammessa da tutti, anche dai piú decisi sostenitori della coerenza degli ordinamenti giuridici, che nei diversi discorsi giuridici considerati unitari non sempre tutti i termini impiegati in modo ricorrente sono usati nello stesso significato (per designare lo stesso concetto), cioè *non sempre hanno la stessa definizione*. (Jori [1979] 1994, p. 370; corsivo mio).

L'origine delle incongruenze sarebbe da cercare nell'incompletezza delle definizioni o nel fatto che queste possano essere lasciate implicite, anche nelle sedi che un non specialista riterrebbe insospettabili; e c'è di piú: «persino nell'ambito di una singola normazione tipicamente sistematica come un codice accade che un termine risulti usato in sensi parzialmente o totalmente diversi, o in sensi diversi dalla eventuale definizione esplicita» (ivi, p. 371).

Per un profano può essere sorprendente il seguente esempio di specializzazione del significato nel tecnicismo che designa la nozione di *possesso*, cosí definito nell'art. 1140 del codice civile: «Il possesso è il potere sulla cosa che si manifesta in un'attività corrispondente all'esercizio della proprietà o di altro diritto reale». Nel

[16] Rimando a Belvedere 1998, anche per le informazioni bibliografiche.

diritto penale lo stesso termine assume un significato piú ristretto, quando si deve accertare se uno abbia commesso furto o appropriazione indebita.

Il furto, che è reato piú grave, consiste nell'appropriarsi di cosa posseduta da altri; l'appropriazione indebita consiste nell'appropriarsi di cosa che già si possiede. Per il diritto civile è considerato possessore anche chi non è né proprietario né titolare di altro diritto reale sulla cosa (usufrutto, diritto di servitú, ecc.), come il locatario, il depositario, e via dicendo. Nel diritto penale si fa una distinzione piú sottile, nel precisare il concetto di "possessore", tra chi ha un vero e proprio possesso (in senso civilistico) e chi ha la semplice "detenzione" di una cosa, appropriandosi della quale commetterebbe un furto. Commette un furto un facchino che sottragga la valigia del cliente o un cameriere che porti via gli oggetti a lui affidati. Commette un'appropriazione indebita chi prende a nolo un'autovettura e non la restituisce, in quanto si impadronisce di cosa di cui aveva ottenuto legittimamente il "possesso", inteso come potere di fatto, indipendente da quello del proprietario.

Che uno stesso termine possa designare nozioni differenti in due paradigmi normativi quali sono i codici è una buona ragione per riflettere sull'opportunità di trattare di «testi» giuridici, anziché di «linguaggio giuridico» come entità indifferenziata. Ai testi infatti si applica la nozione di *coerenza*, che in italiano è designata da un unico vocabolo con due differenti significati. Li ha chiariti in maniera definitiva Maria-Elisabeth Conte: *coerenza*, nel senso di «assenza di contraddizioni» è concetto privativo, reso in inglese con il termine *consistency* e in tedesco con *Widerspruchslosigkeit*; invece, nell'accezione in cui

> *coerenza* significa la connessione delle parti di un tutto, la coesione semantica e/o pragmatica, l'integrarsi in testo di piú enunciati e/o di piú enunciazioni [...], il concetto di coerenza è concetto positivo. In questa accezione, *coerenza* corrisponde all'inglese *coherence* ed al tedesco *Kohärenz*. (M.-E. Conte [1988] 1999, p. 29).

Intesa come «assenza di contraddizioni», la coerenza (la *consistency*), continua M.-E. Conte, «è non una necessaria proprietà di testi, ma solo una contingente *qualitas* [...], invece la *coherence* è non una *qualitas* di testi, ma la *quidditas* stessa dei testi, la costitutiva condizione della loro testualità». La nozione della «costitutiva *coherence* dei testi» (ivi) è alla base della linguistica testuale. Quest'ultima è il quadro teorico in cui si collocano le nostre analisi delle strutture (sintattiche e retoriche) del discorso nei testi giuridici.

Della coerenza come *qualitas* tiene conto il giurista quando nota, ad esempio, che questa deve sussistere nell'ambito dello stesso testo, e non necessariamente fra testi diversi. Come osserva Belvedere (1997, p. 152): «solo chi avesse una concezione "essenzialistica" del significato delle parole potrebbe scandalizzarsi del fatto che, ad es., la nozione di *possesso* utilizzata nel codice penale sia diversa da quella che risulta dalla definizione dell'art. 1140 c.c.»[17].

La coerenza come assenza di contraddizioni è requisito *cotestuale*[18] per una buona organizzazione tematica del discorso in un testo unitario; non è requisito che possa essere fatto valere in ambito intertestuale[19].

Una nozione chiamata in causa da alcuni linguisti occupati in tipologie dei testi normativi è la (presunta) «monoreferenzialità» come tratto caratterizzante del lessico. A questo proposito mi basta notare qui che bisognerebbe precisarne l'ambito, se non altro per non farne

[17] In questo articolo A. Belvedere intende «valutare la rilevanza nell'ambito giuridico della nozione di *testo* elaborata dalla linguistica contemporanea» (p. 137). Il che gli serve a caratterizzare tipi di testi legislativi, ricorrendo anche al riconoscimento della coerenza testuale. Stupisce però che sia assente dalle fonti dichiarate la fondamentale teorizzazione di M.-E. Conte (1988).

[18] Nell'accezione affermatasi nella linguistica testuale e di qui esportata in vari settori delle scienze del linguaggio, *cotesto* è l'insieme degli elementi linguistici interni al testo, in opposizione a *contesto* come complesso delle condizioni pragmatiche esterne e pertinenti al testo. *Cotesto*, nell'uso comune, è considerato equivalente a «contesto linguistico». Nel corso del presente lavoro mi accadrà di usare indifferentemente *cotesto* e *contesto linguistico* come sinonimi.

[19] L'osservazione si trova anche in Belvedere 1997, p. 152.

tutt'uno con quello della monosemia, oggetto di attenzione per i cultori della legistica[20]. Che infatti raccomandano la monosemia come prodotto dell'applicazione della prima regola per la stesura di testi legislativi: «evitare le polisemie»; le polisemie interne, ad esempio[21]: «la parola *banca* vuol dire impresa bancaria, azienda bancaria ed ente bancario. Ecco una parola da cancellare da una legge sulla banca» (Cassese 1992, p. 324).

La questione non è cosí semplice come si potrebbe sospettare dall'esterno. Lo testimoniano le discussioni dei giuristi sul riconoscimento dei casi di «ambiguità» e di «indeterminatezza». Entrambe «possono esistere ed esistono nel linguaggio legale», cioè nelle formulazioni delle leggi (Gavazzi [1956] 1994, p. 308); si tratta di stabilire a chi spetti correggerle realizzando «la tecnicizzazione del linguaggio legale»: se al legislatore o all'interprete.

L'insieme delle espressioni *ridefinite* ne annovera alcune che potremmo dire spurie. Sono quelle a cui viene attribuito un significato tecnico non avallato da «regole d'uso desumibili, esplicitamente o implicitamente, dagli enunciati legislativi» o da un «uso linguistico culto, consolidato da generazioni di operatori del diritto» (G.

[20] *Legistica* è la tecnica di redazione delle leggi. A partire dalla fine degli anni Ottanta «con modelli codificati in disposizioni normative o proposti dalla dottrina, ha ripreso vitalità dopo essere stata offuscata dal primato della teoria dell'interpretazione» (Mercatali 1995, p. 39). Si veda l'ampia bibliografia sulle tecniche legislative in Ainis/Pagano (a cura di) 1990. La tecnica di redazione delle leggi è detta anche *nomografia*. Come spiega P. Di Lucia (1995, pp. V-VI), il termine *nomography* appare nell'opera di Jeremy Bentham, *Nomography, or the Art of Inditing Laws* («Nomografia, o la tecnica di redazione delle leggi»), composta fra il 1811 e il 1831. Contributi notevoli alla riflessione sulle istanze teoriche e pratiche della «scienza (tecnica, arte) della legislazione e della normazione» sono raccolti in Di Lucia (a cura di) 1995.

[21] Utile confrontare i raggruppamenti che abbiamo appena delineato con quelli che si trovano in un lavoro di «linguistica giuridica» francese (Cornu 1990), ove si distinguono tre specie di componenti del lessico giuridico: 1) parole che appartengono esclusivamente al dominio del diritto (*termes d'appartenance juridique exclusive*), come *ampliatif*, *attraire*, *exciper*, *cessibilité*, *dation*, *fideicommis*; 2) parole di duplice appartenenza, alla lingua comune e al linguaggio giuridico, e sono la maggioranza; 3) parole che variano di significato secondo il contesto giuridico in cui sono usate, proposte come esempi di «*polysémie interne*».

Lazzaro 1981, p. 165). In tali circostanze si fa apparire come tecnico un termine della lingua comune inteso in un'accezione peculiare in funzione della *ratio* che il giudice ritiene di ravvisare nella legge.

Si dà anche il caso che l'estensione del significato di un termine contenuto in una norma venga ristretta per consentire l'interpretazione che il magistrato ritiene piú adeguata all'entità di un fatto. Come è accaduto nella seguente applicazione: l'art. 26 della vigente legge sugli stupefacenti vieta la «coltivazione», tra l'altro, di piante di canapa indiana. Per qualificare come uso personale non punibile il possesso di «tre vasi di plastica che contenevano piantine di *cannabis indica*» il G.I.P. del tribunale di Teramo ha affermato che si trattava di «coltivazione domestica che va ritenuta al di fuori del concetto di coltivazione preso in considerazione dalla legge sugli stupefacenti»[22].

1.3. Tecnicismi collaterali.

Nel campo degli studi linguistici un contributo essenziale è stato quello di richiamare l'attenzione sugli pseudotecnicismi, detti da Serianni (1989b, pp. 102-9) «tecnicismi collaterali», e opposti agli specialismi veri e propri. L'opposizione vale in ogni settore: Serianni l'ha proposta in uno studio sulla lingua medica del primo Ottocento, e Fiorelli (1994) l'ha applicata alla descrizione della «lingua degli uffici» nel suo sviluppo storico. Materia di osservazioni linguistiche e stilistiche, non di dottrina giuridica, i tecnicismi collaterali sono

> particolari espressioni stereotipiche, non necessarie, a rigore, alle esigenze della denotatività scientifica, ma preferite per la loro connotazione tecnica: un comune malato *prova*, *avverte*, *sente*, *dice di avere* un dolore ma, nel linguaggio dei medici, lo *accusa*; e allo stesso modo un magistrato, per l'uomo della strada *interroga* dei testi mentre, nel linguaggio giudiziario, *procede alla* loro *escussione*. (Serianni 1989b, p. 103).

[22] Cfr. «Cassazione Penale», XXXVII (1997), n. 3, p. 570.

Stereotipi come questi rientrano fra i sottoprodotti del "parlare fra intendenti", ove la ricerca (o il miraggio) del termine univoco porta alla scorciatoia del modo di dire congelato e tramandato per forza di inerzia. La fissità, che quando degenera produce una zavorra di giri di parole e frasi formulari, viene intesa come stabilità, come qualcosa che dà sicurezza, che garantisce dalle approssimazioni e dalle ambiguità, ed è invece solo una specie di conformismo involontario. È una sorta di patina stilistica che copre inegualmente la normazione, la dottrina, gli atti giudiziari e amministrativi: ben lontana dall'impreziosire, offusca il modo di esprimersi. È giusto che su questa si esercitino, in zone limitate e in misura variabile, come vedremo, le proposte e le operazioni di pulizia e di semplificazione linguistica: pulizia e semplificazione della sintassi, oltre che del lessico. I tecnicismi collaterali mostrano bene la compenetrazione dell'una e dell'altro specialmente nell'uso dei connettivi e in genere delle espressioni "di passaggio" tra gli snodi del discorso.

Nel corso del presente lavoro mi occuperò prevalentemente di produzioni scritte, negli ambiti normativo e applicativo, e nell'ottica della conciliazione tra rigore e comprensibilità dei discorsi che hanno come destinatari i cittadini non specialisti di diritto. L'argomento non tollera proposte semplicistiche, né possono bastare, se non come anticipo sommario, le seguenti considerazioni fondate sul buon senso.

Il ricorso a parole della lingua di ogni giorno in documenti pubblici facilita certamente la comprensione da parte del profano, ma pone problemi di interpretazione al giurista, quando si trova alle prese con l'indeterminatezza di espressioni, l'incertezza o l'ambiguità di riferimenti.

I progetti di ripulitura (specialmente se per questa si intenda la semplificazione a tutti i costi) devono in primo luogo tenere conto dei destinatari reali, delle sedi dei testi in questione e delle circostanze in cui sono prodotti. Come è stato autorevolmente asserito, «il linguaggio della teoria può arrivare senza inconvenienti, ed anzi con notevoli vantaggi, a livelli di tecnicismo che sarebbero fuori luogo in una legge» (Scarpelli 1969, p. 996).

In ogni caso le semplificazioni devono toccare non gli specialismi necessari, ma i falsi tecnicismi: falsi perché speciosi, in quanto servono non a rendere piú precisi i testi, ma a farli diventare meno accessibili, complicandoli con involuzioni e arcaismi ostici ai piú. È evidente che non si tratta solo di intervenire ragionevolmente sulla terminologia; si tratta soprattutto di controllare la sintassi e l'organizzazione testuale. Se la difficoltà di capire il lessico specialistico è cosa da dare per scontata, non trovano giustificazioni di sorta gli inciampi provocati da vizi e intemperanze sui piani sintattico e testuale: basti pensare all'uso sfrenato di cumuli di subordinate, ghiotti e indigesti esempi di *congeries* infarciti, in aggiunta, di infelici «tecnicismi collaterali».

Sui prodotti collettivi, istituzionali (leggi, decreti, ecc.) si può pensare di intervenire d'autorità; e di fatto lo si tenta proponendo codici di stile, correttori automatici, raccomandazioni per la stesura di documenti. Quando si tratta di scritture di singoli (sentenze, ordinanze, contratti, ecc.) il campo d'azione si dilata e si frantuma nella varietà incontrollata e incontrollabile delle preferenze, delle abitudini, delle inerzie individuali. Il dominio dello stile è anche il luogo della patologia del linguaggio legale. Il banco di prova piú impegnativo è l'organizzazione del discorso: dove si misura la capacità di far corrispondere le strutture sintattiche e l'ordinamento tematico alla disposizione ottimale degli argomenti. E dove si rivelano, opportune o superflue, le persistenze dei *clichés* retorici che sono antico patrimonio del variegato universo giuridico.

2. *Un catalogo sommario dei principali testi giuridici italiani.*

Un'iniziativa superflua per gli esperti di cose legali, ma certamente utile per i non specialisti è una rassegna delle classi e sottoclassi in cui si distribuisce, inegualmente per quantità e consistenza, il materiale imponente che trova posto sotto la qualifica onnicomprensiva di *giuridico* o *legale*. La classificazione qui abbozzata comprende i testi italiani a noi contemporanei. Per quelli di età passate l'incasellamento sarebbe diverso: delle etichette odierne alcune (poche) potrebbero essere applicate; altre, in maggior numero, non si saprebbe dove collocarle, mentre rimarrebbero posti vuoti coperti un tempo da nomi di istituzioni ora tramontate[23].

Mi limiterò a richiamare i principali tipi dei testi legali in volgare a partire dagli albori della nostra lingua. Primi fra tutti i *placiti* o *giudicati* (che erano sentenze giudiziali). I quattro placiti campani o cassinesi (quello di Capua del 960, quello di Sessa e due di Teano, del 963) contengono le piú antiche attestazioni dell'uso giuridico dell'italiano. Anzi, alla formula testimoniale del giudicato di Capua, del 960, dettata dal giudice Arechisi al notaio Adenolfo e proposta ai tre testimoni, Mari, Teodemondo e Gariperto, che la ripeterono separatamente (nel contesto latino del placito l'enunciato compare per quattro volte in forma immutata: *Sao ko kelle terre, per kelle fini que ki contene, trenta anni le possette parte Sancti Benedicti*), fu attribuito fino alla metà del Novecento il titolo di primo documento della lingua italiana. Anche se un tale primato è stato abbattuto dalla scoperta di scritte volgari piú antiche, «resta ai placiti cassinesi il primo posto tra i documenti d'interesse giu-

[23] Di notevole interesse lo studio di Bambi (1991), che analizza le vicende semantiche (storia e polisemia) dei seguenti «nomi delle leggi fondamentali»: *costituzione*, *statuto*, *costituto*, *breve*, a partire dagli usi latini, antichi e medievali.

ridico; oltre all'essere i piú antichi che abbiano data certa e che, per giunta, mostrino apertamente una consapevole distinzione tra volgare e latino» (Fiorelli 1994, p. 555).

Almeno quattro delle parole del placito sono termini tecnici di diritto: *terre* "beni fondiari esattamente identificati nei loro confini (*fini*)"; *possette* "possedette" nel senso di «un rapporto di fatto che, accertato anche nella sua durata mediante il detto dei testimoni, dava un fondamento legale alla *praescriptio longissimi temporis*» (ivi, p. 554); *parte* una «entità patrimoniale (di beni e diritti)» (Sabatini [1962] 1996, p. 25) che però è anche "parte in causa", come si evince dalla fine del verbale della prima riunione, ove è scritto che il giorno stabilito entrambe le *partes* sono convenute davanti al giudice. Ai quattro vocaboli qui indicati aggiungerei *sao*, che, come nota Fiorelli, è un «so di certa scienza (e lo posso giurare e lo giurerò)». Le seguenti osservazioni, introduttive all'analisi delle diciassette parole che compongono la formula testimoniale capuana[24], potrebbero essere assunte a emblema di una condizione ideale per testi legali di ogni età: «Nulla di tutto questo è detto a caso. Non ci sono, qui, parole che l'uso corrente non conosca, e nemmeno parole che non ammettano piú sensi e piú sfumature; ma ognuna ha in queste frasi un suo valore nitidamente definito» (Fiorelli 1994, p. 554).

Fra le rade testimonianze dell'uso del volgare tra i secoli X e XIII per esprimere nozioni giuridiche, Fiorelli annovera la *confessione umbra* (dell'anno 1065) come prova della «compenetrazione tra diritto canonico e teologia morale»; un certo numero di termini e la particolare disposizione delle annotazioni che compaiono in una registrazione di spese (la *carta umbra*, agli inizi del XII secolo); scritte private e carte notarili che contengono, nel

[24] Fra i numerosi studi di cui questa formula è stata oggetto ricordo, oltre a Fiorelli 1960, il saggio di Sabatini ([1962] 1996) per le proposte interpretative e per l'esauriente discussione dei precedenti contributi; e inoltre Ruggieri 1959 che, rintracciando gli elementi bizantini, longobardi e romanici nel testo dei placiti, delinea la situazione culturale della Campania nel X secolo.

contesto latino, «parole e frasi in volgare per esprimere rapporti di parentela e cariche pubbliche, misure e monete, obbligazioni e diritti sulle cose» (ivi, p. 559). Il latino dominava incontrastato negli scritti di giuristi, notai, amministratori della giustizia. Mentre in Francia le *Institutiones* giustinianee erano state volgarizzate già nel Duecento, la prima traduzione italiana è della metà del Cinquecento, e solo alla metà dell'Ottocento comparve la versione completa del *Corpo del diritto*.

Sono del XIII secolo i primi *brevi* o statuti in volgare; nei secoli successivi si moltiplicheranno gli statuti di organismi politici, di compagnie o società private, di arti e mestieri, di istituzioni religiose. Rimando a Fiorelli (1994, pp. 567-75) per le notizie storiche, accompagnate da una caratterizzazione adeguata del vasto e vario insieme dei testi normativi e dall'esame dei loro rapporti con gli originali latini: *capitolari*, *costituzioni*, *ordinamenti*, *bandi*, *regolamenti legislativi e giudiziari*; titoli sinonimici per un gran numero di esemplari, che troviamo censiti, per il periodo compreso tra il 1470 e il 1800, nella monumentale *Bibliografia delle edizioni giuridiche antiche in lingua italiana*[25].

Limitare la rassegna all'oggi è certo una soluzione di comodo, in quanto semplifica il lavoro, ed è coerente con la scelta del *corpus* apprestato per le analisi. Si vedrà infatti che i riferimenti a testi di antichità e provenienza varie saranno strumentali all'esame, prevalente, di situazioni attuali.

L'oggetto e le pertinenze di una data ricerca sono determinati, com'è ovvio, dal punto di vista da cui ci si mette nel ricercare. Il punto di vista, qui, è linguistico-retorico; non cosí i criteri che guidano la classificazione: criteri contenutistici, pertinenti a istituzioni ed elementi giuridici. La loro estraneità ai princìpî di una tipologia

[25] Indicata analiticamente, all'interno dei *Riferimenti bibliografici* in coda al presente lavoro, nella sezione 2.

linguistica è clamorosa. Ma una classificazione – avremo ancora modo di osservarlo – non è una tipologia: è come mettere delle etichette su recipienti il cui contenuto potrà poi essere descritto secondo gli elementi che lo compongono, le funzioni che gli sono assegnate, gli scopi per i quali dovrà funzionare. Perché i caratteri strutturali dipendono, per i loro aspetti tipologicamente rilevanti, da fattori pragmatici: in primo luogo, dalle intenzioni degli autori e dall'orientamento sui destinatari[26]. Allora si potranno raggruppare recipienti diversamente etichettati, collocarli nelle scaffalature (linguistiche) predisposte secondo i disegni di una coerente individuazione di tratti, specifici e testualmente caratterizzanti.

Le divisioni e suddivisioni dei testi giuridici a cui mi atterrò hanno valore, per cosí dire, nomenclatorio. E apprezzabile. Costituiscono una base di riferimento utile anche per il lavoro tipologico. L'ordinamento che danno al materiale si rivela, a conti fatti, omologo, benché solo in qualcuno dei suoi aspetti piú rilevanti, ai caratteri che l'analisi linguistico-retorica mette in luce. Si tratta di un censimento basato su un'elementare distinzione dei compiti fondamentali attribuibili all'uso giuridico della lingua, scritta e orale: la creazione delle regole di diritto, la loro interpretazione e la loro applicazione a determinate situazioni di fatto[27]. I testi giuridici sono i prodotti di ciascuno dei tre tipi di attività: l'attività creativa delle fonti del diritto, identificata con la volontà del legislatore, l'attività teorica dell'interpretazione, l'attività pratica dell'applicazione. Le ultime due possono

[26] In fondo, è stato questo il criterio su cui si è basata la piú antica classificazione dei tipi di discorso: i tre generi dell'arte oratoria (giudiziario, deliberativo, epidittico) sono stati identificati, nel IV secolo a. C., sulla base dei tre tipi di ascoltatori ai quali i discorsi erano destinati e rivolti. Per tornare all'attualità, su fattori pragmatici quali sono i vincoli imposti dall'autore all'interprete mediante la conformazione dei testi si fonda l'originale tipologia di Sabatini 1990, a cui accennerò ancora al § 3.

[27] Il seguito del presente § 2 è dovuto in massima parte alla collaborazione di Mario Garavelli. Naturalmente, la responsabilità di eventuali lacune o inesattezze è tutta… sua.

intrecciarsi e sovrapporsi l'una all'altra (e questo prova che avremo a che fare non con una tipologia linguistico-testuale, ma con una qualificazione di testi secondo le origini – e i modi – della loro produzione).

Vediamo di illustrare brevemente i singoli stadi. Il parlamento, quando approva un testo di legge, *crea* una proposizione normativa nella quale ogni enunciato avrà un effetto nelle materie che è rivolto a disciplinare. Basta che sia votato un emendamento la cui consistenza linguistica possa sembrare minima perché la portata del dettato legislativo muti sostanzialmente[28].

L'enorme dominio della legislazione, affollato da decine di migliaia di leggi, dagli atti normativi secondari (regolamenti, statuti, circolari, ecc.), è il fondamento e la ragion d'essere dell'immenso lavoro interpretativo e applicativo. Il primo passo in entrambi questi settori è un'indispensabile operazione ermeneutica: è la comprensione del significato e della portata dei testi normativi. Rimane sul piano astratto della pura interpretazione il teorico del diritto: un giurista universitario, poniamo, quando commenta un testo legislativo. Resta ancora su questo piano anche quando il suo lavoro ermeneutico sia orientato alla soluzione di una certa controversia: quando, ad esempio, in una nota a sentenza, indica quale sia la soluzione corretta del caso, o quando redige un parere richiestogli da una parte in causa. Anche l'opera dei giuristi pratici, come gli avvocati, si può qualificare interpretativa, benché nell'offrire una personale visione dei fatti e delle correlative regole sia diretta a sollecitare una determinata applicazione di queste ultime.

[28] Un solo esempio: per il primo comma dell'art. 104 della *Costituzione della Repubblica Italiana* del 1947 («La magistratura costituisce un ordine autonomo e indipendente da ogni *altro* potere» [corsivo mio]) era stata proposta, nella (defunta) Commissione bicamerale per le riforme costituzionali, la seguente modificazione: «I giudici ordinari e amministrativi e i magistrati del pubblico ministero costituiscono un ordine autonomo e indipendente da ogni potere». L'eliminazione del termine *altro* escludeva che la magistratura fosse da considerare un "potere" di pari livello rispetto agli altri poteri dello Stato, con buona pace di Montesquieu.

Interpretazione e concreta realizzazione sono strettamente connesse nella grande maggioranza delle attività che danno luogo a testi legali. Il giudice, quando pronuncia una decisione, esercita una funzione applicativa della legge: afferma l'esistenza di una determinata situazione giuridica produttiva di effetti sul piano dei rapporti interpersonali. Ma quest'atto presuppone un'interpretazione, che può rimanere implicita, non solo delle norme che regolano la materia, ma anche delle situazioni di fatto che ne giustificano l'applicazione. Nella vastissima casistica degli atti amministrativi l'attività della pubblica amministrazione (per esempio del ministro che con un decreto nomina una commissione, o del sindaco che rilascia una licenza) ha un retroterra interpretativo che può anche essere non esplicitato, benché di solito esista una motivazione sulla base della quale l'atto viene emanato e si suppone legittimo.

Opportuno richiamare l'attenzione su un aspetto che diventerà tema di analisi nel corso di questo lavoro. Ciò che si intende per linguaggio giuridico (o legale) non è dedicato esclusivamente all'esame di questioni di diritto; anzi, una parte cospicua dei testi giuridici che hanno effetti applicativi è occupata dall'esame di eventi e situazioni concrete senza il cui accertamento non è possibile individuare le norme applicabili. Il giudice che discute sulla validità delle prove offertegli, il notaio che descrive l'immobile compravenduto, il presidente della regione che stipula un contratto di appalto, i privati che redigono un contratto parlano o scrivono per esporre situazioni di fatto e dati concreti senza i quali gli effetti giuridici sarebbero inesistenti o viziati. Questo tipo di esposizione ricalca, in genere, i moduli espressivi (tecnicismi lessicali e soprattutto sintattici) che caratterizzano "la lingua con cui si parla del diritto"[29]. Sull'abitu-

[29] La situazione non è certamente limitata al nostro Paese. Per quanto riguarda la Francia, ad esempio, si trovano considerazioni analoghe alle nostre in Deysine 1997.

dine di impiegare fossili burocratici, modi di esprimersi desueti rispetto alla lingua comune per parlare di cose e fatti comuni pendono controversie la cui soluzione sfida la buona volontà di linguisti e giuristi.

Alla tripartizione delle attività che li producono faremo corrispondere una divisione dei testi giuridici in *normativi*, *interpretativi*, *applicativi*; qualifiche piú adatte a indicare ruoli che a designare classi di oggetti secondo criteri tipologici. Le attività – già lo abbiamo osservato – possono intersecarsi e sovrapporsi; cosí avviene per le funzioni che possono essere assegnate agli appartenenti a classi diverse. Solo un'analisi dedicata alle singole produzioni può stabilire l'entità e i modi di manifestarsi del retroterra interpretativo di testi appartenenti alla prima e alla terza delle classi qui proposte. E molti fra i testi applicativi hanno valore normativo. Come ha fatto notare Piero Fiorelli, «l'impostazione normativa» è ciò che caratterizza in blocco le manifestazioni degli «usi lessicali del diritto»:

> che la lingua giuridica prenda corpo in leggi o in sentenze, in atti amministrativi o in negozi privati, il tono di fondo è sempre dato dai rapporti dialettici tra essere e dover essere, tra prescrizione normativa e fattispecie concreta. Con diversità comprensibili da un livello di stile all'altro (il legislativo non è, o non è piú, il notarile) e da un ambiente all'altro (il parlamento non è la borsa, un sindacato non è una cancelleria), questa lingua conferma sempre le sue caratteristiche fondamentali, in senso positivo nelle sue preferenze per l'espressione oggettiva neutra impersonale, in senso negativo nella sua esclusione di quanto rifletta al contrario un'attenzione per quel che la vita offre di contingente, d'occasionale. (Fiorelli 1993b, pp. VIII-IX).

I raggruppamenti interni alle tre classi non sono a numero chiuso. Perciò il catalogo qui abbozzato non può essere esaustivo: tende solo a coprire le aree piú comuni e piú dense di interesse.

2.1. Testi normativi.

Sono testi normativi: le costituzioni (esempio principe, per noi, la *Costituzione della Repubblica Italiana* promulgata il 22 dicembre 1947 ed entrata in vigore il 1° gennaio 1948); le convenzioni (ad es., *La Convenzione per la salvaguardia dei diritti dell'uomo e delle libertà fondamentali* firmata a Roma il 4 novembre 1950 e convertita in legge il 4 agosto del 1955); le leggi (statali e regionali); i decreti legge (emessi dal governo in casi di necessità e urgenza, hanno lo stesso valore delle leggi, purché siano convertiti in legge dal parlamento entro sessanta giorni)[30]; i decreti legislativi (sono emanati dal governo su delega del parlamento, come nel caso dei codici o di leggi settoriali molto complesse)[31]; i codici (civile, penale, e delle rispettive procedure; i codici militari, della strada, della navigazione)[32]; i regolamenti (in quanto contengono per la massima parte precetti da cui discendono obblighi per i cittadini o per enti pubblici o privati); gli statuti (di enti territoriali quali, ad es., le regioni; di associazioni, ecc.).

Una particolare modalità normativa è quella delle cosiddette leggi interpretative, che chiariscono il significato di norme precedenti. Anche in questo come negli altri casi il contenuto è sempre cogente, ed è indirizzato o ai singoli o agli organi pubblici tenuti a osservare o a far osservare la prescrizione.

La produzione di regole, che diventano il cosiddetto "diritto vivente" quando sono tradotte in comportamenti concreti o in atti formali, è condizione necessaria al sussistere dell'attività interpretativa.

2.2. Testi interpretativi.

In un uso del linguaggio giuridico completamente, o quasi, assorbito dall'interpretazione delle norme rientra quella che viene chiamata comunemente la dottrina. Si tratta, nei casi

[30] Art. 77 Cost.

[31] Art. 76 Cost.

[32] Va precisato che i codici sono emanati mediante atti del governo che hanno natura di decreti legislativi (per es., il Regio Decreto del 16/3/1942 per il codice civile, il Decreto del Presidente della Repubblica del 22/9/1988 per il codice di procedura penale); tuttavia il *corpus* normativo dei codici può essere considerato distintamente dal decreto che lo approva.

piú ricorrenti, di lezioni *ex cathedra*, libri di diritto (trattati, manuali, enciclopedie, ecc.), articoli di riviste, note a sentenza (che commentano una decisione giurisdizionale), tesi di laurea e di dottorato, interventi a convegni: testi, insomma, nei quali il ragionamento è mantenuto su un piano astratto, e obbedisce a una speciale logica che ha i suoi fondamenti nella teoria giuridica dell'interpretazione[33].

L'interpretazione nasce da una precisa fonte di diritto positivo, contenuta nelle *Disposizioni sulla legge in generale* del codice civile (Preleggi) che assurgono a principî validi per ogni ramo del diritto. Si tratta dell'art. 12:

> INTERPRETAZIONE DELLA LEGGE. Nell'applicare la legge non si può ad essa attribuire altro senso che quello fatto palese dal significato proprio delle parole secondo la connessione di esse, e dalla intenzione del legislatore. // Se una controversia non può essere decisa con una precisa disposizione, si ha riguardo alle disposizioni che regolano casi simili o materie analoghe; se il caso rimane ancora dubbio, si decide secondo i principi generali dell'ordinamento giuridico dello Stato.

Su tale base la manualistica tradizionale ha distinto quattro specie di interpretazione: 1) "letterale", secondo il significato delle parole; 2) "logica", ancorata alla *ratio legis* o alla «intenzione del legislatore»[34]; 3) "analogica", quando, in mancanza di una legge che disciplini il caso, si ricorre all'analogia con altre, concernenti o situazioni individuali simili o la complessiva materia che presenti somiglianza con quella in questione; 4) "sistematica", quando, in ossequio a un dogma che asserisce la completezza dell'ordinamento, si cerca di riempire i vuoti normativi riferendosi ai principî generali oppure al *corpus* legislativo visto come una costruzione coerente (anche se questa convinzione è spesso fallace, specie nell'attuale disordine legislativo). Strumenti dell'interpretazione giuridica sarebbero dunque: l'elemento storico (si cerca nel diritto anteriore la spiegazione di quello attuale su una data materia),

[33] Non è pertinente all'oggetto del mio lavoro dare indicazioni sulle teorie giuridiche dell'interpretazione. Ometto perciò i riferimenti a opere importanti (di maestri quali Emilio Betti, Rodolfo Sacco, Uberto Scarpelli, Giovanni Tarello) che non compaiono nella mia bibliografia, per ricordare soltanto, fra gli studi che ho consultato a vario titolo nelle fasi della mia ricerca: Alpa 2000, Belvedere 1998 e 2000; A. G. Conte 1962; 1997, pp. 1-61; Scarpelli / Di Lucia (a cura di) 1994, pp. 467-73; Zagrebelsky 1992 (l'intero cap. VII, e in particolare le pp. 180-92).

[34] Rinvio a Belvedere 2000, in particolare al § 5.

gli argomenti logici: *a fortiori* (se una norma si applica ad un caso, deve per forza applicarsi a casi che si reputano compresi nel primo o ad esso molto affini), *a contrario* (ad es., se un atto non è vietato è permesso), o tratti dalla combinazione (dal «combinato disposto», nel gergo legale) di due norme diverse. Come risultato, l'interpretazione può considerarsi estensiva o restrittiva (secondo che sia ampliato o ridotto il significato letterale della norma), o evolutiva (quando si adatti una disposizione emanata da molto tempo alle attuali situazioni di fatto)[35].

Ma si osservi come i criteri di cui qui abbiamo dato conto sommariamente possano essere messi (efficacemente) in discussione:

> questa ricostruzione del procedimento interpretativo delineato dall'art. 12, 1° comma, Preleggi appare però criticabile, non solo perché lo scinde in criteri presentati come del tutto autonomi l'uno rispetto all'altro, ma soprattutto perché la contrapposizione tra interpretazione *letterale* e *logica* già a livello terminologico induce a ritenere che la prima non richieda alcun ragionamento o valutazione (limitandosi ad una passiva ricognizione di dati di fatto linguistici), e che la seconda resti sostanzialmente estranea all'ambito linguistico (in quanto fondata su di una nozione estranea a tale ambito, la intenzione del legislatore). Occorre invece riconoscere una maggiore unitarietà al procedimento di interpretazione della legge, considerandolo correttamente come *un fenomeno che in nessuno dei suoi aspetti può sottrarsi ad una analisi svolta secondo i canoni delle scienze del linguaggio, le cui categorie devono pertanto potersi utilizzare anche con riferimento alla intenzione del legislatore*; si eviterà cosí di attribuire a questa nozione un carattere di eterogeneità rispetto al significato degli enunciati legislativi. (Belvedere 2000, p. 50; corsivo mio).

Può accadere che nelle operazioni esegetiche parole e frasi vengano analizzate e manipolate senza particolari competenze linguistiche, ma basandosi su criteri di senso comune, integrati, per le questioni piú ardue, da scelte piú o meno aprioristiche dell'interprete, a cui si concede cosí un margine molto ampio di discrezionalità. È qui che al linguista capita di non raccapezzarsi; addirittura di trovare enunciato molto alla buona il fondamentale articolo 12 Preleggi, dove la nozione di «significato proprio delle parole», in base alla loro «connessio-

[35] La Corte costituzionale, che decreta la legittimità o l'illegittimità di una legge comune confrontandola con i princípî della Costituzione, ci ha abituati a sentenze interpretative di rigetto, quando dichiara che una legge comune è costituzionale solo se si segue una certa interpretazione (di solito adottata in giurisprudenza e chiamata «diritto vivente»), mentre un'interpretazione diversa renderebbe la legge incostituzionale.

ne» è lasciata nel limbo delle intuizioni indeterminate e soggettive. Sembra lecito inferirne un riconoscimento del significato contestuale delle singole espressioni linguistiche. Questo permette di apprezzare meglio il contributo di lavori come quelli di Andrea Belvedere (1998 e, specialmente, 2000), che imposta risolutamente i problemi dell'interpretazione giuridica nel quadro di recenti teorie semantiche e pragmatiche: dove il linguistico (il significato degli enunciati) e l'extralinguistico (l'intenzione di chi li ha prodotti) trovano una sistemazione unitaria e coerente[36].

2.3. Testi applicativi.

Il panorama dei testi che hanno per oggetto qualche aspetto applicativo di norme giuridiche è vastissimo. Possiamo farne delle suddivisioni basate, la prima, sugli ambiti (1. *atti processuali*; 2. *atti amministrativi*; 3. *atti giuridici privati*), la seconda, interna alla prima e riguardante gli "atti processuali", basata sui soggetti (giudice, pubblico ministero, avvocati, ausiliari del giudice e altri).

1) *Atti processuali.* Elencheremo per primi quelli provenienti dalle varie giurisdizioni, rappresentate dai magistrati ordinari (giudici di pace, giudici di tribunale, d'appello, di cassazione, pubblici ministeri) e dai magistrati appartenenti a categorie speciali (Corte costituzionale, Tar e Consiglio di Stato, Corte dei Conti, commissioni tributarie, ecc.). Tutti costoro emettono, in genere, provvedimenti scritti, con caratteristiche di contenuto profondamente diverse, che influiscono sulle rispettive modalità di espressione.

[36] Al linguista che si occupi delle strutture argomentative offre spunti notevoli di riflessione lo studio di A. Costanzo (1992) sulle incompatibilità fra esegesi diverse di dati normativi. Il disaccordo nell'interpretazione del diritto non va sempre ricondotto a difetti intrinseci alle proposizioni legislative, o a conflitti di interessi o di scuole. Spesso sono le stesse «condizioni logiche» dell'interpretazione a costituire le premesse per il disaccordo: le «condizioni di incoerenza», appunto (che richiamano per contrasto le «condizioni di coerenza» teorizzate da M.-E. Conte [1988] 1999, indispensabili al sussistere di quell'unità semantico-pragmatica che è il *Testo*). Costanzo ne individua la genesi, secondo un tracciato che va dalla «tipologia» alla «fenomenologia» delle incompatibilità, indicando le tecniche per superarle e definendo i modelli interpretativi. Interesse teorico generale ha specialmente il capitolo in cui la logica delle argomentazioni giuridiche è esaminata mostrandone le «apparenti deviazioni dalla logica classica».

a) *Provvedimenti del giudice*. Per quanto riguarda i giudici ordinari, i due codici di procedura forniscono una definizione legislativa dei tre tipi di provvedimento fondamentali: sentenze, ordinanze, decreti.

Per l'art. 132 del codice di procedura civile, la *sentenza*, intestata «Repubblica Italiana» e pronunciata «in nome del popolo italiano», deve soddisfare una serie di requisiti (indicazione del giudice, delle parti, dispositivo, data, firme, ecc.) tra cui «la concisa esposizione dello svolgimento del processo e dei motivi in fatto e in diritto della decisione».

L'*ordinanza*, dispone il successivo art. 134, «è succintamente motivata» e può essere inserita nel verbale d'udienza o redatta su foglio separato.

Il *decreto*, per l'art. 135, «non è motivato, salvo che la motivazione sia prescritta espressamente dalla legge». Analogo è l'art. 125 del codice di procedura penale, che impone la motivazione della sentenza e delle ordinanze a pena di nullità, e la motivazione dei decreti solo se prevista dalla legge nei singoli casi.

Le sentenze costituiscono l'atto conclusivo di una fase o grado del procedimento e di solito contengono la decisione su una controversia civile o su un'accusa penale. Tale decisione ha carattere obbligatorio, nel senso che un organo dello Stato la farà osservare quando essa sarà definitiva (salva, in civile, un'adesione spontanea dell'obbligato). Per la precisione, va rilevato che talune sentenze non definiscono nel merito il giudizio (ad esempio, quelle di incompetenza, di prescrizione del reato, di applicazione dell'amnistia), ma concludono anch'esse la fase processuale in corso. A seconda della loro natura e dei loro effetti le sentenze possono essere:

- *di condanna*, quando esprimono comandi alle parti processuali e agli organi incaricati dell'esecuzione (ad es., condanne al pagamento di somme in civile; condanne alla reclusione in penale);
- *di accertamento*, quando descrivono una situazione giuridica preesistente (ad es., la dichiarazione che uno ha diritto al passaggio sui terreni di un altro);
- *costitutive*, quando introducono situazioni giuridiche nuove, costituiscono nuovi diritti attraverso la loro stessa pronuncia (ad es., la produzione degli effetti di un contratto non concluso per inadempimento di una parte, ai sensi dell'art. 2932 c.c.).

Nelle sentenze si sviluppano i ragionamenti interpretativi, si attua quell'intreccio tra il fatto e il diritto che è l'essenza della decisione. La quale non è sempre un puro esercizio di esegesi di una norma; è molto piú spesso una ricostruzione fattuale sulla scorta delle prove e del confronto tra queste e la norma stessa, ricostruita a sua volta, se necessario, dall'interprete.

Sul tipo e i caratteri delle sentenze agisce la differente collocazione dei magistrati nell'ordinamento. Le motivazioni delle sentenze della Corte costituzionale, deputata a valutare la congruenza delle leggi ordinarie rispetto ai principî della Carta fondamentale, sono quasi sempre di puro diritto. Lo sono altrettanto, ma con incursioni nel fatto, quelle delle giurisdizioni superiori (Cassazione, Consiglio di Stato, Corte dei Conti), mentre via via che si scende verso i giudici di primo grado l'influenza del fatto si fa piú netta.

Ordinanze e decreti (di regola, perché esistono eccezioni che li parificano alle sentenze: ad esempio, ordinanze di convalida di sfratto, decreti penali) si possono considerare, schematicamente, atti strumentali al processo, che nel corso del suo svolgimento il giudice emette per regolarne singoli momenti problematici. Anche se i confini tra le due tipologie sono sfumati, l'ordinanza serve per le questioni piú complesse e il decreto per dare disposizioni piú semplici, in genere immotivate, di tipo burocratico, come la fissazione di un'udienza.

b) Atti del pubblico ministero. I pubblici ministeri, addetti alle Procure della Repubblica che operano presso le varie giurisdizioni ordinarie e presso la Corte dei Conti, si esprimono oralmente quando pronunciano requisitorie nei dibattimenti penali. Queste possono essere trascritte quando le udienze vengono registrate. Oltre alle requisitorie scritte che vengono talvolta richieste dalla legge (come quelle davanti alla Corte di Cassazione, secondo l'art. 611 del codice di procedura penale), i pubblici ministeri producono atti scritti di vario genere, difficilmente inquadrabili nei tre tipi fondamentali sopra indicati. Si pensi alla notissima informazione di garanzia, alla stesura degli interrogatori di imputati e delle «persone informate sui fatti», agli ordini per la polizia giudiziaria, alle diverse richieste volte a produrre atti processuali, alla redazione di motivi di impugnazione e cosí via. Ovviamente, la strumentalità che attiene a questa varietà di atti li assimila al metro burocratico.

c) *Atti difensivi*. I principali attori del processo non magistrati sono gli avvocati, che talvolta uniscono alla qualità di difensore quella di giurista accademico. Per questo il loro apporto al linguaggio giuridico processuale può essere rilevante. Nei processi penali l'arringa dell'avvocato è orale e non rimane documentata, salvo che nei frequenti casi di registrazione. Quando l'avvocato agisce davanti ai giudici civili o amministrativi, le sue richieste e argomentazioni sono obbligatoriamente redatte in forma scritta. Sono atti di citazione, comparse, istanze, memorie, motivi di impugnazione.

L'oratoria forense è per eccellenza palestra di esercitazioni argomentative, prova di abilità retoriche. È sul genere giudiziario che si sono modellate *ab antiquo* le strutture dei discorsi persuasivi. Pur limitandoci a testi scritti, e trascurando quindi le esecuzioni orali in cui la *pronuntiatio/actio* ha importanza decisiva, potremo constatare come il genere degli atti difensivi sia un osservatorio privilegiato per cogliere la natura multiforme del linguaggio giudiziario.

d) *Atti degli ausiliari del giudice*. Nel processo non producono testi giuridici solo i magistrati e gli avvocati. I cosiddetti ausiliari del giudice, cancellieri e funzionari di vario tipo, danno luogo, di solito, ad atti ripetitivi come attestazioni, notificazioni, pignoramenti. I verbali degli atti processuali hanno notevole densità, ma sono espressi nelle parti principali come formale traduzione di dichiarazioni rese oralmente. Dal punto di vista enunciativo (della teoria dell'enunciazione) i verbali presentano molti motivi di interesse, a cominciare dall'entità delle "mediazioni" a cui sono sottoposti i discorsi riprodotti[37].

Perizie e consulenze tecniche richieste dai magistrati e dalle parti in causa appartengono all'ambito giudiziario per la loro destinazione. Ma la lingua in cui sono redatte è quella delle varie specializzazioni a cui esse si ascrivono.

e) *Altri atti processuali*. Privati o organi dello Stato, specie di polizia giudiziaria, introducono nel processo denunce, querele, esposti, rapporti, che restano agli atti e possono essere utilizzati in varia misura per la decisione.

[37] Cfr. su questo punto Mortara Garavelli 1985, pp. 74-83.

2) *Atti amministrativi*. Fuori del processo, ma sempre all'interno dell'apparato pubblico (che comprende lo Stato e i vari enti territoriali e non territoriali, quali regioni, province, comuni, parastato ed enti pubblici diversi), la produzione di atti giuridici è immensa e incessante. Il suo raggruppamento, tradizionale e corretto, nella categoria onnicomprensiva degli atti amministrativi comporta una certa semplificazione concettuale.

Secondo la definizione corrente, l'atto amministrativo è il provvedimento concreto con cui la pubblica amministrazione dispiega la propria attività nel settore di sua competenza. Le forme scritte piú comuni sono:

- i *decreti*, emanati dal capo dello Stato, dai ministri o da altre autorità sia per regolare certe situazioni sia per attribuire o escludere facoltà giuridicamente rilevanti. Per decreto sono nominati i dipendenti pubblici e sono loro attribuiti diritti vari, sono concesse autorizzazioni o sono imposti divieti, sono banditi concorsi e appalti, e cosí via. Vastissimo, dunque, il dominio dei decreti, e altrettanto vario il loro contenuto, come si può constatare consultando le gazzette ufficiali, i bollettini dei ministeri o delle regioni;
- le *ordinanze*, che impongono in genere particolari comportamenti ai cittadini;
- gli *avvisi*, per dare notizie di pubblico interesse, sia in forma collettiva sia attraverso notificazioni;
- i *verbali* di attività compiute dai singoli organi;
- gli *ordini di servizio*, le *proposte*, i *pareri*, i *visti*, i *certificati*, le *iscrizioni in pubblici registri*... E l'elenco non è completo.

Caratteri comuni ai testi della pubblica amministrazione sono, sul piano dell'espressione, la relativa brevità, la ripetitività delle formule, il linguaggio congelato in stereotipi, caratterizzato dalla presenza massiccia di tecnicismi collaterali. A questo si aggiunge l'elementarità dell'*iter* applicativo.

Un posto a parte spetta agli atti formalmente amministrativi, ma sostanzialmente assimilabili a categorie già esaminate, come i *decreti legislativi* o *delegati* (che sono emanati dal capo dello Stato ma sono vere e proprie fonti normative, autorizzate da apposite leggi deleganti), i *regolamenti* e le *circolari*, che dettano regole di carattere generale per i cittadini o per gli organi di una certa branca dell'amministrazione.

3) *Atti giuridici privati*. Quelli elencati finora sono testi provenienti da soggetti pubblici o che fanno parte, come gli avvocati e i periti, di un'attività pubblica quale è il processo. Ma la lingua del diritto è usata anche da privati nei loro rapporti diretti e dà luogo a una produzione di atti altrettanto vasta e capillarmente diffusa. Basta ricordare gli *atti notarili*, detti anche atti pubblici per l'efficacia loro conferita dall'ordinamento che dà potestà di certificazione ai notai, che pure sono privati professionisti. In questa forma vengono stipulati moltissimi *contratti*, dalle compravendite immobiliari alle gestioni societarie; ne risultano documenti importanti, quali i *testamenti*, le *procure*, le *copie autentiche* di altri atti, ecc.

Nell'ambito meramente privatistico si collocano contratti di ogni tipo che non devono passare attraverso i notai: i *contratti di locazione*, i *preliminari di acquisto*, gli *appalti*, le *vendite mobiliari*, le *forniture* di acqua, gas, telefono; e atti privati di natura non contrattuale come i *testamenti olografi*, i *riconoscimenti di debito*, ecc.

Di natura privata, ma regolato dal codice di procedura civile, è il *procedimento arbitrale*, in cui arbitri nominati dalle parti emettono una decisione (*lodo*) che viene accettata come una sentenza.

3. *Linguistica dei testi giuridici: tendenze attuali e prospettive di ricerca.*

La necessità di porsi questioni linguistiche in stretta connessione con questioni giuridiche ha impegnato da tempo i giuristi, sui versanti teorico e applicativo: e sul primo versante principalmente, anche se non esclusivamente, i cultori degli studi analitici di filosofia del diritto. Campo privilegiato, la semantica, per ragioni evidenti:

> evitare le questioni semantiche il giurista non può: le operazioni da lui compiute riguardano il linguaggio ed hanno come strumento il linguaggio, e ad ogni passo egli deve determinare e foggiare significati, riconoscere, costruire o ricostruire relazioni semantiche, e sintattiche e pragmatiche. Se c'è un'attività che richieda una consapevolezza linguistica, questa è l'attività dei giuristi. (Scarpelli 1969, p. 994).

Panoramica dei temi piú e meglio trattati nelle varie specializzazioni, dalla teoria generale del diritto alla logica deontica[38], la già citata silloge di Scarpelli / Di Lucia (1994) è un sussidio indispensabile per chiunque voglia occuparsi di testi legali[39]. Nella raccolta sono presenti due linguisti, Émile Benveniste col celebre articolo *La filosofia analitica e il linguaggio* (Benveniste [1963] 1971), e Giacomo Devoto con *Parole giuridiche*. Entrambi necessariamente presenti: il primo per il dialogo instaurato coi filosofi di Oxford in occasione della contemporanea scoperta delle enunciazioni performative[40]; il secondo per l'analisi etimologica e semantica di termini del lessico giuridico romano, analisi suggerita dal constatare che «ci sono teorie linguistiche che lo studioso di diritto deve accettare e ci sono teorie giuridiche che anche il puro linguista, in questo campo di ricerche, deve conoscere» (Devoto 1958, p. 95).

È di Devoto e di Giovanni Nencioni, linguista di formazione giuridica, la concezione della lingua come «istituto». Nencioni, in un saggio (del 1946) sulla «istituzionalità della lingua» che impegnò in un dibattito stimolante, e in clima di crocianesimo ancora ben vivo, filosofi, giuristi e linguisti, precisa i termini del parallelismo di funzionamento del diritto e del linguaggio, entrambi di natura «istituzionale e sistematica»[41]. Il com-

[38] Importante, per quest'ultima, A. G. Conte 1977.

[39] Per un quadro preciso delle questioni e delle nozioni basilari rimando all'Introduzione di Paolo Di Lucia (Di Lucia 1994), che imposta il problema dei rapporti fra diritto e linguaggio su tre opposizioni: 1) la comparazione (a doppio vettore) tra il linguaggio e il diritto opposta alla concezione del «diritto come linguaggio»; 2) la teoria della «linguisticità del diritto» (la concezione del «diritto come linguaggio», anzi come linguaggio-oggetto, il che comporta considerare come metalinguaggio la scienza del diritto) opposta alla teoria della «linguisticità della norma»; 3) la domanda (ontologica) «che cosa è una norma?» distinta dalla domanda (semiotica) «quando un'entità linguistica [...] è normativa?»

[40] Si veda *infra*, nota 43.

[41] Sulle analogie tra linguaggio e diritto (in particolare, sul valore giuridico attribuito da Devoto alla norma linguistica) Terracini ([1963] 1970) ha espresso motivate riserve, in armonia con la sua concezione del linguaggio

plesso ordinato di regole, «di volontà non già in atto, ma in potenza» da cui sono costituiti i due sistemi viene attuato dall'attività del soggetto:

> come nel passaggio dalla potenza all'atto della singola norma giuridica si attua tutto l'istituto cui quella norma appartiene e la volontà tutta dell'ordinamento, che con ognuna delle sue norme e dei suoi istituti forma una organica unità, cosí, quando l'individuo parla, nelle poche frasi che egli formula viene implicato tutto il sistema linguistico, che passa nella sua totalità (cioè nella totalità presente alla coscienza di quel determinato parlante) dalla potenza all'atto. (Nencioni 1989, p. 100).

Sul versante giuridico è di particolare interesse per il linguista l'ampio saggio di Salvatore Pugliatti (1978), che giungeva a scorgere, sia pure definendone i limiti di applicazione, «i riflessi, nel campo del diritto, della distinzione saussuriana di *langue* e *parole*», dopo un'acuta analisi delle posizioni di giuristi e linguisti (fra questi, Saussure, Devoto, Nencioni, Pagliaro, De Mauro) riguardo alle analogie e alle differenze tra le concezioni di sistema giuridico e sistema linguistico. L'analisi delle riflessioni sulla lingua che «in ogni tempo» – notava Pugliatti – «hanno presentato punti di contatto colla scienza del diritto» prendeva le mosse dal *Cratilo* platonico, la cui concezione della lingua come legge, accordo, convenzione era «una concezione giuridica [...] alla quale la grammatica attinse quel compito "normativo", di cui mai è riuscita a liberarsi interamente» (Pugliatti 1978, p. 3).

Per quanto riguarda le teorie linguistiche pragmatiche e testuali[42] affermatesi dalla fine degli anni Sessanta in poi, occorre ricordare, almeno per cenni, l'influenza durevolmente produttiva che su queste ha esercitato (e continua a esercitare) la filosofia analitica del linguaggio: dalla scoperta austiniana del performativo[43] alla teo-

che, del resto, precorreva aspetti della pragmatica linguistica nel porre come centrali il ruolo del parlante e la pertinenza della situazione comunicativa.

[42] La quintessenza delle quali si ravvisa nei saggi di M.-E. Conte (1983 e 1999).

[43] Oltre al filosofo John Langshaw Austin, e ciascuno indipendentemente dagli altri, due linguisti avevano individuato le enunciazioni performati-

ria degli atti linguistici di John Searle. Se ne vedono i frutti in zone svariate: lavori sulla lingua di testi legislativi e giudiziari (Kurzon 1986), anche in prospettiva contrastiva e didattica (Garzone 1996 e 1997), e ricerche preparatorie (Zuanelli 1998) alla formazione di modelli nell'ambito della legimatica, di cui diremo fra poco.

Un campo assai fecondo perché assiduamente coltivato è il lessico giuridico. Qui è ovvio che prevalgano le competenze degli specialisti del diritto; ma è altrettanto scontato che queste debbano coesistere, e meglio se nello stesso studioso, con un ben fondato possesso di conoscenze storico-linguistiche, lessicologiche e lessicografiche. È proprio questa la condizione del giurista-linguista Piero Fiorelli, a cui si devono (oltre al già citato profilo storico della lingua del diritto e dell'amministrazione dai *Placiti capuani* agli ultimi decenni del XX secolo) importanti contributi alle ricerche sul lessico giuridico, dal lontano progetto di un vocabolario giuridico (Fiorelli 1947) ai piú recenti studi lessicologici[44]. Si devono allo stesso studioso precise ed esaurienti informazioni sui lavori per il *Vocabolario giuridico italiano* (Fio-

ve, da punti di vista e con terminologie differenti: Erwin Koschmieder ed Émile Benveniste. Quest'ultimo, nel 1958, riflettendo sulla «soggettività nel linguaggio» opponeva gli uni agli altri i verbi di atteggiamento proposizionale, che descrivono uno stato o un'azione (*verbes d'opération*), e i verbi enunciando i quali nella forma della prima persona del presente indicativo si compie l'azione che essi esprimono, e sono i performativi. Quanto a Koschmieder, è stata Maria-Elisabeth Conte (1983, pp. 98-101) la prima a far notare che questi, fin dal 1945, aveva distinto, nelle funzioni del tempo presente, il «presente della rappresentazione» e il «presente della coincidenza» che è di per sé «effettuazione» dell'azione enunciata. La Conte ha scoperto altri antecedenti ancora delle teorie sulla performatività; fra questi il giurista Leonardus Lessius, che nell'opera *De justitia et jure* del 1605 aveva «incisivamente caratterizzato le enunciazioni performative scrivendo che esse *efficiunt* ciò che *significant*. A proposito della promessa e della donazione egli scrive infatti: *promissio et donatio sunt signa quaedam practica, efficientia id ipsum, quod significant*» (M.-E. Conte 1983, p. 98, nota 9).

[44] Fiorelli 1997a e 1998. Nello stesso filone si registrano studi quali Bambi 1991 e i molti altri, che qui non è possibile citare, apparsi in «Lingua Nostra» specialmente, e in altre riviste linguistiche quali «Studi Linguistici Italiani», «Studi di Filologia Italiana», «Studi di Lessicografia Italiana»; ma, ovviamente, l'elenco dovrebbe allungarsi.

relli 1979), sui motivi per cui la sua pubblicazione è stata accantonata e sullo stato degli archivi (Fiorelli 1995)[45]. Dagli spogli dell'archivio lessicale su centodieci testi legislativi per quasi tre milioni e mezzo di parole è stato ricavato, a cura di Paola Mariani Biagini, e pubblicato nei tre volumi dell'*Indice della Lingua Legislativa Italiana* (I.L.L.I. 1993-97), un inventario delle quarantamila forme lessicali diverse contenute in centonove testi legislativi tra il 1723 e il 1973. Vi sono registrate le frequenze e i luoghi in cui ciascuna forma compare la prima volta. Come spiega Fiorelli (1995, p. 219):

> Il repertorio darà a chi lo consulti una risposta definitiva quando la parola cercata nelle sue possibili forme risulterà mancante in un testo, o quando (come accade in media una volta su due) vi risulterà presente una volta sola; se poi le occorrenze saranno piú d'una, l'indicazione del luogo della prima permetterà d'avviare una ricerca di tutti gli altri dati che l'I.D.G. mette a disposizione possedendoli già su disco e su tabulato.

Sull'utilità delle basi di dati e delle concordanze di testi[46] è perfino superfluo richiamare l'attenzione, tanto sono evidenti e sperimentati i vantaggi che supporti di questo tipo apportano alla consultazione e allo studio di documenti legali antichi e recenti. Si pensi al *thesaurus* del sistema ITALGIURE-FIND27 della Corte di cassazione, che copre tutta la terminologia giuridica contemporanea, e al *thesaurus* THES-BIND28, dell'Istituto per la Documentazione Giuridica, riguardante il diritto dell'informatica[47].

[45] Nell'Istituto per la Documentazione Giuridica (I.D.G.) del Cnr si conservano: l'archivio degli spogli integrali («archivio integrale elettronico») dei testi, dal placito di Capua del 960 fino al 1976-77, cioè all'anno in cui gli spogli furono chiusi, e l'archivio degli spogli selettivi («archivio selettivo xerografico»). «Questi due archivi, pur essendo su supporti diversi (su nastri magnetici l'uno, su schede cartacee con lemmario in ordine alfabetico e cronologico, realizzato con mezzi elettronici, l'altro), danno le stesse informazioni: singole parole (lemma per l'archivio selettivo, forme per quello integrale), data di stesura del testo, riferimenti bibliografici e l'esempio (cioè una parte del testo originale opportunamente "tagliata")» (Mariani Biagini 1993, p. XIV).

[46] Rimando alle concordanze citate nei *Riferimenti bibliografici*.

[47] L'attività dell'I.D.G. si affianca a quella dell'Istituto di Linguistica

Tramontato, almeno per ora, il progetto di un grande vocabolario giuridico, rimane prezioso, come documento "storico" e fonte di notizie accurate sull'uso giuridico della lingua, il *Dizionario del linguaggio italiano storico ed amministrativo*, composto da Giulio Rezasco nel 1881[48].

Dai punti di vista filologico e storico le ricerche linguistiche su documenti legali hanno prodotto edizioni di testi antichi, indagini etimologiche e lessicologiche[49], raccolte bibliografiche, glossari[50]. Nelle storie della lingua italiana, a cominciare dalle opere fondanti di Migliorini e di Devoto fino alle imprese piú recenti[51], i riferimenti a testi giuridici dalle Origini in poi concorrono a comporre il quadro delle vicende diacroniche dell'italiano, inseriti nelle descrizioni di fenomeni grammaticali e lessicali. La novità dell'impostazione nell'einaudiana *Storia della lingua italiana* ha fatto sí che nel secondo volume (Serianni/Trifone 1994) abbia trovato posto la già ricordata monografia di Fiorelli (1994).

Un filone assai ben coltivato è lo studio dell'italiano

Computazionale del Cnr, come ora si chiama il Centro nazionale universitario di calcolo elettronico (Cnuce) di Pisa, la cui divisione linguistica è diretta da Antonio Zampolli.

[48] Questo e altri lessici di consultazione, dall'Ottocento alla fine del Novecento, si trovano indicati nei nostri *Riferimenti bibliografici*.

[49] A cui si è accennato nella nota 44.

[50] Qualche esempio fra i migliori (si veda la sezione 3 dei *Riferimenti bibliografici*): la raccolta e il commento dei vocaboli volgari nei documenti notarili toscani scritti in latino, conservati in originale o in copia anteriori al 1200 (Larson 1995); il *Glossario giuridico dei testi in volgare di Montepulciano*, che documenta la terminologia giuridica dal 1229 al 1375 (Calabresi 1989-93); il *Glossario delle consuetudini giuridiche dall'unità d'Italia* (Tondo 1980); il «saggio di glossario» (per la lettera B) dei termini giuridici contenuti negli statuti delle arti fiorentine nel Trecento (Bambi 1997); la registrazione e il commento di parole, locuzioni e fraseologie che si trovano nelle leggi medicee per la tutela dell'ambiente, emanate dal 1485 al 1737 (Cascio Pratilli 1993). Si deve ancora a Fiorelli (1985) un glossario giuridico, limitato alla lettera B, dei testi bilingui in Toscana nell'età napoleonica.

[51] Mi limito a indicare alcuni autori, con le rispettive case editrici: Marcello Durante per Zanichelli, Francesco Bruni per la Utet, Alfredo Stussi per Einaudi, Claudio Marazzini per il Mulino; e, sempre per il Mulino, gli autori dei singoli volumi della *Storia della lingua italiana* (Rosa Casapullo, Mirko Tavoni, Claudio Marazzini, Tina Matarrese, Luca Serianni, Pier Vincenzo Mengaldo).

"ufficiale" (si vedano i contributi raccolti in Alfieri/Cassola 1998). La natura plurilingue di testi svariati per origini e collocazione, compresi tutti sotto l'etichetta dell'ufficialità, è stata messa in luce da Marazzini (1996 e 1998). Si tratta di documenti di carattere «giuridico normativo» (leggi, statuti, decreti), atti notarili e amministrativi, atti processuali del Cinquecento e del Seicento che contengono resoconti di interrogatori dei testimoni, con vistose alternanze di volgari e di latino, relazioni di imprese militari e marittime. Ne risulta un insieme composito, ove la "lingua ufficiale", dalle Origini alla metà dell'Ottocento, appare caratterizzata dalla coesistenza e dalla contaminazione reciproca di latinismi giuridici o ecclesiastici e di elementi dialettali, con passaggi dall'uno all'altro sistema linguistico, e con salti di registro: dal burocratico al colloquiale, dall'aulico impersonale a riproduzioni del parlato soggettivamente coinvolgenti. A conferma delle tesi di Marazzini possiamo aggiungere un saggio suggestivo sulla lingua di procedimenti giudiziari cinquecenteschi (Prada 1995), centrato sulle deposizioni di testimoni redatte in volgare e inserite in protocolli latini; tanto piú interessanti in quanto

> sebbene [...] la normativa prevedesse che le deposizioni fossero registrate *verbatim*, è certo che le carte, anche dove integre, non sempre riportano con fedeltà letterale le affermazioni dell'imputato o dei testimoni; [...] in alcuni casi bruschi mutamenti di registro (soprattutto quando la situazione comunicativa permane la stessa) sembrano indicare un intervento – piú o meno diretto – dell'Inquisitore o del tabellione. (Ivi, p. 161).

È nell'ottica di una "linguistica delle varietà", di cui risentono in gradi diversi alcune delle storie piú recenti, che i caratteri specifici dei testi giuridici vengono in primo piano, individuati in relazione ai requisiti interni alle classi e sottoclassi a cui le singole produzioni appartengono e alla situazione linguistica del tempo. Tale era già l'inquadramento del saggio di Tullio De Mauro sulla lingua della legislazione dalla metà dell'Ottocento in poi: «l'indagine sul linguaggio giuridico italiano nel suo complesso – osservava De Mauro (1963, p. 423) – procede in modo proficuo se [...] tiene conto [...] dell'ambiente linguistico entro cui si è inserito il linguaggio dei giuristi e dei legislatori, e se tiene conto delle esigenze intrinseche a tale linguaggio». Vale la pena di soffermarsi sul resoconto che De Mauro fa delle discussioni ottocentesche, perché alcuni dei loro moventi hanno dimostrato un'insospettata capacità di resistere ai mutamenti dei tempi e dei saperi. Le prevalenti «valutazioni di gusto» documentate dagli anni della Restaurazione fino ai primi decenni del Novecento rispecchiano, in genere, atteggiamenti puristici e censorii[52], causa ed effetto di quella «preoccupazione della bontà letteraria dell'espressione giuridica», che induce a dispensare giudizi, quasi sempre negativi, «piú che a intendere storicamente il problema, o i problemi, della lingua italiana in relazione alle esigenze delle formulazioni legislative, del dibattito giudiziario, della dottrina giurisprudenziale» (ivi, p. 422). Poche le eccezioni, rappresentate da chi si mostrava consapevole sia delle connessioni tra pratica linguistica forense, tradizione letteraria e lingua comune, sia dei conflitti fra correttezza espressiva, necessità di farsi capire dai non specialisti ed esattezza dal punto di vista giuridico, sia infine della «inevitabilità d'una certa dose di arcaismo e di tecnicismo nel linguaggio di

[52] In Zolli 1980 si trova un censimento dei «brevi scritti contro i neologismi e i barbarismi giuridico-burocratici» usciti dopo il 1861 in riviste di lingua e filologia («La unità della lingua», «Il Borghini») seguito dalla segnalazione delle annate (1867 e 1868) del periodico giuridico «La legge» che contenevano sia note linguistiche su sentenze delle cinque Corti di cassazione operanti in Italia negli anni successivi all'unificazione fino al 1923, sia elenchi di «voci e locuzioni usate nel Regno di Sardegna o in altri Stati preunitari, che non dovevano trovar luogo nel linguaggio giuridico dell'Italia unita». Sulle manifestazioni del purismo ottocentesco diretto contro la "lingua degli uffici" si raccomandano i seguenti saggi compresi in Zolli 1974: *I dizionari di neologismi e barbarismi del* XIX *secolo - Note linguistiche e bibliografiche*, pp. 7-66; *Il Bollettino delle leggi della Repubblica Italiana e l'Elenco del Bernardoni - Contributo ad uno studio del linguaggio burocratico nell'età napoleonica*, pp. 67-139; *Termini dei codici napoleonici nelle «Voci italiane ammissibili» del Gherardini*, pp. 140-48.

ogni legislazione» (ivi, p. 423). In Italia la situazione è stata complicata dalla «assenza di un robusto uso corrente dell'italiano al momento delle prime codificazioni» (ivi, p. 429); donde il ricorso a modelli alloglotti (latino classico, tedesco, francese)[53], esca per lamentazioni puristiche accompagnate da proposte non sempre felici.

Le designazioni di De Mauro («formulazioni legislative», «dibattito giudiziario», «dottrina giurisprudenziale») indirizzano a considerare le differenti forme e occasioni in cui prende corpo il linguaggio giuridico. Raggruppare e catalogare i testi in classi e sottoclassi, che ha certo un'utilità pratica non indifferente, è concettualmente giustificato dal ritenere che un "genere testuale" (classe o sottoclasse) risulti dal rapporto fra elementi del contenuto ed elementi dell'espressione organizzati convenzionalmente a partire da una o piú funzioni socialmente riconosciute e in vista di scopi determinati[54]. Ma una classificazione – lo abbiamo già asserito – non è una tipologia[55]. Una tipologia comporta l'individuazione dei tratti linguistici (lessicogrammaticali, semantici, testuali, pragmatici) che permettano di situare classi di produzioni verbali entro il complesso delle possibili realizzazioni testuali del sistema linguistico[56].

[53] Sui modelli della codificazione italiana a partire dall'archetipo rappresentato dal *Code civil* napoleonico, sono illuminanti le pp. 29-53 di Alpa 2000.

[54] Cfr. Mortara Garavelli 1988. Per un'accurata disamina critica dei criteri tipologici comunemente adottati si raccomanda Beretta 1997-98.

[55] A questo proposito è ben giustificato l'ammonimento di Cortelazzo (1997, p. 39): «mi preme sottolineare che [...] lo studioso di lingua non può limitarsi ad accettare le distinzioni dei colleghi giuristi, perché non vi è omologia tra una tipologia basata su criteri testuali e una basata su criteri non testuali: basti pensare da una parte alla distinzione, giuridicamente rilevante, tra diversi tipi di testi normativi ed anche testi che caratterizzano le diverse fasi dell'*iter* legislativo (oltre alla legge, il decreto, la legge costituzionale, il disegno di legge, la proposta di legge), dall'altra alla sostanziale unitarietà linguistica e testuale di tutte queste forme di testo normativo, che dal punto di vista linguistico-testuale costituiscono un'unica classe, priva di differenziazioni interne».

[56] Un interessante abbozzo tipologico si trova nel § 6 («Diritto e letteratura») del cap. II di Alpa 2000, pp. 242-55, dove un insieme di tratti carat-

Non è un caso che, fra le proposte di una tipologia generale dei testi, la piú elegante e innovativa (Sabatini 1990) sia maturata come supporto a un'analisi del linguaggio giuridico. I successivi ritocchi della terminologia (Sabatini 1998 e 1999) non hanno alterato l'inquadramento tipologico, che è costruito in relazione al «grado di rigidità del vincolo che l'autore pone all'interpretazione del lettore». In base a tale vincolo interpretativo si individuano tre «classi fondamentali»: testi «molto vincolanti», «mediamente vincolanti», «poco vincolanti». I testi (legali) normativi rientrano nella prima classe, insieme con gli «scientifici» e i «tecnico-operativi»; queste tre sottoclassi sono distinte «in base alle funzioni specifiche». Sabatini (1999, p. 150) ritiene specifica dei testi normativi la «funzione prescrittiva, basata su una manifestazione di volontà coercitiva, regolata da un intero sistema di principî enunciati espressamente»[57]. I tratti linguistico-testuali dei «tipi» appartenenti alle singole classi[58] sono ordinati in una tabella che ne registra la presenza o l'assenza o la neutralizzazione. Ne risulta un modello suggestivo di simmetrie fra la distribuzione dei tratti caratterizzanti e le funzioni che distinguono ciascuna delle classi.

L'individuazione dei tratti di superficie che permette di verificare l'adeguatezza del quadro tipologico deriva dall'analisi di un gran numero di testi. Questo è conforme ai principî che regolano la "linguistica dei *corpora*", di notevole interesse ai nostri fini quando l'oggetto di studi linguistici è un *corpus* di testi giuridici. Gli studi di Giovanni Rovere citati in bibliografia mostrano esemplarmente come la "lessicogrammatica" di una

terizzanti del testo giuridico è messo puntualmente a confronto con i tratti corrispondenti, per analogia o per contrasto, in vari tipi di testo letterario.

[57] Bisognerà comunque precisare che non tutto il normativo è prescrittivo, come si vedrà nel cap. II, § 1.1.

[58] Per i testi normativi: «*leggi, decreti, regolamenti e altri testi assimilabili* (atti amministrativi, giudiziari, notarili, contratti e simili)» (Sabatini 1999, p. 150).

lingua possa servirsi di esempi tratti da fonti giuridiche per lumeggiare fenomeni linguistici di portata piú ampia di quella del (sotto)settore a cui appartengono i componenti del *corpus*, e per impostare o risolvere questioni di metodo.

I testi giuridici al servizio della linguistica, è il caso di dire. Con un'opposizione simmetrica accosterei a questa altre direzioni di ricerca che si esercitano su *corpora* di testi/discorsi: la "fonetica giudiziaria" (cfr. Albano Leoni / Maturi 1991) e la "sociolinguistica giudiziaria", in primo luogo, dove le competenze dei linguisti hanno le carte in regola per essere messe fruttuosamente "al servizio della giustizia".

Aiuti notevoli alle indagini giudiziarie sono infatti venuti dalla collaborazione di specialisti di fonetica sperimentale, per il riconoscimento della voce di ignoti in intercettazioni telefoniche. Si cercava di stabilire parametri atti a definire le "impronte vocali" di singoli individui (cfr. le varie proposte in Ferrero, a cura di, 1979). Sul versante sociolinguistico l'attenzione si estendeva intanto alla «comunità linguistica di un parlante sconosciuto» (Mioni/Zamboni 1979). Combinando le risorse della geolinguistica, della fonetica e della fonologia, Trumper (1979) elaborò un metodo di ricerca per individuare l'ambito geografico e sociale (il piú ristretto e il meglio delimitato possibile) nel quale si registrasse un numero consistente di variabili che comparissero con una frequenza paragonabile a quella della parlata dell'ignoto di cui si cercava di riconoscere l'identità. Il presupposto su cui si basava Trumper (e come lui altri linguisti, fra i quali Corrado Grassi, che lavorava con metodi autonomi, diversi da quelli di Trumper) è cosí sintetizzato da Mioni (1992, pp. 515-16):

> piuttosto che poter includere o escludere un dato imputato come possibile autore del messaggio incriminato, si deve cercare una possibile comunità sociolinguistica italiana in cui tale messaggio sia producibile [...]. L'attività di Trumper fu rilevantissima nello scoprire i colpevoli della strage di Peteano ed ebbe un impor-

tante ruolo nel processo Moro. [...] L'efficacia di tale attività presuppone l'accessibilità a grossi calcolatori e la disponibilità di un grande archivio di interviste, qual è quello che Trumper si è venuto creando.

Alle classiche direzioni in cui opera la sociolinguistica giudiziaria si è aggiunta la via delle intercettazioni ambientali introdotte come strumento di indagine dal nuovo codice di procedura penale del 1988 (artt. 266-70). Le difficoltà di interpretarle sono molte, e legate a complicati fattori, ambientali e metodologici. Ci vuole un esperto di sociolinguistica non soltanto per risolverle, ma ancor prima per sospettarne l'esistenza e valutarne la portata. Un quadro di tali difficoltà, con una trattazione propositiva di metodi e fini, appoggiata sulla definizione dei caratteri costitutivi dei tipi di interazione intercettati, si trova in Bellucci 1994. L'autrice coordina un gruppo di ricerca fiorentino specializzato sia nell'analisi delle intercettazioni ambientali (Bellucci 1995, 1996), sia nello studio delle trasmissioni radiofoniche di processi (Bellucci/Carpitelli 1997).

Un ampio resoconto delle ricerche attuate, con esempi di analisi, si legge in Bellucci/Antognoli/Carmignani/Grimaldi 1998; dove si mettono in giusta evidenza le storture e i guasti che i verbali delle intercettazioni possono provocare quando la deprecata "antilingua" di questa sorta di *italiano investigativo* «si sovrappone – offuscandola – all'intercettazione stessa» (p. 228). Oltre che della fase investigativa, il Gruppo di ricerca si occupa della fase dibattimentale, sottoponendo a fini analisi conversazionali le interazioni verbali che avvengono nei processi; notevole l'attenzione alle glosse e alle riformulazioni compiute dai «Soggetti Istituzionali» sia sulle risposte dei Testi, sia, ove occorra, sulle proprie domande. Il punto di vista sociolinguistico si esercita poi su temi di grande interesse, quali «le modalità con cui le aspettative relative al ruolo sociale e al linguaggio delle donne emergono negli interventi dei Soggetti giurisdizionali» (pp. 241-54); e i soprannomi mafiosi.

Uno dei motivi ricorrenti nei lavori di Patrizia Bellucci è l'accento posto sulle «difficoltà di accesso alla lingua della legislazione»; che aumentano con l'abbassarsi del livello di istruzione di chi ha a che fare con la giustizia[59].

Lo iato fra la specializzazione, gli arcaismi, il conservatorismo formulare del *legal language*, da un lato, e la capacità effettiva di comprenderlo da parte dei non-specialisti anche di media cultura, dall'altro, è stato un importante punto di convergenza degli interessi di etnografi del linguaggio, sociologi, e linguisti di varie scuole e tendenze.

Il fiorire delle ricerche, all'estero prima che in Italia, data dai primi anni Settanta, con avvisaglie già nel decennio precedente. Basterebbe a documentarlo la bibliografia di Levi 1982. Tra le prime notevoli impostazioni dei problemi linguistici della legislazione citerei Bourcier *et al.* 1979. Un quadro dei principali argomenti, punti di vista e criteri adottati nello studio di testi/discorsi giuridici si può ricavare da Danet (a cura di) 1984, che raccoglie i risultati di ricerche compiute negli Stati Uniti, in Germania (nell'allora Repubblica Federale Tedesca), in Svezia, in Finlandia e in Israele. Le discipline impegnate nei lavori sul *legal discourse* erano la sociolinguistica, la pragmatica, l'analisi del discorso (*discourse analysis*), la psicolinguistica e l'analisi conversazionale (*conversational analysis*). Gli argomenti trattati rispondono, nei differenti ambiti, ai criteri organizzativi stabiliti dalla curatrice, corrispondenti ad altrettante rubriche: funzioni socio-legali (ruolo del linguaggio nel dare ordine alle relazioni sociali, verificato in varie situazioni: legislative, amministrative, giudiziarie, e nelle rispettive produzioni di testi); caratteri specifici dello scritto e del parlato; generi del discorso legale (una grande varietà di tipi testuali scritti e parlati, monologici e dialogici); tipo di analisi (testuale, sintattica, retorica, prosodica); orientamento dell'indagine sull'emittente o sul ricevente del messaggio, o su entrambi; tipo di sistema giuridico considerato. Come si vede, ognuno di questi temi (con le relative angolazioni da cui sono stati trattati) potrebbe essere assunto come indicativo di un buon numero delle ricerche successive[60].

[59] Fra le ricerche linguistiche sulle interazioni processuali è da segnalare Semplici (a cura di) 1996.

[60] Cito qui soltanto alcuni lavori, scelti arbitrariamente secondo le esigenze del momento (e dunque senza alcuna pretesa di fornire campioni per una rassegna sistematica) nella sterminata bibliografia degli studi condotti

Una rassegna centrata su un particolare settore del linguaggio giudiziario nel sistema giuridico di tradizione angloamericana è Levi / Graffam Walker (a cura di) 1990: raccolta di saggi nella tradizione del "realismo giuridico"[61], concentrata sul linguaggio in quanto «variabile-chiave». L'ambito delle ricerche è il *judicial process* («quella parte del *legal process* che riguarda la formulazione e l'applicazione delle norme di legge»: Merryman 1968, p. 373). Gli studi sono distribuiti in tre categorie: 1) lingua parlata nell'ambiente giudiziario; 2) lingua come argomento (*subject*) della legge; 3) lingua scritta della legge. Dal punto di vista degli obiettivi si distinguono[62]: *a*) ricerche che puntano primariamente sulla lingua e considerano il complesso mondo della legge come uno speciale contesto in cui esplorare strutture e usi linguistici; *b*) ricerche il cui interesse primario sta nel capire la legge e il *judicial process*; in tale caso l'analisi del linguaggio è piú uno strumento per capire il sistema legale che non un oggetto di ricerca di per sé; *c*) ricerche che vertono sulla società, la cultura, i fattori psicologici, come si rivelano attraverso lo studio del linguaggio nel contesto del sistema legale in questione. Tra i problemi e gli oggetti delle indagini si segnalano i seguenti: 1) fino a che punto i giurati capiscono le istruzioni date dal giudice prima delle loro decisioni; 2) come le differenze nel possesso e nell'uso delle varietà della lingua (riguardanti la provenienza geografica, l'ambiente sociale, i livelli linguistici – graduabili dal basso verso l'alto e viceversa –, i registri a disposizione, ecc.) influiscano sull'andamento del processo; quali effetti abbiano su giurati e giudici le variazioni di pronuncia, di lessico, di stile del discorso da parte di un testimone o di un imputato[63]; 3) in che misura la «esecrabile» lingua scritta del-

fuori d'Italia: analisi retoriche e prosodiche (White 1985, Goodrich 1987, Fish 1989); analisi "a piú livelli" su enunciati ambigui di testi prodotti in cause civili (Shuy 1987); definizioni di campo negli ambiti della semantica e della pragmatica (Müller 1989, Wüest 1993); aspetti sociologici della linguistica giuridica (Conley 1990, Gehrke, a cura di, 1994); modelli e tecniche argomentative (Alexy 1989). Tra gli studi che vertono sulle ambiguità del linguaggio giuridico, Tousignant 1991.

[61] Il *legal realism*, osservano le curatrici del volume, presta attenzione alle condizioni sociali e ne predice l'influenza nel sistema legale.

[62] Le proposizioni che, nel nostro testo, danno conto dell'importante volume curato da J. Levi e A. Graffam Walker sono una parafrasi di Levi 1990, pp. 3-13.

[63] È naturale accostare queste proposizioni a una parte dei temi che sono oggetto della sociolinguistica giudiziaria italiana.

le comunicazioni ufficiali può essere capita dalla maggior parte dei cittadini. Le discipline interessate sono quelle già qui ricordate a proposito di Danet (a cura di) 1984; in piú c'è da registrare l'accuratezza delle caratterizzazioni dei metodi, delle direzioni di ricerca (scrupolosamente riepilogate in una *Tavola*, a p. 14) e dei tipi di discorso (si veda, ad es., la tipologia dello *speaking style* di testimoni e imputati alle pp. 17-24).

Si è qui offerta come esemplare questa (ricca) raccolta di studi, ognuno dei quali avrebbe meritato una citazione precisa, perché da un lato mostra l'ampiezza del raggio di interessi che il linguaggio giuridico offre a linguisti di nazionalità, tendenze e scuole differenti; dall'altro lato documenta la limitata "esportabilità" da una lingua all'altra delle risultanze di studi sui testi che appartengono a sistemi giuridici diversi. Come asserisce Cortelazzo (1997, p. 37):

> La lingua giuridica pare essere una delle lingue speciali piú «nazionali» che esistano. L'omogeneizzazione internazionale della lingua giuridica, e soprattutto delle sue tipologie testuali, anche in nazioni simili dal punto di vista del sistema giuridico, è molto piú scarsa che in gran parte delle altre lingue speciali, dove, forse anche per il riconoscimento di un'unica lingua di prestigio e di comunicazione internazionale, le differenze tra le diverse realizzazioni nazionali si sono molto attenuate.

Opportuno ritornare, per il momento, alle "convergenze". Alcuni princípî e criteri generali dell'indagine linguistica ricorrono su scala internazionale: ad esempio, la considerazione del valore performativo di enunciati nei campi legislativo e giudiziario; le lamentele per la scarsa competenza linguistico-teorica da parte di giuristi pratici (Solan 1993); l'attività nei campi della legistica e della legimatica (vedi piú avanti) nell'ambito generale di una linguistica giuridica, a cui danno apporti vitali gli studi contrastivi, specie nell'ambito dell'Unione Europea. Un posto di prim'ordine meritano le ricerche promosse da Malcolm Coulthard, la cui *forensic linguistics* si sviluppa in traiettorie svariate, a partire dalle proposte metodiche e dalle analisi esemplificate in Coulthard 1992, per ampliarsi a comprendere testi del parlato e dello scritto, esaminati, anche in un'ottica contrastiva, con gli strumenti dell'analisi del discorso (di cui Coulthard è stato uno dei primi cultori) e dell'analisi conversazionale, fino alle piú recenti indagini sintattiche, semantiche e pragmatiche. In Francia lo studio del *discourse juridique* si è affermato assai per tempo (cfr. il già citato fascicolo 53 di «Langage»: Bourcier *et al.* 1979). Importante, anche per le analogie tra le situazioni francese e nostrana, la sistemazione della *linguistique juridique* di Cornu 1990[64].

Occorre intanto ripetere che la linguistica giuridica si è sviluppata sul terreno dello studio dei linguaggi settoriali e delle lingue speciali (le due etichette hanno potuto convivere o sovrapporsi per un unico designato, oppure indicare cose differenti). Un buon esempio in lingua italiana è Gotti 1991, ove l'inglese giuridico è trattato, con un'ottima esemplificazione, fra i «linguaggi specialistici» di cui sono analizzati i tratti linguistici e le implicazioni pragmatiche. Da accostare a questa ricerca, con riferimento ai testi italiani, è Cortelazzo 1990, notevole contributo alla «linguistica delle varietà» (per la quale è d'obbligo rimandare all'ottima sistemazione di Berretta 1988).

Prima che su questioni linguistiche dei testi della legislazione primaria, considerate evidentemente come affare di giuristi, l'attenzione dei linguisti si è diretta sul «linguaggio dell'amministrazione e della burocrazia, che si fa sentire nello Stato moderno sempre di piú, per la sempre piú crescente funzione degli organi centrali e degli enti locali nella vita di tutti i giorni» (Beccaria 1973, pp. 12-13)[65]. È questo infatti l'uso specialistico in campo legale che ha piú dirette conseguenze sull'uso comune, dal momento che la maggior parte della persone viene a contatto con la lingua della legge attraverso le sue incarnazioni amministrative e burocratiche. «La burocrazia è certamente il maggior produttore di norme di tutti gli ordinamenti moderni», osservava (in parentesi)

[64] Cfr. *supra*, nota 21.

[65] Sintomatica la mancanza di un capitolo specificamente dedicato al linguaggio giuridico nella fortunata silloge di Beccaria (a cura di) 1973.

Cassese (1992, p. 312), e aggiungeva: «Ma coloro che producono norme non hanno imparato a farle». Il saggio di Cassese è dedicato allo studio della *normazione* («del processo di formazione delle leggi», ivi, p. 311), in polemica con l'opinione comune che considera tale studio «tutt'al piú una tecnica, non una scienza»[66]. La tecnica che ha per oggetto la redazione delle norme (già indicata per cenni sommari alla nota 20) è la *legistica* o *nomografia* (in inglese *legal drafting*). Questa

> si vale di principi di linguistica giuridica e di semiotica giuridica. Ad esempio, si interessa del carattere imperativo della norma, pur scritta con l'indicativo grammaticale. Cerca di limitare il linguaggio oscuro del diritto, criticato tante volte, da Montaigne in poi. Cerca di dare un significato preciso agli enunciati, adoperando un vocabolario tecnico. Esamina comparativamente la logica e il linguaggio giuridico, ecc. Questo stretto legame tra diritto e lingua è stato riconosciuto dalla Comunità europea, dove è sempre al lavoro una Commissione di giuristi-linguisti, che ha sede presso il Consiglio e viene spesso chiamata a pronunciarsi, con un potere di tipo arbitrale, dai Comitati che preparano regolamenti e direttive. (Ivi, p. 321).

L'incontro fra legistica e informatica ha dato luogo alla *legimatica*, nell'ambito delle ricerche sul trattamento automatico dei testi giuridici e sull'applicazione dell'intelligenza artificiale al diritto (cfr. Biagioli/Mercatali/Sartor, a cura di, 1993). A fondamento dell'attività svolta sia dall'Istituto per la Documentazione Giuridica del Cnr, sia da altri enti[67], si pongono gli studi di Mario G. Losano (cfr. Losano 1984), che nel 1979 compí ricerche sulle tecniche legislative e l'informatica per la regione Lombardia, e nel 1982 per la regione Piemonte.

[66] È inevitabile che siano stati gli aspetti tecnici a interessare i linguisti. Esemplare per la nitidezza del disegno e per la ricchezza concettuale, questo saggio (articolato in tre parti, in cui si spiega, nell'ordine, «perché non si è sviluppata la scienza della legislazione», «chi ha il potere di adottare norme», «come vengono adottate le norme») costituisce un fondamento indispensabile per chiunque voglia occuparsi di linguistica giuridica.

[67] Fra questi, il Centro interdipartimentale di ricerca in informatica giuridica e diritto dell'informatica (CIRFID) e il Consorzio per il sistema informativo (CSI) del Consiglio regionale del Piemonte.

Ecco in sintesi una definizione della legimatica e dei suoi programmi:

> La legimatica si occupa (o aspira ad occuparsi) della modellizzazione del ragionamento e delle procedure relative alla produzione legislativa, rispetto alla redazione dei testi legislativi (studio ora prevalente), all'attività politico-decisionale, all'analisi di fattibilità, alla verifica d'efficacia. Si rifà alla teoria normativa del diritto, utilizza metodologie logiche, linguistiche e pragmatiche (in particolare le tecniche legislative) per l'analisi dei testi normativi. Ha per scopo l'informatizzazione del processo di produzione normativa. Si propone di offrire conoscenze e strumenti informatici alle assemblee legislative e piú in generale a tutti i produttori di norme. (Mercatali 1995, p. 37).

Uno strumento importante (ma da rivedere e perfezionare) per la tecnica della legislazione e per l'informatica legislativa è stato il «Documento elaborato dal gruppo di lavoro nazionale coordinato dell'Osservatorio legislativo interregionale su impulso della Conferenza dei presidenti dell'Assemblea, dei Consigli regionali e delle Province autonome» (*Regole e Suggerimenti* [1992] 1993). Il documento, o manuale, è presentato in Rescigno 1992 ed è riportato e commentato punto per punto in Biagioli/Mercatali/Sartor (a cura di) 1993, pp. 29-109.

Il bisogno di dettare principî generali, criteri-guida, regole ben definite per la stesura di testi legislativi è stato sentito in Paesi con differenti sistemi giuridici[68]. Gli allarmi erano venuti anche dall'ambiente degli studi linguistici. Per limitarci a un'opera già citata, alcuni degli studi raccolti in Danet (a cura di) 1984 appaiono unificati dalla domanda: ci sono degli aspetti e dei modi per i quali le caratteristiche del linguaggio giuridico «non funzionano» (*are dysfunctional*) per l'individuo e per la società? La richiesta di un *plain language* è paragonata al «movimento dei consumatori», che chiede servizi effi-

[68] Ricavo da Cassese 1992, p. 323, i seguenti dati: nel Regno Unito si davano raccomandazioni e *guidelines* per la redazione delle leggi con il Rapporto Renton del 1975 (che si legge in D. RENTON, *La preparazione delle leggi*, in Camera dei deputati, «Bollettino di informazioni costituzionali e parlamentari», 1989, n. 2-3, 47).

cienti. Allo stesso modo il cittadino rivendica il diritto a capire e ad essere capito.

Su quest'ultima osservazione possiamo far convergere un buon numero di ricerche costantemente perseguite da studiosi italiani della scuola di De Mauro, impegnati (sulle basi poste dal loro Maestro nella fortunata *Guida all'uso delle parole*, Editori Riuniti, Roma 1980) sui fronti di una «scrittura controllata» (Piemontese 1996), con proposte che vertono sull'organizzazione concettuale del testo, sulla semplificazione della sintassi e sul "controllo" delle difficoltà lessicali. Cito, ad esempio, Piemontese/Tiraboschi 1990 e Piemontese 1997, 2000. Oltre che a stime qualitative, ci si basa su calcoli quantitativi della leggibilità e della comprensibilità dei testi. Gli strumenti ora in voga (dopo applicazioni insoddisfacenti di sistemi modellati sull'inglese e poco adatti a misurare la complessità sintattica e lessicale di testi in lingua italiana) sono gli ultimi adattamenti della formula di Flesh alle strutture dell'italiano, compiuti (nel 1986) da Roberto Vacca, e l'indice *Gulpease*, elaborato, per le strutture dell'italiano, dal Gulp (Gruppo universitario linguistico e pedagogico, di Roma) tra il 1985 e il 1989[69]. Sotto accusa i modi di esprimersi della pubblica amministrazione, per curare i quali si apprestano strumenti di consultazione chiari e – si spera – efficaci (Fioritto, a cura di, 1997). L'impegno si esercita in piú direzioni: si approfondisce la conoscenza delle necessarie nozioni teoriche, si allarga il raggio delle informazioni, si danno esempi di come si possano fruttuosamente applicare i criteri proposti per semplificare la «lingua degli uffici». Un frutto recente di tale operazione è il volume dal titolo suggestivo *Dante, il gendarme e la bolletta* (De Mauro / Vedovelli, a cura di, 1999). Inquadramento generale: storia della lingua italiana e tradizioni

[69] Per notizie precise, Lucisano/Piemontese 1988 e Lucisano (a cura di) 1992. Informazioni e spiegazioni sulle diverse formule in Piemontese 1996, pp. 79-109.

culturali degli Italiani (De Mauro 1999); la ricerca è polarizzata sulla «analisi dei livelli di comprensibilità» del testo in questione, «alla confluenza di interessi psicolinguistici e glottodidattici», e sull'esame (preliminare) delle condizioni sociolinguistiche dei destinatari del testo (Vedovelli 1999); da queste condizioni, capillarmente descritte dopo una chiara esplicitazione dei metodi di indagine, dipende la capacità di comprendere il testo (la bolletta Enel), di cui si analizza la vecchia stesura, da sostituire con la nuova che viene qui proposta (De Mauro / Vedovelli, a cura di, 1999, pp. 102-69).

Temi importanti di ricerca per la linguistica giuridica sono le difficoltà traduttive sia di testi legislativi e giurisprudenziali, sia di discorsi da sottoporre a interpretazione simultanea. Pioniere e maestro nel porre problemi di corrispondenze tra sistemi giuridici differenti è stato, nell'ambito della comparatistica, Rodolfo Sacco ([1992] 1994 e 1996). Le esigenze «di armonizzazione e di unificazione» nei diversi ambiti del diritto comunitario sono attualmente alla base di studi giuridici notevoli, che vertono, negli aspetti piú importanti, sulla metodologia da seguire e su precisi raffronti testuali: si veda, ad esempio, Alpa 1997. Dalla parte dei linguisti, le serie dei lavori raccolti in Schena (a cura di) 1997 e in Veronesi (a cura di) 2000 attestano una vivace attività di ricerca negli ambiti teorico e applicativo, con particolare riguardo alla didattica[70]. Tra i principali motivi di interesse, in entrambe le sillogi, il fatto che queste danno materiali utili per confronti sia tra i punti di vista di giuristi e di linguisti, sia tra problemi e ipotesi riguardanti testi di lingue e tradizioni giuridiche di origini diverse.

Sono di speciale interesse le ricerche, compiute a Stoccolma, sull'italiano nei documenti della Comunità Eu-

[70] Il secondo dei due volumi qui citati si colloca nel quadro delle attività dell'Accademia Europea di Bolzano, in particolare nell'area «Lingua e diritto», impegnata in ricerche sul plurilinguismo e sul linguaggio giuridico italiano e tedesco, puntando su questioni terminologiche, traduttive e didattiche.

ropea (Nystedt 1998): analisi statistiche e qualitative sulle strutture sintattiche, sull'organizzazione testuale e sul lessico (per cui si sono apprestate concordanze e calcolati gli indici di frequenza), avendo di mira i gradi di leggibilità e di comprensibilità dei testi. Nell'ambito di questo progetto si segnalano studi come quello di Eklund-Braconi 2000: qui l'analisi statistico-computazionale è completata da uno studio di semantica lessicale, che verte sul concetto di ambiente, e mostra con ricchezza di documentazione come le svariate accezioni confluiscano nella sfera «ambientalistica» (ecologica). Lavori come questi pongono fondate premesse per studi comparativi, e ne anticipano sviluppi fruttuosi.

Capitolo secondo
Analisi di testi normativi

LEGGE. Matrona attempata di venerando aspetto, segga in tribunale con maestà, abbia in testa una diadema, tenga nella destra mano uno scettro, intorno al quale sia una cartella col motto: *Iubet et prohibet.*

Dall'*Iconologia* di Cesare Ripa[1].

In opposizione a ciò che la legge prescrive o vieta, la legge molto spesso delimita il campo di ciò che è permesso [...]: il legislatore non solamente condiziona la nostra azione con certi obblighi, la limita con dei divieti; ma accorda certi permessi, e, descrivendo le istituzioni, indica le possibilità che si aprono alla nostra azione.

JEAN RAY[2].

Come una *parole* non è riconoscibile, e conoscibile, se non in riferimento alla sua *langue*, cosí non è possibile né riconoscere, in un neutro *movimento* nello *spazio*, una *mossa* in un *gioco*, né (*a fortiori*) conoscere quale mossa esso sia [...], se già non si conoscano le regole che, di quella mossa, sono condizione costitutiva.

AMEDEO G. CONTE[3].

Ma allora in buona sostanza che cosa abbiamo scoperto attraverso le nostre riflessioni, come lo si potrebbe riassumere in una formula [...]? Non si può, si può solo continuare a riflettere sugli stessi argomenti e su quelli che ancora non sono stati affrontati, senza arrivare a mettere etichette. [...] Purtroppo mettere un nome o una etichetta è il modo usuale di argomentare degli uomini; se non si riassume qualcosa in modo finito e breve, controllabile, non si fissa in testa.

GABRIELE LOLLI[4].

Dall'atto al prodotto della normazione: si inseguono, in aspetti caratteristici della forma linguistica, le tracce della forza pragmatica delle enunciazioni; si indaga sul valore semantico degli enunciati affidato alle modalità che vi sono espresse; e mentre si

[1] C. RIPA, *Nova Iconologia*, Pietro Paolo Tozzi, Padova 1618.
[2] Ray [1926] 1994, pp. 282-83.
[3] A. G. Conte 1990, p. 246.
[4] G. LOLLI, *Capire la matematica*, il Mulino, Bologna 1996, pp. 185-86.

percorre, in modo inevitabilmente cursorio, il terreno del normativo, si incontrano proposte suggestive per delimitare ambiti e definire categorie e regole. Qua e là si sarà intanto intravista la pretesa, sommessa, di interpretare i risultati di scelte sintattiche e di usi ricorrenti come elementi tipologicamente caratterizzanti.

Si punta poi l'obiettivo sulla disposizione della materia in testi della legislazione primaria: sul suo ordinamento gerarchico, sulla fissità e la ripetitività degli schemi a cominciare dagli aspetti piú superficiali, sull'ordine delle parole e delle frasi in relazione alla struttura testuale, con qualche rilievo sulle complicazioni sintattiche.

Scandagli grammaticali mettono in luce caratteristiche regolari e costanti dell'uso di tempi e modi verbali.

Una rassegna di categorie linguistiche non rappresentate nei principali testi legislativi attualmente in vigore mostra il valore tipologico delle assenze.

Ultima tappa, una scorribanda fra alcuni degli schemi retorici entro i quali si incanala il discorso nei testi analizzati.

1. *Contrassegni linguistici della normatività.*

In quali forme grammaticali (tempi e modi della coniugazione verbale, marche di persona, uso di verbi modali), in quali strutture sintattiche e discorsive[5] si manifesta il carattere «imperativo» comunemente attribuito alla legislazione? Il complesso di tali forme e strutture può distinguere l'insieme dei testi legali normativi dagli altri tipi testuali scritti? Domande come queste, che un linguista si pone di fronte al dominio della normatività,

[5] Delle strutture sintattiche si occupa la "grammatica della frase"; delle strutture discorsive (o "retoriche", se si comprende l'ambito del *discorsivo* nell'ambito del *retorico*) si occupa la "grammatica del discorso", cioè lo studio delle regole "interfrastiche". Queste sono le regole che vigono tra le frasi quali costituenti di un'unità (*testo/discorso*) di livello superiore alla frase, e che riguardano principalmente le relazioni intratestuali o cotestuali (instaurate mediante connettivi, ellissi, anafore, deissi testuale), i rapporti fra le produzioni verbali e il contesto, i collegamenti tra le unità di contenuto (distribuzione dell'informazione secondo le categorie di *dato/nuovo*; progressione tematica e continuità del *topic* testuale, ecc.), l'organizzazione del discorso dal punto di vista comunicativo. Questi argomenti saranno toccati nel corso del presente capitolo.

inducono a riflettere preliminarmente su proposte classificatorie e tipologiche elaborate in direzioni diverse da studiosi di varia provenienza impegnati a delimitare l'ambito del *normativo*.

La prospettiva testuale (semantica e pragmatica) in cui si collocano le nostre osservazioni è debitrice, per comune accettazione, delle teorie degli atti linguistici di Austin e di Searle, che permettono di chiarire la natura delle enunciazioni puntando direttamente sull'attività del soggetto enunciante: su che cosa questi fa e su quali effetti mira ad ottenere, e ottiene, nel produrre certi tipi di enunciati. Perciò darò conto dapprima di un'argomentazione (Carcaterra [1990] 1994) che limita l'ambito del *prescrittivo* sulla base della teoria austiniana della performatività, da cui ricava alcuni fondamentali criteri per una tipologia delle norme giuridiche.

Ragionando di «forza illocutiva» delle enunciazioni sarà naturale esaminarne gli indicatori formali. Il che si farà sulla scorta di M.-E. Conte (1983). Esempi da testi giuridici normativi indurranno a riconoscervi le diverse specie di modalità. La porta dell'analisi linguistica introduce in un dominio scandagliato in maniera innovativa da Amedeo G. Conte. Le sottigliezze con cui appare sezionato l'ambito del *normativo* permettono di categorizzare con finezza inusitata oggetti linguistici talora vittime di approssimazioni concettuali.

1.1. Performativo *vs* prescrittivo.

L'antico motto *iubet et prohibet* semplifica riduttivamente le prerogative della legge mentre ne evoca il carattere imperativo, legato all'idea onnipresente di "autorità" e attribuito agli enunciati del legislatore: a tutti, e non solo a quelli che realizzano l'azione di *prescrivere* («esprimere comandi o regole»), contrapposta al *descrivere* («fare asserzioni riguardo a fatti»)[6]. È intuiti-

[6] Cfr. Ross [1951] 1994. *Descrittivo* come prerogativa del linguaggio co-

vo che un enunciato riguardo allo stesso stato di cose, ad esempio: «L'Italia è una Repubblica democratica...» ha una forza e un'efficacia differenti secondo che si trovi in un qualsiasi testo o discorso non normativo oppure nell'art. 1 della Costituzione. Nell'art. 1 della Costituzione tale enunciato ha valore *thetico*.

Secondo A. G. Conte (1977) *thetici* (dal greco *títhemi* «pongo») sono gli enunciati che ammettono un'enunciazione *thetica*: un'enunciazione che produce lo stato di cose sul quale essa verte. Ovviamente sono *thetici* tutti gli enunciati deontici[7] (ad es., «L'ufficio di giudice popolare è obbligatorio»[8]), ma non solo questi: in effetti ammettono un'enunciazione *thetica* anche altri enunciati, non deontici, come gli enunciati *onomastici*. Un esempio di enunciato onomastico è, nel Vangelo di Matteo (16, 18), «*tu es Petrus*», la cui enunciazione è "ascrittiva di un nome".

Due banali esempi di enunciati non suscettibili di enunciazione *thetica* sono i seguenti: «A Pavia ieri pioveva»; «Il bicchiere è sul tavolo». Un terzo esempio di enunciato non *thetico* è la proposizione 7 del *Tractatus logico-philosophicus* di Wittgenstein (ovviamente, se *si deve* equivale a "non si può non")[9]: «Su ciò, di cui non si può parlare, *si deve* tacere».

L'art. 1 della Costituzione ascrive all'Italia la forma di Stato repubblicano (in altri termini: ascrive l'Italia alla classe delle repubbliche democratiche). Tale ascrizione ha forza performativa, in quanto compiuta nelle circostanze adatte da chi aveva l'autorità istituzionalmente riconosciuta per compierla. Come chiarisce Filipponio ([1983] 1994, p. 218):

mune è opposto a *direttivo* da Olivecrona ([1962] 1994, p. 172), che qualifica come «direttivo» il linguaggio giuridico in quanto «strumento di controllo e di interazione sociale».

[7] Ritorneremo su questa nozione nel corso del presente capitolo, al § 1.2.

[8] Art. 11.1, L. 10/4/1951, n. 287 (*Riordinamento dei giudizi di Assise*).

[9] Ossia, se *deve* è inteso in senso aletico, non in senso deontico (sulla nozione di "aletico" si troverà qualche chiarimento piú avanti, in 1.2). Sono debitrice sia delle osservazioni sulla *theticità* degli enunciati onomastici, sia del relativo esempio, ad Amedeo G. Conte, che mi ha pure suggerito il (brillante) riferimento a Wittgenstein.

L'enunciazione del legislatore è del tipo [...] di quegli atti performativi la cui felice enunciazione produce la corrispondenza tra contenuto proposizionale e realtà, atti correlati a sistemi di regole costitutive di una istituzione oltre che ai sistemi di regole costitutive del linguaggio. Nella teoria degli enunciati performativi, da Austin a Benveniste, da Searle a Warnock, la produzione di effetti extralinguistici è sempre subordinata all'esistenza di regole costitutive di istituzioni extralinguistiche. Nel diritto, sistema rigidamente istituzionalizzato, queste regole assumono la forma di norme giuridiche[10].

È nella «produzione di effetti extralinguistici» che si misura la differenza sostanziale, a cui già si è accennato al § 1 del cap. 1, tra il concetto di regola linguistica e il concetto di norma giuridica. All'interno di quest'ultimo sono state proposte distinzioni che interessano un'analisi grammaticale perché riguardano sia le diverse modalità che uno stesso tempo o uno stesso modo della coniugazione verbale possono assumere, sia i diversi valori semantici e pragmatici che possono essere attuati da una stessa struttura sintattica: l'omonimia superficiale di enunciati normativi non implica identità di valori semantici e pragmatici.

Partirò dalla constatazione fatta da Carcaterra ([1990] 1994), secondo la quale non ogni proposizione normativa ha valore prescrittivo. Carcaterra (ivi, pp. 220-23) ha distinto le norme «che stabiliscono obblighi» o forme «di dover essere», e sono dunque *prescrittive*:

a) La Repubblica, entro tre anni dall'entrata in vigore della Costituzione, adegua le sue leggi alle esigenze delle autonomie locali e alla competenza legislativa attribuita alle Regioni. (Disposizioni transitorie e finali Cost., IX);

[10] È opportuno ricordare, una volta per tutte, che la terminologia «regola costitutiva (*constitutive rule*)» in opposizione a «regola regolativa (*regulative rule*)» è stata introdotta da Searle ([1969] 1976). Le regole regolative disciplinano «forme di comportamento già esistenti in precedenza o esistenti indipendentemente; per esempio, molte regole di etichette regolano le relazioni interpersonali, che esistono indipendentemente dalle regole. Le regole costitutive invece non si limitano a regolare; esse creano o definiscono nuove forme di comportamento» (p. 61). L'estensione e l'esemplificazione data da Searle al suo concetto di «regola costitutiva» sono state criticate con molta finezza da A. G. Conte (1990, pp. 225-30).

dalle norme che non prescrivono ma *attuano* ciò che enunciano:

b) L'ordinamento giuridico *si conforma* alle norme del diritto internazionale generalmente riconosciute. (art. 10 Cost.);

oppure sono *attributive* di un qualche stato o condizione (ad esempio, del domicilio):

c) Il minore *ha il domicilio* nel luogo di residenza della famiglia o in quello del tutore. (art. 45 c.c.).

Le proposizioni *prescrittive* possono essere parafrasate con un'espressione contenente il verbo *dovere* («La Repubblica [...] *deve adeguare...*»): si tratta di un comportamento da tenere, che non è ancora stato messo in atto al momento della prescrizione[11], e infatti si dà il caso che venga disatteso.

Le altre proposizioni, invece, non prescrivono azioni «ancora da compiere»; sono atti *produttivi di effetti* nel momento in cui, e per il fatto che, vengono enunciati. Spiega Carcaterra, riferendosi alla norma qui trascritta in *b*):

> in virtú dell'art. 10 Cost. si è realizzato un meccanismo di automatico adattamento del nostro sistema giuridico ad una parte del diritto internazionale, precisamente a quella parte di esso che, come dice lo stesso art. 10, è generalmente riconosciuta. Questo meccanismo si è realizzato proprio grazie al fatto che la norma *non prescrive l'adattamento ma lo attua*, e perciò la formula impiegata non contiene un «dover essere». (Carcaterra [1990] 1994, p. 222; corsivo mio).

E a proposito dell'articolo riportato in *c*): «l'art. 45 cod. civ. non prescrive alcun atto che influisca sulla determinazione del domicilio: qui, com'è ovvio, non c'è assolutamente alcuna dichiarazione o scelta che il minore abbia l'obbligo o l'onere di compiere, perché il domicilio gli è assegnato direttamente e immediatamente dalla norma stessa» (ivi, p. 223).

Le norme prescrittive, come quella qui esemplificata in *a*), mirano a far sí che si produca un certo effetto, ob-

[11] Noterella vocabolaristica: *prescrivere, prescrizione* sono termini polisemici che il cotesto o il contesto, o entrambi insieme, provvedono a disambiguare.

bligando (i singoli, le istituzioni pubbliche) a compiere determinati atti o a tenere determinati comportamenti e vietandone altri. Le norme del tipo di quelle esemplificate in *b*) e in *c*) «producono l'effetto, che è il loro scopo e il loro *contenuto*, realizzandolo da sé: lo costituiscono – ecco la loro caratteristica – nel momento stesso del loro entrare in vigore» (ivi, p. 225; corsivo nel testo originale).

Carcaterra qualifica tali norme come *costitutive* o *dispositive*[12]. Rifacendosi alla teoria austiniana dei performativi[13], asserisce che ogni norma costitutiva può essere intesa come un performativo del tipo: «con la presente norma si dispone (si stabilisce, ecc.) che...» L'oggetto del disporre (dello stabilire, ecc.) è «ciò che non a caso la scienza giuridica dice "disposto", ossia l'effetto giuridico che la norma, appunto disponendolo, realizza nell'atto medesimo della sua posizione o entrata in vigore» (ivi, p. 228).

È questo suo potere che distingue la classe dei «performativi costitutivi o dispositivi» dalle cinque classi stabilite da Austin (1962) (*verdictives*, *commissives*, *exercitives*, *behabitives*, *expositives*)[14] alle quali va aggiunta. Si noti

[12] Ross (1982) le designa come «atti normativi». Di enunciati (imperativi) costitutivi aveva già trattato Olivecrona [1962] 1994. Cfr., a questo proposito, Filipponio [1983] 1994, p. 213.

[13] Cfr. le sommarie indicazioni della nota 43 del cap. 1.

[14] È ai verbi performativi che si riferiscono le classi di Austin, che per questo è stato criticato, oltre che per non avere seguito criteri di classificazione espliciti. Rinvio a M.-E. Conte 1983 per una precisa esposizione critica delle teorie di Austin e di Searle, fondamentali per gli sviluppi della pragmatica linguistica. Qui mi limito a dare indicazioni sommarie sulle ultime due classi che Austin stesso riteneva le piú incerte. Cito dalla traduzione, di Marina Sbisà, di Austin 1962: «la quarta classe, quella dei comportativi, costituisce un gruppo molto disparato, che è connesso agli atteggiamenti e al comportamento sociale. Esempi: le scuse, le felicitazioni, le raccomandazioni, le condoglianze, i giuramenti, le sfide. La quinta classe, quella degli espositivi [...] mostra in quale modo i nostri enunciati si inseriscano nello sviluppo di una argomentazione o di una conversazione» (esempi: *rispondo*, *concedo*, *assumo*, *postulo*...) I contorni e il contenuto di quest'ultima classe sono cosí nebulosi da rendere indispensabili le teorizzazioni di M.-E Conte 1983, pp. 103-7 su performativi e controperformativi.

che, di queste, le prime tre hanno stretta pertinenza giuridica:

> i verdittivi («condanno...», «assolvo...», ecc.) concretano atti giudiziali, gli impegnativi [*commissives*] («prometto di...», «mi obbligo a...», ecc.) atti di autonomia negoziale, e gli esercitivi («autorizzo a...», «nomino quale...», «dichiaro aperta la seduta...», «proclamo...», ecc.) atti di esercizio di poteri amministrativi o legislativi. (Carcaterra [1990] 1994, p. 227).

I «performativi costitutivi o dispositivi», a differenza degli altri, realizzano dunque non soltanto l'atto (di condannare, assolvere, promettere, autorizzare, ecc.), ma simultaneamente anche il contenuto dell'atto. Questa duplice capacità operativa è dovuta al carattere *thetico* (teorizzato da A. G. Conte) delle enunciazioni che «pongono» sia la verità del modo di riferirsi all'enunciato che è oggetto dell'enunciazione sia la verità di tale enunciato.

I seguenti esempi[15], che illustrano i tipi di norme distinti da Carcaterra sulla base dell'ipotesi performativa, presentano enunciati al presente indicativo con la struttura grammaticale di frasi dichiarative[16]:

(1) Il condannato all'ergastolo *è* in stato di interdizione legale. (art. 32 c.p.);

(2) *È assicurato* il patrocinio a spese dello Stato [...] per la difesa del cittadino non abbiente. (art. 1.1 L. 30/7/1990, n. 217);

[15] Da questo punto in poi i passi da sottoporre ad analisi saranno numerati progressivamente, capitolo per capitolo, per comodità di riferimento. Le abbreviazioni sono quelle indicate nell'apposito elenco posto all'inizio del volume. Il corsivo nell'esemplificazione, salvo indicazioni differenti, si adotta per mettere in evidenza i fenomeni da illustrare. I titoli degli articoli dei testi di legge saranno sempre trascritti in maiuscoletto.

[16] In Fava/Salvi 1995 la struttura sintattica dichiarativa è messa in relazione con i tipi di atti linguistici espressi dagli enunciati. Una sottoclasse delle dichiarative sono le frasi assertive (pp. 58-69), «associate all'atto linguistico di *asserzione*» (appartenente alla classe austiniana degli *espositivi*); si distinguono inoltre le "asserzioni modali": sono cosí chiamate «quelle che utilizzano verbi modali, come per esempio *dovere*, *potere*, *avere da*, *essere da*, *bisogna*, ed esprimono il grado di certezza e obbligo di quanto si viene asserendo» (p. 56). Da questo punto di vista i nostri esempi (3), (4), (9) e (10) sarebbero caratterizzati come «asserzioni modali», salvo il valore prescrittivo che esse acquistano all'interno del tipo di testo a cui appartengono.

(3) *È vietato* l'uso di impianti audiovisivi [...] per finalità di controllo a distanza dell'attività dei lavoratori. (art. 4 L. 20/5/1970, n. 300);

(4) L'esecutore testamentario *deve* rendere il conto della sua gestione. (art. 709 c.c.);

(5) L'ordinanza *è* succintamente *motivata* [...] (art. 134 c.p.c.).

(1) e (2) sono norme «costitutive o dispositive»; (3), (4), (5) sono norme prescrittive. In (3) e (4) il divieto e l'obbligo sono espliciti, lessicalizzati nelle voci verbali che li esprimono. In (5) il «dovere» è reso dal presente indicativo *è motivata*, parafrasabile con «deve essere motivata»; ne dà una conferma indiretta la presenza del verbo modale *dovere* nell'art. 111 della Costituzione a cui rimanda esplicitamente il testo originale dell'art. 134 del codice di procedura civile:

(6) Tutti i provvedimenti giurisdizionali *devono essere motivati*. (art. 111 Cost.).

Il confronto fra (5) e (6) mostra la pertinenza di un'analisi intertestuale per l'interpretazione logica e semantica di enunciati: in questo caso, per avallare o la lettura deontica o la lettura "anankastica" (di cui tratto al § 1.2) della modalità di (5).

1.2. Forza illocutiva e modalità.

Consideriamo gli indicatori formali della forza illocutiva[17] che ha l'enunciazione di un enunciato: espressioni performative esplicite quali «asserisco, chiedo, co-

[17] Richiamo qualche nozione elementare. Austin ha scomposto l'atto linguistico (*speech-act*), quale unità fondamentale del parlare (e della teoria del linguaggio), in tre atti parziali: *a*) *locutionary act* (atto locutivo), che è il «mero proferimento d'un enunciato dotato di una struttura grammaticale e di un significato»; *b*) *illocutionary act* (atto illocutivo), che manifesta la forza comunicativa, ossia "ciò che si fa nel" proferire quell'enunciato (ad es., l'affermare, il comandare, il chiedere, il promettere, ecc.); *c*) *perlocutionary act* (atto perlocutivo), che è «l'effetto prodotto da un'enunciazione sull'ascoltatore» (le glosse tra virgolette doppie sono tratte da M.-E. Conte 1983, p. 110). Searle ([1969] 1976) ha mantenuto la tripartizione fondamentale, modificando soltanto le suddivisioni (che qui ometto) proposte da Austin per l'atto locutivo.

mando, prometto», ecc.; tipi sintattici, quali sono le frasi dichiarative, interrogative, imperative, ecc.; modi e tempi verbali; verbi modali come *dovere*, *potere* e espressioni equivalenti; tipi di avverbi. M.-E. Conte (1983) avverte che nessuno di questi indica univocamente la forza illocutiva. Ne espongo qui di seguito le principali motivazioni.

Un enunciato come *Io chiedo conferma della notizia* può essere pronunciato sia per chiedere conferma, sia per informare di ciò che si fa (o si farà).

Una frase imperativa può avere valore di comando o valore di permesso, come spiega il seguente esempio:

> Consideriamo [...] il semaforo per i pedoni ad un passaggio pedonale. I due segnali che possono alternamente apparire hanno la stessa forma, la forma di enunciato imperativo: «*Wait!*» e «*Walk!*». Ma essi non hanno la stessa forza: «*Wait!*» ha forza di comando, «*Walk!*» ha forza non di comando, ma di permesso. «*Wait!*» prescrive di non attraversare; «*Walk!*» permette di attraversare. (Ivi, pp. 113-14).

Una frase interrogativa può essere forma (sintattica) di atti linguistici differenti: domande, richieste cortesi (*Mi aiuti, per favore?*), comandi (*Vuoi star zitto?* per ordinare: *Taci!*), asserzioni (in domande retoriche: *Non è proprio questo ciò che volevi?* per dire: *È certamente questo ciò che volevi*). Richieste e comandi in forma interrogativa anziché imperativa e domande retoriche sono esempi di "atti linguistici indiretti".

Al futuro dell'indicativo si può ricorrere nell'enunciare sia una prescrizione, e in questo caso il futuro è iussivo («L'Assemblea Costituente *sarà convocata* dal suo Presidente...»: Disposizioni transitorie e finali Cost., XVII) sia una descrizione (un possibile esempio è l'enunciato «L'Assemblea Costituente *sarà convocata* dal suo Presidente...» pronunciato o scritto per dare una informazione riguardo alla convocazione dell'Assemblea).

Il presente indicativo si può trovare in enunciazioni con diversa forza pragmatica (in uno degli esempi addotti da M.-E. Conte: «*Questo è tuo* può essere sia una descrizione, sia una ascrizione di proprietà»). Esempi di enunciati formalmente descrittivi, ma pragmaticamente *thetici*:

(7) Agli effetti delle leggi penali [...] *sono* armi da guerra le armi di ogni specie che [...] sono o possono essere destinate al moderno armamento delle truppe [...] (art. 1.1 L. 18/4/1975, n. 110);

(8) *Sono* beni immobili il suolo, le sorgenti e i corsi d'acqua, gli alberi, gli edifici [...] (art. 812 c.c.).

Un verbo modale come *potere* può avere piú funzioni pragmatiche: ad esempio,

a) dare un permesso:

(9) Il proprietario *può* chiudere in qualunque tempo il fondo. (art. 841 c.c.);

b) ascrivere una facoltà[18]:

(10) [...] il giudice dell'esecuzione *può* limitare [...] il versamento alla parte del prezzo occorrente per le spese e per la soddisfazione degli altri creditori che *potranno* risultare capienti. (art. 585 c.p.c.).

Fra gli enunciati numerati da (1) a (10), i sei seguenti esemplificano le quattro modalità deontiche fondamentali, nell'ordine in cui i rispettivi operatori compaiono nel «quadrato di opposizione dei modi deontici»[19] corri-

[18] Mi limito al settore degli enunciati giuridici normativi. Nel discorso "comune" il verbo *potere* è veicolo anche di altri valori modali: la modalità *dinamica*, ossia la "capacità di fare" (anche: l'essere messo nelle condizioni di fare); la modalità *epistemica*, attuata sia dai verbi modali *potere* e *dovere*, sia dal futuro (semplice e composto) di qualsiasi verbo, quando si esprime una supposizione, dovuta a inferenza o a congettura, riguardo all'evento manifestato dal predicato (es.: «*Può/deve* avere / *avrà* settant'anni, ma ne dimostra meno». In testi di legge il valore epistemico si troverebbe in frasi subordinate, e mai in proposizioni indipendenti. La formulazione di norme ammette espressioni dubitative o suppositive solo nelle descrizioni di circostanze accessorie e nelle casistiche di condizioni e situazioni ipotizzabili («qualora...», «quando...», «se...»). Una verifica linguistica si può mutuare dall'ambito degli «avverbi modali epistemici», che indicano «il grado di certezza del parlante nei confronti di quanto va affermando, la sua conoscenza di e la sua credenza in quanto afferma» (Venier 1991, p. 32). Tali avverbi non possono avere luogo in enunciati di forma imperativa: non posso dire «Fa' *probabilmente* attenzione! » perché i mezzi linguistici che sottoscrivono la verità di una proposizione, giustificando cosí l'asserzione stessa, non sono adeguati per giustificare un ordine (ivi, p. 36).

[19] I numeri 1 e 2 contrassegnano i due vertici superiori del quadrato; 3 e

spondente allo schema proposto da Jean Ray (nel 1926) nella sua celebre analisi del codice civile francese:

1. *obbligatorietà*: es. (4): *deve*; es. (5): *è*; es. (6): *devono*;
2. *divieto*: es. (3): *è vietato*;
3. *permesso*: es. (9): *può*;
4. *facoltatività* ("non-obbligatorietà"): es. (10): *può*.

Nello schema di Ray «i quattro tipi di proposizioni attraverso le quali la legge esprime la sua autorità»[20] si presentavano cosí (con la sola variante delle lettere al posto dei numeri: A per 1; E per 2; I per 3; O per 4):

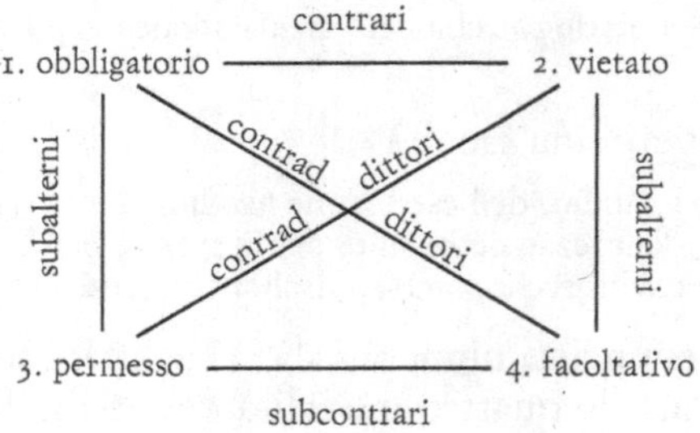

Sintetizzo i rapporti logici che vigono fra i quattro estremi: rapporti di *contrarietà* fra 1 e 2 («tra i contrari vale il principio di contraddizione, ma non il principio del terzo escluso»); di *subcontrarietà* fra 3 e 4 («tra subcontrari vale il principio del terzo escluso ma non il principio di contraddizione»); di *contraddittorietà* lungo le diagonali, cioè fra i membri di ciascuna delle due coppie: fra 1 e 4, e fra 2 e 3 («tra contraddittori vale sia il principio di contraddizione che il principio del terzo escluso»); di *subalternazione* lungo le due verticali, cioè fra 1 e 3, e fra 2 e 4. I passi in parentesi sono citazioni da Moroni 1999, p. 85, da cui traggo anche le seguenti spiegazioni: «I rapporti di contrarietà e di contraddittorietà rappresentano casi paradigmatici di *incompatibilità* (o, come si usa dire, di *antinomia*)»; sono incompatibili due norme una delle quali

4 i due vertici inferiori. Sono uniti in orizzontale 1-2, 3-4; in verticale 1-3, 2-4; in diagonale 1-4, 2-3.

[20] Ray [1926] 1994, p. 285.

obblighi ad un comportamento vietato dall'altra; e sono pure incompatibili «due norme contraddittorie che qualificano lo stesso comportamento come permesso e vietato, oppure come obbligatorio e facoltativo. [...] Per contro, i rapporti di *subcontrarietà* e di *subalternazione* non comportano incompatibilità».

Nei nostri esempi (9) e (10) ciò che è permesso e ciò che è facoltativo sono manifestati entrambi dalla stessa forma del verbo *potere*, che quando è usato affermativamente è caratterizzato da una ricchezza di valori deontici superiore a quella di *dovere*[21]. I valori delle forme modali negative si stabiliscono sulla base del fatto che le proprietà logiche degli operatori deontici sono definibili l'una rispetto all'altra (ad esempio, la negazione delle forme che lessicalizzano la modalità del permesso esprime la modalità del divieto: ciò che *non* è permesso è vietato)[22].

I quattro modi deontici sono isomorfi ai quattro fondamentali modi chiamati dal filosofo finlandese Georg Henrik von Wright "aletici": A) *necessario*, B) *impossibile*, C) *possibile*, D) *non necessario*. A) occupa la posizione 1 del quadrato; B) la posizione 2; C) la posizione 3; D) la posizione 4[23].

[21] Ometto le considerazioni intuitive che si potrebbero fare in proposito e ricordo invece la distinzione tra «permesso forte» (di atto non vietato ma soggetto a norma) e «permesso debole» (di atto non vietato) di Von Wright ([1963] 1989, p. 133), ultimamente impiegata anche da Moroni (1999, pp. 85-87). A puro scopo statistico rilevo l'alta frequenza delle voci, verbali e nominali, che esprimono «potere» e «possibilità» nei testi di legge (se ne contano almeno 22 900 nei *corpora* censiti nell'I.L.L.I.). In quanto alle forme del verbo *dovere*, gli spogli eseguiti sulla Costituzione del 1947 e sui quattro codici attualmente in vigore documentano la scarsità delle presenze in proposizioni principali, conformemente alla tendenza a dare valore deontico al presente indicativo. Ma di questo tratteremo al § 4.1, a proposito dell'uso dei tempi verbali.

[22] Per la «interdefinizione dei modi deontici» rinvio ad A. G. Conte ([1962] 1997), in particolare alle pp. 83-90. In questo saggio Conte definisce sei modi deontici (obbligatorietà, divieto, indifferenza, permissione, facoltatività, imperatività).

[23] I due quadrati di opposizione (dei modi deontico e aletico) hanno evidenti analogie con il «quadrato logico aristotelico» della logica tradizionale, come aveva già notato Ray. Per gli antecedenti e per gli sviluppi successivi di questa idea rinvio a Moroni 1999, pp. 108-9.

Dal punto di vista linguistico è interessante notare, accanto alla pluralità di valori modali che una stessa espressione può assumere, la specializzazione dell'uso di voci appartenenti alla stessa famiglia lessicale. La famiglia lessicale in questione è quella a cui appartengono le forme del verbo *potere* e i deverbali *possibile*, *possibilità*. Da uno spoglio delle loro occorrenze nei quattro codici vigenti risulta che le due espressioni *è possibile / non è possibile* sono impiegate con valore aletico, mentre i modi deontici (permesso, divieto, facoltatività) sono affidati a *si può, si possono / non si può, non si possono* nelle proposizioni indipendenti. Solo nelle subordinate questi ultimi quattro sintagmi possono avere sia valore aletico, sia valore deontico.

Appare eccezionale (e forse opinabile) l'uso normativo di *necessario* nel senso di «obbligatorio»[24] – e dunque, in forma negativa, col valore deontico di «facoltativo» – come in (11):

(11) Per tale iscrizione non è *necessario* esibire il titolo. (art. 518 c.c.).

Meno opinabile sembrerebbe, in (12), l'equivalenza del predicato *è necessario*, a *si deve*, nel modo dell'obbligo:

(12) Il giudice, se per legge o per esplicita domanda di una delle parti *è necessario* decidere con efficacia di giudicato una questione pregiudiziale che appartiene per materia o valore alla competenza di un giudice superiore, rimette tutta la causa a quest'ultimo [...] (art. 34 c.p.c.).

Per contro, le forme di *dovere* sono disponibili, oltre che per i valori deontici, per quelli aletici (ad es., in «Tutti gli esseri viventi devono morire» non si prescrive di morire, si asserisce che di necessità avviene che tutti gli esseri viventi muoiano), e per un altro valore, che può essere messo in gioco nell'es. (11): ove il dovere che è qualificato come insussistente (nell'espressione *non è necessario*) forse non è deontico, ma anankastico.

[24] Questo concorderebbe con la constatazione di Ray [1926] 1994, p. 285: «*necessario* è talvolta utilizzato nel codice [civile francese] nel senso di "obbligatorio" (art. 216)».

Il termine *anankastico* è stato proposto da Von Wright ([1963] 1989, p. 10) per indicare una condizione necessaria: «a statement to the effect that something is (or is not) a necessary condition of something else I shall call an *anankastic sentence*. Sentence which is used for making an anankastic statement can also be said to express an *anankastic proposition*». Amedeo G. Conte (1992) ha introdotto tre concetti illuminanti in questo contesto: «dovere anankastico»; «regole anankastiche»; «regole anankastico-costitutive»[25]. Si deve a Maria-Elisabeth Conte il merito di avere mostrato la «forza esplicativa» della nozione di modalità anankastica nell'analisi linguistica (la citazione che segue si impone per la chiarezza espositiva):

> Nell'ambito del normativo, accanto alla modalità deontica sussiste un'altra dimensione modale: la modalità anankastica. Vi sono enunciati normativi con verbi modali come *dovere* e *potere* (*sollen*, *müssen*, *dürfen* in tedesco) con i quali non si prescrive, non si vieta e non si permette nulla. Questi enunciati non qualificano deonticamente (come obbligatorio, come vietato, come permesso, come indifferente) un comportamento, ma pongono una condizione necessaria (positiva o negativa) di validità di qualcosa (d'un atto, d'uno stato di cose, d'un oggetto). (M.-E. Conte 1995, pp. 5-6).

Come criterio di riconoscimento del tipo di interpretazione, o deontica o anankastica, della modalità di enunciati, M.-E. Conte propone il «test della ripresa anaforica»[26]: se un enunciato permette una prosecuzio-

[25] Darò conto di tali proposte al § 1.3.

[26] Sui vari tipi di anafora come sono stati intesi e trattati nei diversi ambiti della linguistica testuale, da un lato, e della grammatica generativa, dall'altro, rinvio a M.-E. Conte (a cura di) 1990. Per l'anafora come forma di riferimento nei testi, e precisamente come riferimento a qualcosa che sia già stato nominato nel testo sono fondamentali i saggi raccolti in M.-E. Conte 1999. Il termine *anafora* designa anche la figura retorica (*repetitio*, in uno dei suoi nomi latini) che consiste nella ripetizione di un qualsiasi elemento linguistico all'inizio di segmenti testuali successivi; questa è stata l'accezione con cui il termine si è imposto nella tradizione degli studi umanistici. Solo nella seconda metà del Novecento i linguisti sono tornati ad occuparsi dell'anafora come relazione grammaticale e testuale (ma già Karl Bühler ne aveva trattato nel 1934), designandola nello stesso modo in cui nella *Sintassi* di Apollonio Discolo, grammatico alessandrino del II secolo d. C., era caratte-

ne ove si rimandi al suo contenuto proposizionale mediante un'espressione quale «quest'*obbligo* (tale *obbligo* / l'*obbligo*, e simili)», allora quell'enunciato ha modalità deontica; se invece il rimando adeguato si ha con un'espressione del tipo «questo/tale/il *requisito*», la modalità è anankastica[27].

Consideriamo il primo comma dell'articolo proposto nel seguente esempio:

(13) Possono essere ammessi al concorso coloro che – alla data di scadenza del termine stabilito nel bando per la presentazione della domanda – siano in possesso dei *seguenti requisiti* [...]
Gli aspiranti, inoltre, *debbono* aver conseguito il diploma di istituto di istruzione secondaria di secondo grado. (art. 4 d.p.r. 15/12/1959, n. 1229, commi 1 e 2).

Vi troviamo il procedimento simmetrico e, ai fini della coerenza testuale, equivalente a quello qui indicato come "prosecuzione", cioè l'anticipazione. Alcuni linguisti chiamano *catafora*, altri *anafora in avanti* il rimando (preventivo) a elementi che si trovano menzionati nel seguito di un testo; ed è precisamente questa la funzione testuale dell'espressione *seguenti requisiti* in (13), che attualizza la lettura anankastica del "dovere" manifestato nel secondo comma «Gli aspiranti [...] *debbono aver conseguito* il diploma...»

Altri esempi di *dovere* anankastico, di condizione necessaria istituita da una legge:

rizzata la funzione dell'articolo determinativo e dei pronomi di terza persona. Il valore anaforico (*anaphorikós* «che riporta indietro»), opposto al valore deittico (*deiktikós* «che indica/mostra», reso in latino con *demonstrativus*), fa sí che un pronome serva a collegare l'enunciato in cui si trova con quello, antecedente, in cui era nominato lo stesso individuo o oggetto designato dal pronome. Quanto alla funzione deittica, Apollonio la riconosceva propria dei pronomi di 1ª e di 2ª persona, mentre dei pronomi di 3ª persona si può fare uso o anaforico o deittico. È evidente l'interesse di queste antiche teorizzazioni per l'odierna grammatica, della frase e del discorso.

[27] Riporto i due esempi di prosecuzione con ripresa anaforica proposti da M.-E. Conte (1995, p. 8) per il seguente enunciato pragmaticamente ambivalente: «Il registro di laurea deve essere firmato dagli 11 membri della commissione». La prima prosecuzione «Nessun commissario può sottrarsi a *quest'obbligo*» attualizza il valore deontico; la seconda «*Questo requisito* per la validità del verbale è ineliminabile» il valore anankastico. «Le due prosecuzioni – osserva la studiosa – rimandano a due differenti contesti d'uso».

(14) Il Governo *deve* avere la fiducia delle due Camere. (art. 94 Cost.);

(15) La mozione di sfiducia *deve* essere firmata da almeno un decimo dei componenti della Camera. (art. 94 Cost.).

Con l'enunciato (14) non si prescrive al Governo di «fare» alcunché: tanto è vero che i Costituenti hanno usato non il verbo *ottenere* (= «fare qualcosa per avere / fare in modo di avere la fiducia»), ma il verbo stativo *avere*, per porre la «fiducia» come condizione necessaria per la legittimazione del Governo. Ciò che deve *fare* il Governo per ottenere (e quindi avere) la fiducia è un'attività politica esterna al precetto normativo formulato nel comma 1 dell'art. 94. La norma formulata in (14) rende valida la nomina del governo soltanto *a condizione che* ci sia la fiducia delle due Camere; non impone ai parlamentari di votare (o di non votare) la fiducia. Una possibile prosecuzione "incapsulerebbe"[28] il contenuto del comma soltanto se lo interpretasse come «condizione» o «requisito» per la legittimazione dell'ente di cui si tratta; mentre una ripresa anaforica con il termine *obbligo* non darebbe una sequenza tematicamente coerente, compatibile col significato dell'enunciato (14). Analogo ragionamento si potrebbe fare a proposito di (15), applicando il test della ripresa anaforica, che dovrebbe significare non un *obbligo* imposto a «un decimo dei componenti della Camera», ma una condizione necessaria, un *requisito*, per la validità della mozione di sfiducia.

Anche il predicato *è necessario* può essere anankastico:

(16) SEPARAZIONE DI PROCESSI. 1. La separazione di processi è disposta, salvo che il giudice ritenga la riunione assolutamente necessaria per l'accertamento dei fatti:

[28] Si dice che una ripresa anaforica "incapsula" il contenuto dell'enunciato a cui essa rimanda se è tale da costituirne un'interpretazione. Incapsulatori tipici sono termini generici come *cosa*, *fatto*, *avvenimento*, ecc., o valutativi come *misfatto*, *disgrazia*, *successo*, ecc. Un solo esempio: «Se ne è andato, non c'è stato verso di trattenerlo. Anche *questa disgrazia* doveva capitarci, ma *la cosa* non mi sorprende».

a) se, nell'udienza preliminare, nei confronti di uno o piú imputati o per una o piú imputazioni è possibile pervenire prontamente alla decisione, mentre nei confronti di altri imputati o per altre imputazioni *è necessario* acquisire ulteriori informazioni a norma dell'art. 422; [...] (art. 18.1 c.p.p.);

(17) REQUISITI PER LA VALIDITÀ DELL'OFFERTA. Affinché l'offerta sia valida *è necessario*:

1) che sia fatta al creditore capace di ricevere o a chi ha la facoltà di ricevere per lui;

2) che sia fatta da persona che può validamente adempiere; [...] (art. 1208 c.c.).

Vedremo nel successivo § 1.3 come la nozione di anankastico appaia in una tipologia delle regole fondata sulle teorie di A. G. Conte.

1.3. Diverse segmentazioni nell'ambito del normativo.

L'ambito del normativo è stato categorizzato in maniera piú fine di quanto sia dato intravedere attraverso le occasionali osservazioni sparse nei precedenti paragrafi 1.1 e 1.2. La sommarietà nell'accennare a questioni complesse può tuttavia essere autorizzata dai limiti delle pertinenze che si stabiliscono per ogni studio (anche se la delimitazione di "ciò che è pertinente" finisce per rispecchiare competenze e incompetenze di chi ha fissato i confini): nel nostro caso si tratta di un'analisi linguistico-testuale "di superficie", a cui può bastare una conoscenza per cosí dire strumentale delle nozioni che stanno piú sullo sfondo che alla base dei suoi compiti.

Prendiamo il rapporto fra *normativo* e *prescrittivo*. Finora ho considerato *prescrittivo* come incluso in *normativo* (e continuerò, per parte mia, ad attenermi a tale relazione, che collima con l'etichettatura delle classi di testi prospettate nel cap. 1). Ma è possibile invertire i termini del rapporto, come fa Moroni (1999), che accetta di ripartire la classe delle *prescrizioni* in due tipi di espressioni: 1) giudizi di valore; 2) norme; a queste ultime appartengono le *norme giuridiche*, distinte sia dalle *metanorme*, sia dai *principî*[29]. Tali demarcazioni sono basate sulla classificazione proposta in fondamentali lavori di Bobbio[30] secondo i seguenti criteri: l'aspetto formale (norme generali e singolari); l'effetto sui comportamenti (norme negative e positive); l'intensità prescrittiva (norme incondizionate, condizionate, strumentali, finali, relative, consigli).

Dal punto di vista della struttura linguistica degli enunciati normativi è di particolare interesse la tipologia delle regole che si basa sulla distinzione delle specie di "dovere" normativo, il *deontico*, l'*anankastico*, l'*eidetico*, il *tecnico*, scaturita dalle ricerche di A. G. Conte (1985 e 1989a, 1989b e 1995).

I doveri deontico, anankastico, tecnico ammettono sia adempimento, sia inadempimento. Se un atto non adempie un dovere deontico è illecito. Se non adempie un dovere anankastico è invalido (agli esempi portati in 1.2 a chiarimento della modalità anankastica aggiungo il seguente, ricavato dall'art. 468.1 c.p.p.: «Le parti che intendono chiedere l'esame di testimoni, periti o consulenti tecnici [...] *devono, a pena di inammissibilità*, depositare in cancelleria, almeno sette giorni prima della data fissata per il dibattimento, la lista con la indicazione delle circostanze su cui deve vertere l'esame»). Se un atto non adempie un dovere tecnico non ottiene il fine che si propone (nel caso del dovere tecnico formulato in una regola come «Per mettere in funzione l'elettrodomestico si deve collegare alla rete elettrica il cavo di alimentazione», se non si collega il cavo alla rete l'elettrodomestico non funziona).

Il dovere *eidetico* (relativo a una particolare classe o

[29] *Metanorme* (o norme di competenza, di organizzazione, secondarie, di struttura) sono le «norme giuridiche che vertono primariamente su norme o su attività concernenti norme», mentre le «norme in senso stretto» sono quelle «che regolano immediatamente comportamenti». Tratti distintivi dei *principî*: l'essere «fondamento delle altre norme»; il fare «riferimento ad un numero maggiore di circostanze di applicazione»; l'essere «piú elastici ed indeterminati» (Moroni 1999, pp. 70 e 71).

[30] Fra questi, Bobbio 1964.

specie – *eîdos* – di entità; ad es., la regola del gioco degli scacchi: «Il cavallo deve muovere ad elle») non ammette inadempimento, in quanto «un atto difforme da una regola in termini di dovere eidetico non ricade [...] tra i comportamenti regolati dalla regola stessa (si pensi all'esempio sopra richiamato: se un pezzo degli scacchi non viene mosso "ad elle", semplicemente *non* è un cavallo)»[31].

Per quanto attiene alle regole, queste sono ripartite in «regolative» (che non sono, né pongono, né presuppongono una condizione) e «non-regolative» (che, viceversa, o sono, o pongono, o presuppongono una condizione).

Sotto le regole regolative ricade il dovere deontico. Gli altri tre tipi di dovere rientrano nel dominio delle regole non-regolative (che possono essere formulate anche non in termini di *dovere*, come si è visto in alcuni degli esempi addotti finora per illustrare la modalità anankastica).

Sulla base delle teorie di A. G. Conte (che ha sviscerato in particolare lo statuto e la casistica delle regole eidetico-costitutive), Azzoni (1988 e 1997) ha proposto una classificazione delle regole non-regolative, secondo che queste *siano* o *pongano* o *presuppongano* una condizione o *necessaria*, o *sufficiente*, o *necessaria e sufficiente*.

Mi limito a indicare qualche esempio per ognuno dei nove tipi risultanti, raggruppati secondo la natura delle condizioni. Si osserverà che in *a*) e *b*) sono comprese sei specie di regole costitutive; in *c*), tre specie di regole tecniche.

Nell'ambito delle condizioni *necessarie*:

a) le regole «eidetico-costitutive» invertono il rapporto tra regola e regolato, in quanto *sono* «il *prius* di ciò di cui esse sono regola» (A. G. Conte 1989a, p. 462). Tipiche, le regole che, nel gioco degli scacchi, determinano ciò che ciascun pezzo è;

[31] La citazione è da Moroni 1999, p. 131.

b) le regole «anankastico-costitutive» *pongono* una condizione necessaria di validità degli atti che esse riguardano. Esempi pertinenti sono quelli qui numerati da (13) a (17);

c) le regole «anankastiche» *presuppongono* una condizione necessaria perché qualcosa avvenga: sono regole «tecniche». Un esempio è quello già qui proposto per illustrare il dovere tecnico.

Nell'ambito delle condizioni *sufficienti*:

a) le regole «thetico-costitutive» *attuano* uno stato di cose. Esempi: (2), (7), (8);

b) le regole «metathetico-costitutive» *pongono* una condizione sufficiente all'avverarsi di ciò che esse predicano. Esempi pertinenti: oltre a (1), l'art. 59 della Costituzione: «È senatore di diritto a vita, salvo rinunzia, chi è stato Presidente della Repubblica»;

c) le regole «metathetiche» *presuppongono* una condizione sufficiente al conseguimento di un certo risultato. Un esempio si trova nel secondo comma dell'art. 12 d.lg. 31/12/1992, n. 546: «Sono abilitati all'assistenza tecnica dinanzi alle commissioni tributarie, se iscritti nei relativi albi professionali, gli avvocati, i procuratori legali, i dottori commercialisti, i ragionieri e i periti commerciali». L'appartenenza a una delle cinque categorie professionali qui elencate è solo condizione sufficiente, perché, nel seguito dello stesso comma, sono menzionate altre categorie («Sono altresí abilitati all'assistenza tecnica dinanzi alle commissioni tributarie, se iscritti nei relativi albi professionali, i consulenti del lavoro [...]»).

Nell'ambito delle condizioni *necessarie e sufficienti*:

a) le regole «noetico-costitutive» *sono* condizione necessaria e sufficiente del loro "regolato". Cito qui l'esempio proposto da Moroni (1999, p. 137): la «norma fondamentale (*Grundnorm*) di un ordinamento giuridico (nel senso dato da Hans Kelsen a questa espressione)»;

b) le regole «nomico-costitutive» *pongono* una condizione necessaria e sufficiente a ciò che esse regolano. Un esempio pertinente è dato dall'art. 1 del codice civile: «La capacità giuridica si acquista dal momento della nascita»;

c) le regole «nomiche» sono quelle che *presuppongono* una condizione necessaria e sufficiente all'ottenimento di un certo effetto. Ne è un esempio l'essere iscritto a un albo professionale per poter essere abilitato «all'assistenza tecnica dinanzi alle commissioni tributarie» nei termini stabiliti dal già citato art. 12 d.lg. 31/12/1992, n. 546.

L'applicabilità della tipologia qui sommariamente esposta è stata illustrata da Moroni (1999) in riferimento alle norme dell'urbanistica.

2. *La disposizione della materia: ordinamento gerarchico e fissità segnaletica.*

Comune ai testi legali normativi, indipendentemente dai risultati che variano caso per caso, è l'intento di disporre la materia secondo gerarchie chiaramente definite e riconoscibili, dalle formulazioni di valore generale alla loro applicabilità ai casi particolari. Una buona *dispositio* rispetta la successione logica e temporale dei fatti da regolare e dei procedimenti da seguire[32]. Per quanto riguarda la struttura delle norme, una delle regole principali che governano la stesura delle leggi fa un riferimento esplicito alla distribuzione delle parti costitutive: «una norma consiste, di solito, nella fattispecie e nel comando: bisogna determinare il caso presupposto, poi dettare le conseguenze» (Cassese 1992, p. 324)[33].

La struttura modello della normativa giuridica è quella dei testi legislativi idealmente destinati a piú lunga durata. Per il ruolo che li caratterizza questi devono contare sulla massima esplicitezza, a tutti i livelli della loro organizzazione: donde la ripetitività delle formule e l'u-

[32] Impensabili i capovolgimenti dell'«ordine naturale» secondo lo schema dell'*hýsteron próteron* e ancor piú le tecniche narrative del *flashback*. Qualche parola in piú sulla *dispositio* si troverà, piú avanti, al § 6.2.

[33] Cassese rileva che «in Italia, nella maggior parte delle norme, la prima parte non è ben definita», perché «l'attenzione è concentrata sulla seconda parte; non ci si rende conto che la definizione fa parte anch'essa della norma, perché questa non consiste soltanto nella prescrizione, ma anche nella definizione dell'area a cui la prescrizione si applica».

niforme ordinamento sistematico della materia. La fissità degli schemi è responsabile dell'impressione di simmetrica regolarità e di inalterata monotonia che danno i documenti meglio congegnati e redatti. Gli indizi piú evidenti si trovano naturalmente alla superficie dei testi. Di qui partirà la nostra analisi: dalle spie esteriori dell'organizzazione interna attuata nella «disposizione della materia» (la classica *dispositio*) e nei vincoli imposti all'espressione.

L'ordinamento gerarchico delle unità di contenuto è tratto comune alla maggior parte dei prodotti linguistici che sottostanno a forti vincoli di formalità, e può essere ricostruito con una lettura interpretativa. Nei testi di legge è marcato anche esteriormente dall'esplicitezza delle partizioni, strumentale, oltre che all'interpretazione, alle esigenze pratiche dei riferimenti. Il maggior numero di suddivisioni si trova nei codici a cui è servita di modello la funzionale eleganza architettonica del codice napoleonico, come questo ripartiti in *libri*, *titoli*, *capi* (o capitoli), *sezioni*, *paragrafi*, *articoli*. Non tutti i capitoli sono divisi in sezioni, né tutte le sezioni in paragrafi. Tutte quante le partizioni sono provviste di *rubriche* (cioè sono intitolate), compresi gli articoli, che hanno numerazione continua a partire dal primo libro. Un articolo può constare di uno o piú commi. Il comma è un membro delimitato graficamente dal rientro iniziale del capoverso e dal punto fermo finale. All'interno di un comma si possono trovare frasi separate l'una dall'altra dal punto fermo, oppure rientri che distinguono i membri di un'enumerazione; ma solo un punto fermo seguito da un capoverso "rientrante" può contrassegnare un comma. Nei testi normativi successivi al 1982 (ad esempio, fra i codici attualmente in vigore, nel nuovo codice di procedura penale del 1988) anche i commi sono numerati progressivamente all'interno di ciascun articolo[34].

[34] La numerazione dei commi è stata proposta nel giugno 1982 dalla Commissione Barettoni-Arleri, insieme con l'intitolazione degli articoli in tutti i testi di legge e i limiti alla lunghezza di articoli e commi.

Nelle costituzioni e negli statuti, come negli svariati provvedimenti legislativi, la quantità delle suddivisioni è variabile. Qualche esempio casuale: la legge sull'ordinamento penitenziario (del 1975) è ordinata in titoli, capi, articoli; la legge 194 (del 1978) sull'interruzione della gravidanza consta solo di articoli non rubricati, numerati da 1 a 22. Il testo della Costituzione italiana del 1947 ha la seguente quadripartizione generale: PRINCIPÎ FONDAMENTALI; PARTE I, intitolata DIRITTI E DOVERI DEI CITTADINI; PARTE II, intitolata ORDINAMENTO DELLA REPUBBLICA; DISPOSIZIONI TRANSITORIE E FINALI. Solo la parte I e la parte II sono ripartite in TITOLI; di questi solo il primo, il terzo, il quarto e il sesto della parte II sono suddivisi in sezioni. Gli articoli, privi di rubriche, hanno numerazione araba (da 1 a 139) dai PRINCIPÎ FONDAMENTALI fino a tutta la PARTE II, e numerazione romana nelle DISPOSIZIONI TRANSITORIE E FINALI.

La stesura della Costituzione è stata singolarmente accurata. I documenti preparatori contengono suggestive testimonianze della meritoria tensione verso la chiarezza espositiva, della limatura a cui è stata sottoposta l'espressione, riuscita infine quasi sempre coerente, compatta e ben calibrata[35]. Sarà questo dunque il testo piú adatto per esemplificare i criteri-guida delle demarcazioni all'interno di frasi e periodi stabilite da quel «rivelatore di struttura»[36] che è il sistema interpuntivo dello scritto. Si tenga presente che anche la delimitazione dei capoversi e dei commi, alla quale ho appena accennato, è parte integrante dell'interpunzione.

Esaminiamo l'art. 134, che consta di un solo comma suddiviso in tre membretti successivi[37]:

(18) La Corte costituzionale giudica:
sulle controversie relative alla legittimità costituzionale delle leggi e degli atti, aventi forza di legge, dello Stato e delle Regioni;

[35] Un'intelligente analisi testuale della Costituzione e degli atti preparatori dell'Assemblea costituente in Deon 1990 e 1998.

[36] Simone 1991, p. 221.

[37] Utilizzo per gli ess. (18), (19) e (20) alcune delle osservazioni contenute in un mio lavoro sulla punteggiatura come spia del progetto testuale (Mortara Garavelli 1996, pp. 99-100).

sui conflitti di attribuzione tra i poteri dello Stato, e su quelli tra lo Stato e le Regioni, e tra le Regioni;

sulle accuse promosse contro il Presidente della Repubblica ed i Ministri, a norma della Costituzione.

Il formulario è quello dell'elencazione, i cui membri sono separati l'uno dall'altro dalla rientranza tipografica iniziale e dal punto e virgola di chiusura col valore di segno intermedio tra la virgola e il punto fermo. Le virgole nel primo membretto isolano l'elemento di discontinuità introdotto fra i due sintagmi (legati tra loro dalla relazione determinato-determinante): *degli atti ... dello Stato*. La seconda virgola ha in piú il compito, importante per la determinazione del senso, di impedire la lettura «legge dello Stato». Nel secondo membro dell'elenco le virgole che precedono la congiunzione *e* (nelle espressioni: *e su quelli... / e tra le Regioni*) risponde al criterio di distinguere chiaramente che si tratta di tre gruppi di «conflitti». Ognuna di queste virgole è una «marca di confine sintagmatico»[38].

Gli articoli della Costituzione non conoscono cedimenti nel graduare la forza attribuibile alla pausazione secondo lo schema "logico" standard. Si veda l'art. 5:

(19) La Repubblica, una e indivisibile, riconosce e promuove le autonomie locali; attua nei servizi che dipendono dallo Stato il piú ampio decentramento amministrativo; adegua i principî ed i metodi della sua legislazione alle esigenze dell'autonomia e del decentramento.

Qui i punti e virgola hanno carattere seriale, analogo a quello delle virgole usate nelle enumerazioni; e in effetti sembrano sostituibili con altrettante virgole. Non lo sono, qui come in nessun altro articolo della Costituzione, dove vige il criterio di separare con il punto e virgola i membri delle serie formati da frasi; anche perché in ciascuna di queste potrebbero occorrere delimitazioni di minor peso da segnare naturalmente con virgole. Ne dà una prova l'enunciato iniziale, ove le due virgole

[38] Simone 1991, pp. 223-25.

rinserrano, come indicatori di confine, la coppia di attributi (*una e indivisibile*) funzionalmente equivalenti a una relativa non restrittiva (detta anche aggiuntiva o appositiva): «che è una e indivisibile».

Si vada ora all'es. (45) al § 3: la relativa che vi si trova è restrittiva (limitativa o determinativa) e perciò, a rigore, non dovrebbe essere separata mediante una virgola dal suo antecedente (formato dai sintagmi coordinati *le unioni di terra e gli incrementi*), che le è adiacente, cioè senza altri elementi interposti[39]. Ma omettendo la virgola davanti alla relativa si darebbe adito a un'ambiguità («solo gli incrementi o anche le unioni di terra?»), che la presenza della virgola annulla, bloccando la possibilità di riferire il contenuto della relativa solo al secondo membro dell'antecedente.

L'uniformità degli schemi caratterizza l'interpunzione dei meglio redatti fra i testi legali, e la Costituzione del 1947 ne è un caso esemplare. Adibisce il tipo piú asettico di "punteggiatura per l'occhio", fondata su criteri logico-sintattici, gli stessi che guidano la progettazione del testo, se è vero che l'accettabilità di un modo di interpungere si misura sulla sua coerenza col progetto testuale. Non possono avere luogo scarti interpuntivi in un discorso semplificato negli snodi, costruito coi moduli ricorrenti di una sintassi normalizzata, omologa all'organizzazione concettuale, con le unità informative distribuite uniformemente nella scansione "dato-nuovo" (di cui si dirà piú avanti, al § 3), dove la progressione tematica risponde alla "normalità" delle concatenazioni sintattiche: segni tutti di una *dispositio* ripetitiva che ben poco spazio concede alla *variatio*, a meno che questa non risulti funzionale alla comprensione del testo. Che è quanto si può osservare a proposito della disposizione chiastica ("soggetto - verbo *essere* - aggettivo predicati-

[39] Segnalo, fra questo tipo di relative, quella che si trova nell'es. (83) al § 4.2, il cui carattere restrittivo è manifestato dal modo congiuntivo. La punteggiatura (non ci sono virgole interposte) rispecchia correttamente tale carattere.

vo / aggettivo predicativo - verbo *essere* - soggetto") indotta dall'anadiplosi (*libere / e libero*), nel primo comma dell'art. 33, con una deroga vistosa all'imperante parsimonia estrema di "effetti speciali":

(20) L'arte e la scienza sono libere e libero ne è l'insegnamento.

Anche per i codici valgono, in linea di principio, le osservazioni appena fatte sulla rigidità delle norme interpuntive, benché il controllo formale appaia meno accurato che nel testo della Costituzione. Mi basta qui attirare l'attenzione sulla (ingiustificata) differenza del trattamento riservato alle circostanziali riportate negli ess. (42) e (44), al § 3: la prima è separata dalla principale mediante una virgola, la seconda no; e questo non è l'unico caso di difformità rilevabile nella punteggiatura del codice civile. Incoerenze analoghe si rilevano anche nella stesura del nuovo codice di procedura penale (del 1988). A farne le spese è la distribuzione delle virgole[40]: una distribuzione incostante, difficilmente riconducibile ai criteri ben definiti che ci si aspetta di trovare applicati stabilmente nel dettato legislativo. Bastano pochi esempi:

(21) [...] la Corte di cassazione [...] rinvia quando occorre al giudice civile competente [...] (art. 622 c.p.p.);

(22) [...] il giudice può [...] applicare, quando occorre, misure di sicurezza [...] (art. 597.2*a* c.p.p.);

(23) Sull'appello proposto contro le sentenze della corte di assise decide la corte di assise di appello. (art. 596.2 c.p.p.);

(24) [...] sull'appello contro le sentenze pronunciate dal giudice per le indagini preliminari presso il tribunale, decidono [...] la corte di appello e la corte di assise di appello [...] (art. 596.3 c.p.p.).

[40] Dovrebbe essere superfluo richiamare l'attenzione sulla delicatezza e sull'importanza dell'uso delle virgole. Ma è proprio nell'uso di questo in apparenza minimo segno di interpunzione che si registrano le trascuratezze piú frequenti e diffuse. Rimando a Simone 1991 per una trattazione della virgola considerata dal punto di vista strutturale come marca di confine sintagmatico (virgola «che apre e chiude», forse la piú bistrattata nell'uso comune, e «seriale»), dai punti di vista delle relazioni semantiche tra le unità comunicative e dell'intonazione, e dal punto di vista dell'utente. Altre indicazioni bibliografiche in Mortara Garavelli 1996.

Incoerenze: ciò che è un inciso in (22) non è delimitato da virgole in (21), ove l'assenza di pausazione avalla la lettura (sia pure improbabile per un esperto) «occorre al giudice»; la virgola tra il complemento iniziale e il predicato della principale in (24) è superflua, e infatti non si trova in (23), che pure ha la stessa struttura di (24).

E anche improprietà di posizione:

(25) [...] Il prolungamento è di un giorno ogni cinquecento chilometri di distanza, quando è possibile l'uso dei mezzi pubblici di trasporto e di un giorno ogni cento chilometri negli altri casi. (art. 174.1 c.p.p.).

La virgola che precede *quando* è superflua, mentre sarebbe bene metterne una davanti all'espressione *e di un giorno*, per almeno due motivi la cui ovvietà fa risparmiare qualsiasi spiegazione.

Piú trascurata appare la stesura del nuovo codice della strada (del 1992)[41], dove le incoerenze e le improprietà nell'uso delle virgole colpiscono per la loro frequenza. Che si abbia a che fare con una tendenza della nomografia (e non di questa soltanto) negli ultimi anni del Novecento? Limito l'esemplificazione a pochi articoli, per dare almeno un'idea della densità dei vizi interpuntivi:

(26) CORRENTE DI TRAFFICO: insieme di veicoli (corrente veicolare), o pedoni (corrente pedonale), che si muovono su una strada nello stesso senso di marcia [...] (art. 3.1, n. 11 c.str.);

(27) ITINERARIO INTERNAZIONALE: strade o tratti di strade facenti parte degli itinerari cosí definiti dagli accordi internazionali. (art. 3.1, n. 31 c.str.).

All'incoerenza nel trattamento di segmenti distinti dalla congiunzione *o*, preceduta dalla virgola in (26) e non nelle altre occorrenze, una delle quali è qui esemplificata in (27), si accompagnano difformità sintattiche. In (26) era corretto togliere la prima virgola e scrivere: «insieme di veicoli [...] o di pedoni».

[41] Per l'esemplificazione ho confrontato puntualmente il testo indicato in bibliografia con la seguente pubblicazione in volume: *Nuovo codice della strada*, a cura di F. Todisco, Esselibri-Simone, Napoli 1993. Non ho trovato alcuna discrepanza fra i due testi nei segni di punteggiatura.

Si osservi ora con quanta disinvoltura si alternino schemi interpuntivi diversi in enunciati che richiederebbero un trattamento uniforme:

(28) FASCIA DI RISPETTO: striscia di terreno, esterna al confine stradale, sulla quale esistono vincoli [...] (art. 3.1, n. 22 c.str.);

(29) FASCIA DI SOSTA LATERALE: parte della strada adiacente alla carreggiata, separata da questa mediante striscia di margine discontinua [...] (art. 3.1, n. 23 c.str.);

(30) CORSIA: parte longitudinale della strada di larghezza idonea a permettere il transito di una sola fila di veicoli. (art. 3.1, n. 12 c.str.);

(31) PASSAGGIO PEDONALE [...]: parte della strada separata dalla carreggiata, mediante una striscia gialla [...] (art. 3.1, n. 36 c.str.).

Lo schema di (28), che si osserva anche in altri numeri dello stesso comma (ad es. nei numeri 27, 29, 32, 38, 43, 44) con il primo membretto attributivo separato mediante una virgola dal sostantivo a cui si lega e seguito da una virgola «seriale» non è rispettato in (29), (30), (31); in questi ultimi tre esempi la virgola avrebbe funzione disambiguante, perché impedirebbe letture quali «strada adiacente», «strada di larghezza idonea», «strada separata dalla carreggiata». È vero che tali letture sono pragmaticamente bloccate dalla conoscenza enciclopedica dei tecnici, certamente, e anche dei profani; ma è altrettanto vero che in un testo legislativo l'ordinamento formale deve mantenersi costantemente uniforme. Di questo è parte integrante il sistema interpuntivo; ne discende che anche nella punteggiatura si devono porre e applicare con coerenza regole precise: non sono ammesse deviazioni e scelte arbitrarie; in ogni caso, si deve rifuggire da soluzioni approssimative. Con un contraccolpo di pignoleria mi permetto di osservare che la virgola messa prima di *esterna*, in (28), non era necessaria per collegare univocamente questo aggettivo con il nome femminile *striscia* superando (con quello che anche in linguistica si dice *by-pass*) l'ostacolo della discontinuità rappresentata dal sintagma *di terreno* nel sintagma che lo include: *striscia ... esterna*, dal momento che *terreno* è di genere maschile. Eppure, stabilita come soluzione disambiguante la presenza di una virgola nella posizione che qui si è vista, era giusto mantenerla senza deroghe, come si è fatto nella Costituzione del '47.

La mancanza di una virgola potrebbe perfino provocare interpretazioni stravaganti, sia pure prive di effetti pratici, dal momento che il buon senso interviene a scacciare la tentazione di fare collegamenti (capziosi ma non troppo) quali: «strade guidate dall'uomo», «centri abitati ad uso pubblico», «persone che [...] superino le dimensioni, ecc.»):

(32) Ai fini delle norme del presente codice, si intendono per veicoli tutte le macchine di qualsiasi specie, che circolano sulle *strade guidate dall'uomo* [...] (art. 46 c.str.);

(33) STRADA VICINALE [...]: strada privata fuori dai *centri abitati ad uso pubblico*. (art. 3.1, n. 52 c.str.);

(34) I veicoli per il trasporto di *persone che* per specificate e giustificate esigenze funzionali *superino le dimensioni o le masse* stabilite dagli articoli 61 o 62 [...] (art. 10.14 c.str.).

Ci sono poi incoerenze di uso che urtano contro la sintassi. Una di queste è l'intrusione di una virgola tra soggetto e verbo[42], quando non si tratta di una virgola che chiuda un segmento delimitato al suo inizio da un'altra virgola:

(35) Chiunque viola gli altri obblighi, divieti o limitazioni previsti nel presente articolo, è soggetto alla sanzione amministrativa [...] (art. 14.1 c.str.).

La prima virgola, essendo «seriale», non può delimitare il segmento chiuso dalla seconda virgola, che viene a separare il soggetto dal suo verbo e perciò è da espungere. Un'altra anomalia è, in (36), la separazione di una frase relativa dal suo antecedente mediante una virgola

[42] E non importa se questa è un'abitudine scrittoria dilagante, provocata dall'intenzione di "mettere in rilievo" il tema dell'enunciato, o da altre giustificazioni enfatiche, ritmiche e simili. I tipi di testo di cui ci stiamo occupando qui, come tutti quelli che sono caratterizzati da neutralità emotiva, oggettività, ecc., non ammettono (già lo abbiamo osservato) una punteggiatura contrastante con la neutralità e l'oggettività.

che è rifiutata dalla struttura del sintagma *per ogni periodo*, in quanto *ogni* rende restrittiva la frase relativa. Come si vede quando questa ricompare a breve distanza nello stesso comma, e questa volta senza errori di punteggiatura:

(36) Nei casi di sosta vietata [...] la sanzione amministrativa pecuniaria è applicata *per ogni periodo* di ventiquattro ore, *per il quale* si protrae la violazione. Se si tratta di sosta limitata [...] la sanzione stessa è applicata *per ogni periodo per il quale* si protrae la violazione. (art. 7.14 c.str.).

La pesante ambiguità di senso e i guasti interpretativi che ne sono derivati, per colpa di «una virgola che non c'è» nell'art. 1 della legge n. 549 del 1995 («I comuni possono deliberare agevolazioni sui tributi di loro competenza, fino alla totale esenzione per gli esercizi commerciali e artigianali situati in zone precluse al traffico a causa dello svolgimento di lavori per la realizzazione di opere pubbliche che si protraggono per oltre sei mesi»), sono stati cosí commentati da un giurista (Ainis 1997, p. 157):

Se qui dopo la parola "esenzione" il periodo fosse stato spezzato da una seconda virgola, la norma avrebbe interessato i soli esercizi commerciali e artigianali, e si sarebbe trattato d'una fra le tante disposizioni di favore di cui è intessuto il nostro ordinamento tributario; tale è peraltro la conclusione che parrebbe dettata dalla logica, dal momento che il tenore complessivo della legge suona in modo tutt'altro che generoso verso la potestà tributaria dei comuni. Ma quest'altra virgola, per l'appunto, manca [...]; e allora il risultato è quello che si legge, ossia che i Consigli comunali possono articolare imposte e tasse come meglio credono, purché non le sopprimano del tutto: l'esenzione totale è infatti praticabile unicamente per gli esercizi commerciali e artigianali.

Leggi, decreti, regolamenti, ecc. non esibiscono, in generale, le regolarità che abbiamo notato nel testo della Costituzione del '47. A mano a mano che si scende verso la normativa di ambito privatistico le maglie si fanno piú larghe, è meno coerente l'osservanza dei vincoli formali, e non solo per quanto riguarda le convenzioni interpuntive, ma piú latamente in tutti i settori dell'organizzazione sintattica e testuale, mentre si scoprono piú evidenti i segni dell'assuefazione agli stereotipi di un'ufficialità che ripiega sugli pseudospecialismi.

3. *L'ordine delle parole e delle frasi.*

All'uniformità dell'impostazione e alla costituzionale impersonalità del dettato nei testi di legge dovrebbe corrispondere, secondo le aspettative comuni, la "regolarità" sintattica, intesa in primo luogo come "normalità" nella disposizione dei componenti di frasi e periodi. La nomografia piú recente e, in genere, le normative per la stesura dei documenti pubblici raccomandano: «per la composizione della frase, si adotti lo schema semplice soggetto, verbo, complemento» (Cassese 1992, p. 324).

È lo schema corrispondente all'ordine *normale* dei costituenti maggiori della frase (soggetto [S], verbo [V], oggetto [O] diretto e indiretto) nelle frasi semplici e nelle complesse[43], in italiano come del resto in altre lingue europee: "S-V-O (dir. o indir.)" e "S-V-O dir.-O indir.". Di fatto, questo è l'ordine osservato nella stragrande maggioranza degli enunciati monoproposizionali iniziali di articoli o di commi, come è esemplificato in (37), (38), (39):

(37) *La Repubblica* [S] *tutela* [V] *il lavoro* [O dir.] in tutte le sue forme ed applicazioni. (art. 35 Cost.);

(38) *La sovranità* [S] *appartiene* [V] *al popolo* [O indir.]. (art. 1 Cost.);

(39) *Il testatore* [S] *può dividere* [V] *i suoi beni* [O dir.] *tra gli eredi* [O indir.]. (art. 734 c.c.).

"Normale" riferito all'ordine delle parole è sinonimo di "non marcato". La marcatezza può riguardare l'intonazione, la sintassi, la dimensione pragmatica degli enun-

[43] «Chiamiamo "frase semplice" quella frase in cui nessun elemento è costituito da una frase, in cui cioè tutti gli elementi sono rappresentati da sintagmi (di vario tipo). Chiamiamo "frase complessa" una frase in cui almeno uno degli elementi è rappresentato da una frase» (Salvi 1988, p. 35).

ciati. "Non marcato" relativamente a ciascuno di tali livelli o alla loro reciproca interazione equivale a "neutrale" e perciò appropriato al maggior numero di contesti. Facciamo un esempio:

(40) La legge stabilisce i limiti massimi della carcerazione preventiva. (art. 13 Cost.).

Se questa frase è pronunciata con intonazione normale può essere risposta adeguata a piú domande: «Di che si tratta?»; «Che fa la legge?»; «Che cosa stabilisce la legge?»; «Di che cosa la legge stabilisce i limiti massimi?» Una lettura che facesse convergere il "fuoco" dell'informazione su uno degli elementi dell'enunciato («LA LEGGE stabilisce i limiti massimi, ecc.»; «La legge STABILISCE i limiti massimi, ecc.»; «La legge stabilisce I LIMITI MASSIMI, ecc.»; «La legge STABILISCE I LIMITI MASSIMI della carcerazione preventiva») risponderebbe di volta in volta alla sola domanda che verte sull'elemento focalizzato (rispettivamente: «Chi o che cosa stabilisce i limiti massimi, ecc.?»; «Che fa la legge?»; «Che cosa stabilisce la legge?»; «Che fa la legge rispetto alla carcerazione preventiva?»)[44]. In tutti i casi di lettura "focalizzante" si dà luogo a marcatezza sul piano dell'intonazione. Sul piano sintattico, oltre che su quello intonativo, potremmo avere, ad esempio, una costruzione che anteponesse l'oggetto enfatizzandolo («I LIMITI MASSIMI DELLA CARCERAZIONE PREVENTIVA stabilisce la legge»); un tale enunciato potrebbe rispondere solo alla terza delle domande qui proposte. Di tutte le frasi considerate soltanto quella proposta come es. (40), appropriata al maggior numero dei contesti ipotizzabili come pertinenti, non ha segni di marcatezza.

L'ordine non marcato può sostituire gli ordini mar-

[44] Anticipo un'osservazione che sarà giustificata piú avanti: se si trattasse di risposte veramente date in un dialogo reale, si ometterebbe la parte dell'enunciato su cui non cade l'enfasi segnalata graficamente dal maiuscoletto; la risposta si limiterebbe perciò a enunciare l'informazione nuova, affidata alle uniche parole che non compaiono nelle domande.

cati, mentre l'inverso non ha luogo. Tale disposizione sintattica corrisponde all'ordinamento semantico e informativo "naturale" degli enunciati. Riguardo all'ordinamento semantico, «ciò di cui si parla», cioè il *tema* o *topic*, precede «ciò che si dice del tema», cioè il *rema* o *comment*. Nella distribuzione dell'informazione, «ciò che è già noto», che è informazione condivisa da chi parla o scrive e da chi ascolta o legge, cioè il *dato* (o *given*), precede la parte di informazione nuova, che non si può omettere: il *nuovo* (o *new*), appunto[45]. Di qui la tendenza a far coincidere in prima posizione il soggetto col tema. Il tema tende ad essere assimilato al dato, il rema al nuovo, benché in particolari condizioni, come si vedrà, il tema possa rappresentare un'informazione nuova.

Le nozioni che ho appena richiamato, diffuse, dagli anni Sessanta in poi, in vari settori della linguistica che lavorano su principî detti funzionali[46], riguardano l'organizzazione semantica e la distribuzione dell'informazione negli enunciati, e hanno riflessi diretti nella sintassi, all'intersezione fra questa e la pragmatica. Il tema corrisponde al soggetto psicologico (esempio tipico, una frase come: «*A me* piace la musica», dove *a me*, soggetto psicologico della frase il cui soggetto grammaticale è *la musica*, si trova in posizione tematica). Per alcuni studiosi la nozione di tema viene estesa a tutto ciò che nell'enunciato può costituire lo *sfondo* (*setting*) della parte rematica e nuova. Si spiegherebbe cosí l'alta frequenza con cui compaiono all'inizio della frase o del periodo le

[45] Rinvio a Berretta 1995, per una trattazione chiara e rigorosa sia delle nozioni generali, su cui esiste una bibliografia tanto ampia quanto dispersiva e parcellizzata, sia delle costruzioni "marcate" dell'italiano contemporaneo.

[46] Sul funzionalismo mi contento di rimandare all'esemplare Sornicola/Svoboda (a cura di) 1991, da cui traggo la seguente proposizione di Vilém Mathesius: «L'ordine delle parole può essere studiato con l'ausilio di vari metodi. Il primo è quello di analizzare e spiegare le formazioni concrete dell'ordine delle parole delle frasi modello, un altro è accertare e provare con gli esempi il posto che gli elementi occupano nella frase, i fattori che influenzano l'ordine delle parole ed inoltre il modo e la portata della loro azione. Nell'esame sistematico dell'ordine delle parole questi metodi si completano a vicenda» (p. 319).

determinazioni di tempo e di spazio, siano queste sintagmi, come in (41), o proposizioni subordinate, come in (42) e (43):

(41) *Dopo la cancellazione della società* i creditori sociali non soddisfatti possono far valere i loro crediti nei confronti dei soci [...] (art. 2456 c.c.);

(42) *Quando l'atto anteriore di acquisto è stato trascritto*, le successive trascrizioni o iscrizioni producono effetto secondo il loro ordine rispettivo [...] (art. 2650 c.c.);

(43) *Decorso il termine di tre mesi senza che siano stati proposti reclami*, il bilancio s'intende approvato [...] (art. 2454 c.c.).

L'anteposizione dei circostanziali di tempo risponde anche all'esigenza, a cui si è accennato al § 2, di rispettare la successione logica e temporale degli avvenimenti. È ovvio che il grado del determinismo con cui questa può agire sull'espressione varia caso per caso. In (42) la subordinata iniziale non può cambiare di posto, perché la principale che la segue contiene un richiamo esplicito (*le successive trascrizioni*) al cotesto[47] precedente: è una ripresa semanticamente vincolante.

Si possono considerare informazioni di *setting* anche quelle che riguardano condizioni o circostanze in cui si verificano determinati accadimenti:

(44) *Quando il danno alle persone ha carattere permanente* la liquidazione può essere fatta dal giudice [...] sotto forma di una rendita vitalizia. (art. 2057 c.c.).

Si noti che la rubrica dell'articolo citato in (44) è DANNI PERMANENTI; il che rende tematico e "dato" il contenuto della subordinata iniziale: *quando il danno alle persone ha carattere permanente*.

Le intitolazioni di testi, in genere, sono enunciati "tetici"[48]. Sono cosí chiamati gli enunciati interamente re-

[47] Per la nozione di *cotesto* si veda la nota 18 del cap. 1.

[48] L'etimologia è la stessa del termine *thetico* introdotto da Amedeo G. Conte (§ 1.1); sono diversi invece il valore semantico, la forza illocutiva, le funzioni testuali delle entità linguistiche di cui si predica la *theticità*, o la *teticità*. Rimando a Sasse (1996) per la (fondamentale) trattazione del fenomeno, anzi dei fenomeni (Sasse identifica ben cinque sottotipi di teticità) che

matici e nuovi, cioè privi di tema e di dato, quelli che annunciano qualcosa, che aprono un discorso, che rispondono a una domanda (implicita) come «Che cosa è accaduto?» Non tutte le rubriche di cui sono provviste le partizioni dei testi legali normativi sono "tetiche": non lo sono quelle che riprendono argomenti già annunciati da precedenti rubriche o dalle definizioni che si trovano in parti di testi piú generali. È una conseguenza della disposizione piramidale, o a incastro, dei codici il fatto che a mano a mano che si scende verso il particolare (dai «libri» ai «titoli» ai «capi» agli «articoli») aumentino le probabilità di riproporre in rubriche argomenti già rubricati o annunciati in una delle partizioni maggiori.

I modi della tematizzazione variano. Si veda l'es. (45), dove è tematica la definizione del termine in rubrica:

(45) ALLUVIONE. Le unioni di terra e gli incrementi, che si formano successivamente e impercettibilmente nei fondi posti lungo le rive dei fiumi o torrenti, appartengono al proprietario del fondo, salvo quanto è disposto dalle leggi speciali. (art. 941 c.c.).

Questo articolo appartiene al capo III (*Dei modi di acquisto della proprietà*) nel titolo II del libro III, la cui intitolazione (*Della proprietà*) rappresenta ciò che si intende per "argomento (o *topic*) del discorso", di portata piú generale del *topic* o tema di enunciato, in quanto può dominare il contenuto di un intero testo o di sue suddivisioni maggiori di un enunciato. Quando in un testo viene ripreso, in qualsiasi forma, un "argomento del discorso" che sia già stato esplicitato, tutto ciò che rinvia a questo acquista naturalmente, sul piano della distribuzione dell'informazione, lo statuto di "dato" (*given*), o noto. In (45) il predicato *appartengono* sarebbe dunque

sono rilevanti per le analisi del discorso, in quanto interessano l'intera rete delle relazioni tra forma e funzione degli enunciati. Piú di recente il problema è stato ripreso in modo innovativo, in relazione a un'analisi degli enunciati presentativi (Venier, in stampa): tenere conto delle ben motivate argomentazioni di Venier dovrebbe indurmi a riprendere la presente sommaria trattazione. Cosa che rinvio a un'occasione piú favorevole.

"dato", in quanto collegabile all'argomento del discorso già esplicitato nel cotesto antecedente, mentre l'informazione "nuova" sarebbe affidata sia alla parte tematica sia alla restante parte rematica, in cui si dichiara «a chi» (cioè *al proprietario del fondo*) appartiene ciò che è stato definito nel tema. Avremmo perciò un tema nuovo e un rema parzialmente dato: fatto non eccezionale nei codici, la cui struttura compositiva, dal generale al particolare, annovera fra le sue regolarità l'esplicitazione dell'ordinamento gerarchico della materia mediante i rimandi interni e le intitolazioni.

Questo ragionamento è accettabile se si ipotizza che ogni articolo del capo III possa rispondere alla domanda implicita «Come si acquista la proprietà?» ricavabile dalla rubrica *Dei modi di acquisto della proprietà*. A tale domanda risponde preliminarmente l'art. 922: «MODI DI ACQUISTO. La proprietà si acquista per occupazione [923 ss.], per invenzione [927 ss.], per accessione [934 ss.], per specificazione [940], per unione o commistione [939], ecc.». Gli articoli indicati in parentesi conterrebbero altrettante tematizzazioni dei singoli argomenti (rematici e nuovi) qui enunciati. I predicati (forme dei verbi *acquistare* al passivo e *appartenere*) sarebbero comunque "dati".

Ancora un cenno alla struttura sintattica di (45), frase complessa in quanto i sintagmi che compongono il soggetto hanno come modificatore una proposizione relativa e il circostanziale *salvo quanto, ecc.* è formato da una limitativa. L'ordine dei costituenti maggiori della frase è quello non marcato (S-V-O indir.), raccomandato, come s'è detto, per la stesura delle leggi. Ma non sempre è possibile attenersi a tale ordine, che (occorre tenerlo presente) riguarda la struttura di frase. E non di ogni tipo di frase. Incongruenti rispetto a questo modello sono infatti le relative e le interrogative, il cui primo elemento può essere un soggetto, un oggetto o un altro complemento[49]. Lo schema tipologico S-V è contraddetto

[49] Rimando ancora alle puntuali chiarificazioni di Berretta 1995.

anche in costruzioni determinate da fatti strutturali come il "peso" dei costituenti (cioè l'ampiezza che tende a spostarli verso la fine dell'enunciato) o da tratti semantici e aspettuali dei verbi.

La posizione postverbale del soggetto è normale con gli intransitivi che hanno l'ausiliare *essere* e appartengono alla classe (detta degli "inaccusativi") caratterizzata dalla proprietà di attribuire al soggetto prerogative proprie dell'oggetto (ad esempio, la possibilità di esprimere col clitico *ne* il complemento partitivo riferito al soggetto: «*ne* è arrivato *uno*» [*ne* = *di loro*], mentre con i verbi transitivi il *ne* sostituisce un partitivo riferito all'oggetto: «*ne* abbiamo visto *uno*»)[50]. Ne deriva la normalità sintattica degli enunciati ove il soggetto *segua* un verbo appartenente a questo insieme. È un insieme di cui fanno parte anche le forme passive (il cui soggetto sintattico, si badi, ricopre il "ruolo semantico" di oggetto): «non *sono* ancora *stati trovati* / non *si sono* ancora *trovati* i colpevoli».

I *verba dicendi*, quando sono introduttori di citazioni e sono inseriti all'interno di queste, si pongono di preferenza prima del soggetto («La situazione odierna, *sostengono gli esperti*, non dà adito a ottimismi»). Tale costruzione diventa decisamente maggioritaria se il soggetto è "piú pesante" del verbo («La situazione odierna, sostengono *gli esperti che abbiamo consultato / da noi consultati*, non dà adito...»; sarebbe estremamente improbabile «La situazione odierna, *gli esperti che abbiamo consultato sostengono* [...]»). Quando si citano in forma diretta parole pronunciate o scritte, l'atto del dire si pone come tematico e "dato": di qui la tendenza a collocare il verbo che lo manifesta in prima posizione.

Con i *verba dicendi*, a cui si aggiungono quelli che includono l'espressione del mezzo di comunicazione (*telefonare*, *scrivere*, *chiamare*...), come anche coi verbi di movimento (*arrivare*, *venire*, *uscire*...), con quelli i cui tratti aspettuali espri-

[50] Sugli inaccusativi, Burzio 1986 e Salvi 1988, pp. 47-55. Non tutti i verbi che hanno l'ausiliare *essere* sono inaccusativi: non lo sono i riflessivi propri (o diretti), i pronominali che reggono un complemento oggetto (come *immaginarsi*), né le forme col *si* impersonale e col *si* reciproco.

mono un cambiamento di stato o processo (*cominciare*, *proseguire*, *squillare*, *accadere*, *capitare*, *insorgere*, *apparire*, *morire*, *mancare*, *scoppiare*...), con i verbi "psicologici" (come *piacere*, *spaventare*) e con altri quali *bastare*, *servire*, *esserci*, la posposizione del soggetto è frequente nel parlato spontaneo[51] (*dice il proverbio*; *ha telefonato/chiamato/scritto Mario*; *è arrivato/venuto Luca*; *ha cominciato lui*; *sono già cominciate le lezioni*; *ha squillato il telefono*; *è accaduta/capitata una disgrazia*; *sono insorte difficoltà*; *sono morti tre malati*; *mancano pochi minuti alle dieci*; *è scoppiato un incendio*; *mi piacerebbe che tu mi ascoltassi*; *mi spaventa la tua reazione*; *serve aiuto?*; *c'è un ospite*). Non è superfluo osservare che la classe degli inaccusativi, qui nominata per prima, attraversa quest'ultimo raggruppamento.

La scelta dell'ordine in cui collocare parole ed enunciati è determinata, in misura valutabile solo caso per caso, da fattori strutturali, semantici, pragmatici, riguardanti la distribuzione dell'informazione, la coesione del discorso, il mantenimento della continuità tematica, a cui si aggiungono le preferenze stilistiche vuoi individuali vuoi derivanti dall'adesione piú o meno consapevole a moduli tradizionali, a convenzioni di genere e altro ancora. L'azione concorrente o incrociata di tali fattori si misura sul piano testuale.

3.1. Naturalezza pragmatica e marcatezza sintattica.

Torniamo per un momento alla disposizione "V-S", che abbiamo detto normale con le forme passive. La lettura dei testi ci fa toccare con mano che la scelta tra questo e l'ordine "S-V" dipende quasi sempre da ragioni cotestuali:

(46) ATTI SOGGETTI A TRASCRIZIONE. *Si devono rendere pubblici* col mezzo della trascrizione:
1) i contratti che trasferiscono la proprietà di beni immobili [...]
2) [...] (art. 2643 c.c.);

[51] Statistiche e analisi accurate di testimonianze delle diverse posizioni dei costituenti principali della frase in campioni rappresentativi di vari generi testuali si trovano in Sornicola 1994.

(47) COSTITUZIONE DEL FONDO PATRIMONIALE E SEPARAZIONE DI BENI. *Devono essere trascritti*, se hanno per oggetto beni immobili, la costituzione del fondo patrimoniale, le convenzioni matrimoniali che escludono i beni medesimi dalla comunione tra i coniugi [...] (art. 2647 c.c., comma 1);

(48) Le trascrizioni previste dal precedente comma *devono essere eseguite* anche relativamente ai beni immobili [...] (art. 2647 c.c., comma 2).

In (46) l'anteposizione del verbo è dovuta, obbligatoriamente, al carattere seriale dei soggetti (sono ben 14 i membri numerati in successione). Analoga la situazione in (47), con l'elenco dei soggetti posposti. In (48) l'anteposizione del soggetto (che si ha anche nel comma 3, qui non riportato) è richiesta dal ruolo tematico, e di "dato", che questo assume e che vieterebbe come incongruo lo spostamento in posizione rematica (e "nuova"). Cosí, in (49) l'opportunità di collocare il tema-dato in prima posizione impone che la circostanziale (*quando la legge*, ecc.) segua la proposizione reggente; per lo stesso motivo nel secondo comma dello stesso articolo la condizionale (*qualora la legge*, ecc.) precede la principale. Richiamo ancora una volta l'attenzione sul fatto che in quest'ultima il verbo al passivo (*essere superati*) ammette come non marcata la collocazione postverbale del soggetto (*i limiti massimi indicati*, ecc.), che qui è, in piú, il costituente "piú pesante":

(49) REATO COMPLESSO. Le disposizioni degli articoli precedenti non si applicano quando la legge considera come elementi costitutivi, o come circostanze aggravanti di un solo reato, fatti che costituirebbero, per se stessi, reato.

Qualora la legge, nella determinazione della pena per il reato complesso, si riferisca alle pene stabilite per i singoli reati che lo costituiscono, non possono essere superati i limiti massimi indicati negli articoli 78 e 79 [...] (art. 84 c.p., commi 1 e 2).

L'anteposizione o la posposizione delle circostanziali è dunque cotestualmente determinata, secondo i criteri che regolano il mantenimento della continuità tematica nel concatenarsi degli enunciati. I due schemi ipotattici che ne risultano si alternano uniformemente nei codici, tanto da costituire una costante argomentativa. Alla scelta dell'uno o dell'altro contribuisce anche – e talora prevale – l'esigenza di avvicinare una ripresa anaforica (*suo*, nell'esempio che segue) al suo antecedente (*l'imputato*):

(50) SPESE DELLA CUSTODIA CAUTELARE. 1. Quando *l'imputato* è condannato a pena detentiva per il reato per il quale fu sottoposto a custodia cautelare, sono poste a *suo* carico le spese per il mantenimento durante il periodo di custodia.
2. Se la custodia cautelare supera la durata della pena, sono detratte le spese relative alla maggiore durata. (art. 692 c.p.p.).

Nel primo comma dell'articolo riprodotto in (50) è l'opportunità di facilitare un legame anaforico a influire sulla disposizione dei membri, mettendo in second'ordine la normalità della distribuzione delle unità informative. Nel secondo comma, come nei precedenti esempi qui prospettati, la disposizione degli elementi sintattici è imposta dal mantenimento della "naturalezza" di posizione dei ruoli semantico-pragmatici e informativi (prima il tema poi il rema, prima il dato poi il nuovo).

Nei seguenti due articoli contigui nel capo I (*Del diritto di autore sulle opere dell'ingegno letterarie e artistiche*) del titolo IX del codice civile, l'ordine "V-O-S" in (51) e l'ordine "S-V" in (52) rispondono entrambi all'esigenza di presentare in prima posizione il tema-dato, già annunciato nelle rispettive rubriche (il corsivo segnala la parte tematica dell'enunciato):

(51) OGGETTO DEL DIRITTO. *Formano* [V] *oggetto* [O] *del diritto di autore* le opere [S] dell'ingegno di carattere creativo [...] (art. 2575 c.c.);

(52) ACQUISTO DEL DIRITTO. *Il titolo originario* [S] *dell'acquisto del diritto di autore* è costituito [V] dalla creazione dell'opera [...] (art. 2576 c.c.).

La marcatezza sintattica può dunque corrispondere alla non-marcatezza sul piano dei ruoli semantico-pragmatici e dell'articolazione dell'informazione: cioè sul livello profondo su cui agirebbero i criteri "normali" che guidano la progettazione del discorso (il criterio *topic first*, cioè «metti per primo ciò di cui vuoi parlare» e il criterio “dal noto al nuovo”). L’attuazione di questi criteri può comportare, in superficie, un sovvertimento dell’ordine sintatticamente normale dei costituenti. E sono appunto i casi in cui l’osservanza di tale ordine darebbe risultati “non naturali”, non rispondenti alle condizioni di coerenza del testo e capaci di comprometterne le connessioni interne. In tale ottica un’anastrofe come quella qui evidenziata in (53) appare giustificata dall’evidente condizione di “notorietà” che la ripetizione del termine *reato* conferisce al sintagma messo a tema, e dalla necessità di collocare in posizione di “nuovo” (perciò alla fine della frase complessa) il soggetto, dal momento che questo costituisce la risposta alla domanda implicita sul tema-dato «chi è che risponde del reato, ecc.?»:

(53) Se taluno mette altri nello stato d’incapacità di intendere o di volere, al fine di fargli commettere un reato, *del reato commesso* dalla persona resa incapace *risponde* chi ha cagionato lo stato d’incapacità. (art. 86 c.p.).

Condizioni analoghe nei seguenti due esempi:

(54) Se le persone di cui il giudice ha ammesso l’audizione o l’interrogatorio non sono presenti, il giudice [...] ne dispone la citazione [...]. *Del provvedimento* è data *comunicazione* al procuratore generale presso la corte di appello. (art. 422.4 c.p.p.);

(55) La corte di assise è competente:
[...]
c) per ogni delitto colposo se *dal fatto è derivata* la morte di una o piú persone [...] (art. 5.1 c.p.p.).

Una casistica dei tipi di marcatezza ricorrenti nei testi legali servirebbe non solo a fini tipologici; servirebbe anche a indicare in quali direzioni ed entro quali confini l’auspicata semplificazione sintattica abbia spazi di manovra ragionevoli. Continuerò, per il momento, a ricavare l’esemplificazione dai quattro codici attualmente in vigore: civile (del 1942) penale (del 1930), di procedura civile (del 1940, ampiamente modificato nel 1990), di procedura penale (del 1988). La struttura sintattica degli enunciati non ha subito nel tempo variazioni apprezzabili dall’uno all’altro codice: il passare degli anni e dei decenni ha depositato la sua patina prevalentemente sul lessico.

Vorrei richiamare l'attenzione su costrutti che rispondono all'esigenza di collegare i membri di frasi e periodi con il minor spreco e con la maggiore chiarezza. Si tratta spesso di soluzioni non facoltative, ma obbligate. È il caso, ad esempio, di frasi o di sintagmi circostanziali sintatticamente e semanticamente legati al verbo e all'oggetto indiretto, che provocano l'anteposizione di questo all'oggetto diretto:

(56) PREMIO DOVUTO AL RITROVATORE. Il proprietario deve pagare *a titolo di premio* al ritrovatore, *se questi lo richiede*, il decimo della somma o del prezzo della cosa ritrovata. (art. 930 c.c.).

Non si potrebbe staccare dal verbo il sintagma circostanziale (*a titolo di premio*) strettamente connesso al significato del verbo e solidale con l'indicazione del beneficiario (*al ritrovatore*). Difficilmente proponibile uno spostamento della subordinata condizionale (*se questi lo richiede*) alla fine della frase, poiché si allontanerebbe il dimostrativo, che ha funzione anaforica, dal suo antecedente. Favorire il cosiddetto "recupero dell'antecedente" di un'anafora[52] è un principio di chiarezza e di "naturalezza" testualmente valido, oltre che stilisticamente raccomandabile. Ma anche se si volesse ricorrere a un'anafora con la ripetizione dell'antecedente («se *il ritrovatore* lo richiede») rimarrebbero le difficoltà sollevate dal distanziamento della ripresa anaforica *lo* dal suo antecedente presumibile, qualunque esso sia (l'obbligo del pagare, il «premio», o anche, cataforicamente, «il decimo della somma»).

Al linguista attento alla "testualità" dei discorsi (scritti, nel settore di cui ci stiamo occupando) la disposizione di parole e frasi nei testi legislativi offre, come abbiamo appena visto, buone occasioni per riflettere sull'entità e sulle motivazioni delle deroghe all'ordine

[52] I procedimenti di recupero connessi ai vari tipi di anafore sono illustrati su un *corpus* significativo di parlato in Berretta 1990.

riconosciuto come canonico per gli enunciati "non marcati". Sono occasioni buone perché si tratta di discorsi "referenziali", per loro natura espliciti, oggettivi, impersonali. In tali condizioni i congegni testuali (i mezzi della coesione, della connessione, della continuità tematica, ecc.) che determinano la posizione dei costituenti degli enunciati sembrano funzionare *iuxta propria principia*, esclusa, come deve essere, per costituzionale necessità qualsiasi ricerca di "effetti speciali".

I fattori *testuali* che abbiamo visto all'opera nella scrittura legislativa hanno a che fare con la concatenazione dei membri e l'organizzazione logica e retorica del discorso. Non ogni volta i risultati sono ottimali, per quanto riguarda la perspicuità dell'espressione, né gli schemi del ragionamento si mantengono costanti. Sembra, in ogni caso, che a prevalere sulle simmetrie argomentative siano i puntelli della «progressione tematica»:

(57) CAPACITÀ D'INTENDERE E DI VOLERE. Nessuno può essere punito per un fatto preveduto dalla legge come reato, se, al momento in cui lo ha commesso non era imputabile.

È imputabile chi ha la capacità di intendere e di volere. (art. 85 c.p., commi 1 e 2).

Per valutare l'impostazione del ragionamento bisogna mettere nel conto l'argomento del discorso, cioè la rubrica del capo I (che si apre con l'art. 85): DELLA IMPUTABILITÀ. Il segmento iniziale del primo comma (*Nessuno … come reato*) può essere interpretato come interamente rematico. Il secondo segmento (*se … non era imputabile*) colloca nella parte terminale dell'enunciato, cioè nella posizione tipica del "nuovo", l'informazione collegata all'argomento del discorso, anteponendole la circostanza temporale (*al momento in cui lo ha commesso*) che, del resto, contiene nel pronome anaforico *lo* la marca di "notorietà" insita nel rinvio a un elemento del cotesto precedente. Il contenuto proposizionale (l'essere imputabile) è tematizzato nel secondo comma, mentre il rema riprende l'informazione anticipata dalla rubrica dell'articolo. Siamo di fronte a una sorta di rimescolamento dei ruoli semantico-pragmatici nel microtesto costituito dall'art. 85, ove la retorica delle figure non avrebbe difficoltà a rintracciare il classico andamento della *reversio*, solo che si consideri come uno degli estremi dei membri simmetrici l'intitolazione «Capacità di intendere e di volere»[53]. Forse per questa (involontaria?) retoricità gli enunciati, fortemente coesi sul piano strutturale, appaiono abbastanza anomali se commisurati ai modelli argomentativi che assegnano, nei codici, la precedenza alle definizioni rispetto ai fatti e alle circostanze.

3.2. L'inutile bruttezza.

Forse non era il caso di pasticciare un titolo famoso[54] per tacciare di "inutile" la defatigante sgradevolezza delle contorsioni sintattiche in non pochi esemplari di testi giuridici normativi.

L'aspirazione alla semplicità lineare del dettato, alla precisione e alla correttezza linguistica non è una trovata recente. Senza risalire troppo indietro nel tempo, basterebbe ricordare la dichiarazione di Ugo Foscolo, di voler scrivere il Codice penale militare (che avrebbe dovuto redigere per incarico del ministero della Guerra della Repubblica Cisalpina) «in uno stile rapido, calzante, conciso, che non lasci pretesto all'interpretazione delle parole, osservando che assai giureconsulti grandi anni e assai tomi spesero per commentare leggi confusamente scritte. Si baderà ancora a una religiosa esattezza della lingua italiana»[55]. Intenti cosí espliciti, e indubbiamente condivisibili, avrebbero dovuto funzionare come un'esortazione per i contemporanei e i futuri estensori di leggi. Ma l'esortazione era destinata a trovare posto fra le

[53] Analogo andamento ciclico si osserva nell'articolo riportato in (53).

[54] *L'inutile beauté*, di Maupassant.

[55] Questo passo fu citato dall'on. Calamandrei, in apertura di un suo intervento durante i lavori preparatori della Costituzione del 1947, come è attestato in: Assemblea Costituente, *Atti. III. Discussioni*, Camera dei Deputati, Roma 1947, p. 1743, opportunamente cit. in Deon 1998, p. 200.

prediche inutili, fra gli inviti non accolti: "pratiche inevase" puntualmente seguite dai lamenti sulle complicazioni di una scrittura che si sarebbe voluta (illusione prima illuministica poi populistica) alla portata di tutti. I prodotti rimanevano – rimangono tutt'oggi – al di sotto delle aspettative. Non che tutto fosse – non che tutto sia – cosí ingarbugliato da richiedere riscritture radicali. Una statistica delle strutture sintattiche impiegate rivela abbastanza alto il numero delle presenze di enunciati monoproposizionali. Ma quando si tratta di inserire nel discorso l'enunciazione di circostanze accessorie la tentazione dell'ipotassi a oltranza sembra non trovare resistenze.

L'abitudine a esprimere con incastri di subordinate la densità e la tortuosità delle precisazioni relative alle varietà delle situazioni possibili persiste nel tempo. Sembra anzi piú marcata in prodotti abbastanza recenti: ad esempio, nel nuovo codice di procedura penale, di mezzo secolo piú "giovane" rispetto agli altri. Difficile, certamente, sottrarsi a complicazioni ipotattiche nel dare forma a procedure complesse e alla varietà della casistica prevedibile: un esempio lampante lo offre la densità del comma 3*bis* nell'art. 51:

(58) Quando si tratta di procedimenti per i delitti, consumati o tentati, di cui agli artt. 416*bis* e 630 del codice penale, per i delitti commessi avvalendosi delle condizioni previste dal predetto art. 416*bis* ovvero al fine di agevolare l'attività delle associazioni previste dallo stesso articolo, nonché per i delitti previsti dall'art. 74 del testo unico approvato con d.p.r. 9 ottobre 1990, n. 309, le funzioni indicate nel comma 1, lett. *a*, sono attribuite all'ufficio del pubblico ministero presso il tribunale del capoluogo del distretto nel cui ambito ha sede il giudice competente. (art. 51.3*bis* c.p.p.).

Sarebbe meno difficile chiarire, con una maggiore cura redazionale, i nessi all'interno delle frasi quando si ha a che fare con costrutti coordinati, specialmente se è l'uso di pronomi a rendere faticoso il riferimento:

(59) [...] Non si tiene conto della continuazione, della recidiva e delle circostanze del reato, fatta eccezione delle circostanze aggravanti per le quali la legge stabilisce una pena di specie diversa da quella ordinaria del reato *e di quelle* ad effetto speciale. (art. 4 c.p.p.).

Forse ad agevolare il “recupero dell’antecedente” (il sintagma *delle circostanze*) basterebbe mettere, davanti all’espressione qui incriminata col corsivo, una virgola che delimitasse il confine tra i due complementi introdotti da *fatta eccezione*[56]. Una scrittura tesa al massimo della chiarezza e dell’esplicitezza preferirebbe un periodo come questo: «eccettuate sia le circostanze aggravanti per le quali la legge stabilisce una pena di specie diversa da quella ordinaria del reato, sia le circostanze ad effetto speciale». Ma le correlazioni *sia* ... *sia* non sono di casa nei testi legislativi, in cui per tradizione si preferisce sottolineare le connessioni ricorrendo a *nonché*, *altresí* e simili. In ogni caso sarebbe stato opportuno fare a meno di un nesso come *fatta eccezione*, per evitare l’ambiguità sintattica di sintagmi costruiti nello stesso modo ma funzionalmente diversi, quali sono quelli accumulati in (59), retti i primi tre da *non si tiene conto* e gli ultimi due da *fatta eccezione*. Non sembri eccessivo l’indugio su un solo periodo di un testo che consta di 746 articoli comprendenti nella stragrande maggioranza piú di un comma. Si vuole solo cogliere una delle possibili occasioni per rilevare una certa sottovalutazione dell’imbarazzante ingombro di iterazioni pronominali come «da *quella* ... e di *quelle*» e di collisioni come «*del* reato e *di* quelle», non avvertite da chi è talmente esperto della materia da non inciampare nelle asperità della superficie linguistica.

Il ricorso al dimostrativo *quello* (*quella/quelli/quelle*) nelle riprese anaforiche è responsabile di difficoltà e di equivoci nel recupero degli antecedenti. Il che dovrebbe essere un deterrente per il suo uso (e abuso) in testi a cui, e non da oggi soltanto, si richiede di essere espliciti e di evitare le ambiguità non solo lessicali ma anche sintattiche. Se è vero, come è vero, che l’uso di sinonimi è tenuto in giusto sospetto, perché non estendere le

[56] La virgola servirebbe inoltre, come s’è visto a proposito della punteggiatura adottata coerentemente nella stesura della Costituzione, a separare i due sintagmi preposizionali contigui.

cautele al difetto di trasparenza dei pronomi? Non si capisce perché gli odierni legisti rifuggano dalle sacrosante ripetizioni integrali degli antecedenti. Tanto piú quando cotestualmente esistano due o piú antecedenti possibili, dal punto di vista morfosintattico (per quanto riguarda la flessione e l'accordo grammaticale), e l'antecedente vero sia il piú lontano, mentre il rinvio piú naturale, in una lingua come l'italiano, punta sull'antecedente piú vicino. In simili circostanze si rimedia con una ripresa anaforica "a senso", favorita, quando è il caso, dalla salienza pragmatica dell'antecedente (cioè dal suo essere presente e prevalente nell'orizzonte mentale di chi legge o ascolta). Ovvio che la difficoltà interpretativa aumenta con l'aumentare dell'opacità del riferimento. Nell'es. (60) all'inopportunità dell'uso del dimostrativo (almeno nella prima occorrenza, che è un campione di oscurità) si aggiunge la malformazione dell'enunciato, acuita dall'uso approssimativo di *per* col significato di «per quanto riguarda»:

(60) Le autorizzazioni di cui al comma 1 devono essere richieste dai promotori almeno quindici giorni prima della manifestazione *per quelle* di competenza del sindaco e almeno trenta giorni prima *per quelle* di competenza del prefetto [...] (art. 9.2 c.str.).

Nell'esempio seguente, il cui testo è già stato proposto parzialmente in (31) e censurato per un'improprietà di punteggiatura, è di scena un pronome personale il cui uso anaforico tende a ridursi, nell'italiano odierno, a vantaggio delle forme di *questo*, quando non si preferisca ricorrere alla ripetizione dell'antecedente:

(61) PASSAGGIO PEDONALE [...]: parte della strada separata dalla carreggiata, mediante una striscia gialla o una apposita protezione parallela ad *essa* e destinata al transito dei pedoni. *Esso* espleta la funzione di un marciapiede stradale, in mancanza di *esso*. (art. 3.1, n. 36 c.str.).

A prima vista si è indotti a chiedersi: «parallela a che cosa? alla striscia gialla?», e solo il buon senso aiuta a reinterpretare l'espressione nel modo corretto. La scelta di *esso* come soggetto della seconda proposizione sembra dovuta a una fuga ingiustificata dalla ripetizione del tema, mentre non si evita l'impaccio provocato dalla goffa ricorrenza della stessa forma pronominale nella stessa frase per referenti diversi.

Quanto abbiamo notato a proposito della tendenza a riferire una ripresa anaforica all'antecedente piú vicino vale anche per la coordinazione di elementi della frase. Quando si legge in (61) «una apposita protezione *parallela* ad essa *e destinata* al transito...» si tende naturalmente alla soluzione piú semplice: cioè a coordinare la seconda attribuzione (*e destinata*) a quella che la precede piú da vicino (*parallela*), e non alla piú lontana (*separata*). Nel caso specifico anche la punteggiatura inadeguata[57] concorre a rendere difficoltose le connessioni testuali. Mantenendo quasi inalterato il materiale lessicale, se ne potrebbe cambiare la disposizione con qualche vantaggio per la leggibilità: «parte della strada, destinata al transito dei pedoni, separata dalla carreggiata mediante una apposita protezione parallela a questa o mediante una striscia gialla». Ma andiamo piú a fondo: cerchiamo di evitare l'intrusione di pronomi, e ripetiamo onestamente i nomi invece di rimpiazzarli con "sostituti (o sostituenti) grammaticali":

(61a) Parte della strada, destinata al transito dei pedoni, separata dalla carreggiata mediante una striscia gialla o una apposita protezione parallela alla carreggiata. Il passaggio pedonale ha la stessa funzione di un marciapiede stradale.

Non si è fatto altro che applicare in un ambito piú ristretto, cioè all'interno di un comma, la raccomandazione che il documento *Regole e Suggerimenti* [1992] 1993 dà (al punto 19) per i riferimenti (anaforici) sia tra commi sia tra articoli: «[...] va evitato l'uso di pronomi personali o pronomi e aggettivi dimostrativi riferiti a termini precedentemente impiegati in altri articoli e commi». La raccomandazione può ben valere anche nello

[57] Migliorando l'interpunzione la lettura sarebbe di poco agevolata: «parte della strada, separata dalla carreggiata mediante una striscia gialla o una apposita protezione parallela ad essa, e destinata al transito dei pedoni».

spazio di una sola proposizione, se il risultato è la chiarezza espositiva, che elimina possibili equivoci di senso e facilita la comprensione. *In claris non fit interpretatio*: l'antico adagio, se non può valere per l'ermeneutica giuridica, può ben essere richiamato per il modesto e vitale esercizio non specialistico del cercar di capire norme e "istruzioni per l'uso".

L'articolo citato in (61) non riguarda (per fortuna) comportamenti da tenere o da evitare, non segnala pericoli, non dà avvertimenti essenziali per i rapporti civili: definisce un oggetto comune cercando di descriverne la forma e la funzione. Ma pecca per difetto di chiarezza e di correttezza formale, e per un malinteso risparmio di ridondanze – cioè delle benemerite ripetizioni – lessicali[58].

Il campionario delle brutture linguistiche finora proposto pecca gravemente per difetto. Cercare di completarlo o anche solo di renderlo un po' piú consistente porterebbe a divagare su aspetti sintattici e testuali che sarebbe bene trattare con ordine: non all'insegna delle improprietà nella disposizione delle parole, ma sotto una descrizione "in positivo" dei fenomeni sintattici in gioco. Si vedrebbe – ciò che si vedrà piú avanti, a suo luogo – come le oneste intenzioni di essere brevi, di condensare in un nome (o in un sintagma nominale) il significato di un nesso predicativo (che è quanto dovrebbe ottenere il procedimento sintattico-lessicale della "nominalizzazione") possano rivoltarsi contro il maldestro scrivente, e sortire l'effetto opposto a quello perseguito. Ne do un solo esempio, che sarà ripreso successivamente e messo in mala compagnia con altri analoghi:

(62) Ai soggetti che svolgono, ai sensi dell'art. 15, comma 1, lettera c), della l. 6 febbraio 1996, n. 52, le attività individuate nei decreti di cui al medesimo articolo in quanto particolarmente *suscettibili di utilizzazione* a fini di riciclaggio *per il fatto di realizzare l'accu-*

[58] La "fuga dalla ripetizione" è abitudine linguistica inveterata. Osservazioni sulla funzionalità delle ripetizioni lessicali si troveranno piú avanti, al § 6.2.

mulazione o il trasferimento di ingenti disponibilità economiche o finanziarie o di risultare comunque esposte a infiltrazioni da parte della criminalità organizzata è estesa, nei limiti di cui ai successivi commi, *l'applicazione delle* disposizioni del d. l. 3 maggio 1991, n. 143, convertito, con modificazioni, dalla l. 5 luglio 1991, n. 197. (art. 5.1 d.lg. 26/5/1997, n. 153).

Si provi a convertire in nessi "verbo + nome" i gruppi nominali qui messi in evidenza con il corsivo, e si provi anche a sostituire il connettivo *per il fatto di* (dato e non concesso che i garbugli cotestuali permettano di capirne il valore) con un altro di piú facile lettura: si vedrà che, qualunque sia la soluzione alternativa adottata, il risultato sarà un risparmio di parole, e l'effetto un risparmio di energie intellettive.

3.3. Riepilogo.

Raramente l'insistenza si giustifica; ma uno dei luoghi retoricamente deputati al ritorno sul già detto è proprio il riepilogo. Ai modi del riepilogo si addice il procedere per sommi capi: con ellissi consentite e oneste dissimulazioni e sottrazioni degli argomenti da dare per scontati. E con rapidi richiami degli argomenti chiave.

Il primo da richiamare è l'utilità della prospettiva testuale, che punta sull'organizzazione semantico-pragmatica degli enunciati quando si esamina la disposizione dei costituenti di frasi semplici e complesse. Si è data ragione della posizione iniziale delle determinazioni di tempo e di spazio (ess. 41-43). Si è visto come la progressione tematica e la distribuzione dell'informazione corrispondano all'ordinamento gerarchico della materia attuato attraverso le intitolazioni delle varie parti (titoli, capi, sezioni, articoli) e i rimandi interni. Ne consegue che non sempre il *tema* degli enunciati coincide con il *dato*, e il *rema* con il *nuovo*: questo accade quando a dominare l'architettura testuale è l'argomento (il *topic*) del discorso, che prevale sui singoli temi degli enunciati e ne determina la funzione informativa, come si vede, ad esempio, in (45) e in (57).

Alla trama dei rapporti fra queste categorie testuali si devono le variazioni di posizione tra soggetto e verbo (ess. 46-49). La posizione risponde, in generale, al mantenimento dell'ordine naturale in cui si presentano, normalmente, le categorie semantico-pragmatiche di tema/rema e dato/nuovo; ordine che, come abbiamo visto, può sovvertire la collocazione sintatticamente non marcata dei costituenti di frase (S-V-O). Ma può anche essere "cotestualmente determinata" dalla necessità di favorire il recupero dell'antecedente di un'anafora, come in (50) e in (56).

Le osservazioni che abbiamo fatto, sia pure in maniera episodica, dovrebbero fornire qualche prova a favore delle precauzioni da prendere, e dei criteri da accettare, quando si redigono testi legislativi o si interviene su redazioni preesistenti. Nel proporre le semplificazioni – necessarie e auspicabili – di prodotti indigesti per le inutili, e fuorvianti, contorsioni di frasi e periodi non si può pretendere di sovraimporre modelli di strutture sintattiche costruiti senza tenere presenti le connessioni intratestuali: in breve, i *coesivi* del testo, che saldano trama e ordito nel tessuto del discorso.

Dalla tenuta degli elementi e dei fattori di coesione dipende la compattezza dell'insieme: che sarà tanto piú comprensibile quanto piú sarà facile all'interprete («interprete» nel senso ampio di fruitore, non necessariamente giureconsulto) ricostruirne i nessi. L'operazione ricognitivo-interpretativa incontra meno difficoltà se può procedere seguendo il cammino meno tortuoso, il cui tracciato assecondi il ritmo naturale dell'andare "un passo dietro l'altro", senza scosse o salti o brusche inversioni di percorso. Non sempre, come si è visto, i passaggi regolari sono quelli la cui forma si presume in base a un'idea semplicistica della "normalità" (sintattica) nell'ordine delle parole. Perché una sintassi difettosa, viziata da un periodare che ostacoli e oscuri le connessioni tra gli enunciati, è sempre il risultato, e la spia, di una testualità difettosa.

4. *Note sull'uso di tempi e modi verbali.*

I fattori testuali condizionano, come si è visto, la disposizione e la concatenazione dei membri nel discorso; ed è in relazione alle strutture semantiche e pragmatiche dei testi legislativi che anche le eventuali riflessioni su fenomeni morfosintattici possono indirizzare a valutazioni tipologiche. La scelta dei «fatti esemplari» dipende dal loro potere caratterizzante, che qui apparirà solo nelle punte piú spiccate, lasciando però intuire su quali elementi sia possibile differenziare gruppi di testi anche all'interno della classe generale su cui verte qui la nostra attenzione.

Tra gli elementi tipologicamente rilevanti per i testi giuridici normativi un posto di prim'ordine è occupato dall'uso dei tempi verbali. Cercherò di verificarlo in un *corpus* che comprende: la *Costituzione italiana* del 1947; i quattro codici attualmente in vigore; le «350 leggi complementari» contenute nel Cd-Rom Zanichelli 2000/1; e inoltre i seguenti due testi, che serviranno come termini di confronto: la *Costituzione del Regno di Corsica* del 1794, «la prima in ordine di tempo tra quante costituzioni di stati moderni siano state pubblicate ufficialmente in lingua italiana»[59], e lo *Statuto fondamentale del Regno di Sardegna* (1848).

Le scarne osservazioni che farò sui modi appariranno come una prosecuzione grammaticale episodica, non sistematica, di alcuni spunti reperibili nelle annotazioni sulla modalità che si trovano nel § 1.2 di questo capitolo.

4.1. Tempi.

Spetta al presente indicativo il primato delle frequenze fra i tempi verbali impiegati nei testi legislativi

[59] P. FIORELLI, *Premessa* al vol. *La Costituzione del Regno di Corsica del 1794*, a cura di P. Mariani Biagini, I.D.G., Firenze 1994, p. VII.

attualmente in vigore. Ma quale tipo di presente? Deittico, anaforico, o non-deittico? La domanda può sembrare capziosa; non lo è, dal momento che dovremo distinguere tra l'uso temporale nelle frasi indipendenti e nelle subordinate per interpretare correttamente il valore dei singoli tempi verbali nella legislazione.

Prendiamo le mosse dalla "localizzazione temporale" degli eventi espressa dai tempi grammaticali. Un evento (processo, avvenimento, stato di cose) presentato in un enunciato di una lingua naturale può essere, alternativamente, anteriore, simultaneo, posteriore o al momento in cui l'enunciato viene emesso (*momento dell'enunciazione*) o al momento di altri accadimenti espressi nel testo.

Quando l'evento è "ancorato" al momento dell'enunciazione si dice che è localizzato deitticamente. Si fa dunque un uso *deittico* dei tempi verbali quando con questi si manifesta morfologicamente la simultaneità, l'anteriorità, o la posteriorità degli eventi enunciati rispetto al momento della loro enunciazione[60]. Si fa un uso *non-deittico* dei tempi verbali quando si presentano eventi (avvenimenti, processi, stati di cose, ecc.) caratterizzati da un'assoluta mancanza di "temporalità", da una fissità indipendente dal fluire del tempo.

Il riferimento temporale è *anaforico* quando si stabiliscono rapporti di anteriorità, simultaneità o posterio-

[60] Se dico: «[I] Ora *scrivo* / *sto scrivendo*; [II] *ho incominciato* poco fa, [III] e tra poco *finirò* / *avrò finito*», adopero in [I] il presente o la sua perifrasi progressiva, in [II] il perfetto composto (passato prossimo), in [III] il futuro semplice o il futuro composto per far capire che la prima delle azioni di cui parlo si svolge contemporaneamente, che la seconda si è svolta anteriormente e che la terza si svolgerà (o si sarà compiuta) posteriormente al momento in cui sto parlando, come confermano anche le espressioni avverbiali di supporto, che sono intrinsecamente deittiche. Rinvio a Vanelli 1995 per la trattazione della *deissi temporale* (pp. 283-324), cioè del fenomeno riguardante «quelle espressioni linguistiche che fanno riferimento alla posizione sull'asse temporale dei partecipanti all'atto comunicativo»; e sono: «1) avverbi deittici di tempo (ad es. *ora*, *allora*, *ieri*, *oggi*, *domani*); 2) espressioni avverbiali contenenti sintagmi nominali di tempo (ad es. *fra tre giorni*, *due settimane fa*); 3) aggettivi deittici temporali (ad es. *scorso*, *prossimo*, *questo* con termini di tempo); 4) i tempi della flessione verbale nell'uso deittico» (pp. 283-84).

rità fra gli eventi rappresentati in un testo. Le sedi "dedicate" all'uso anaforico dei tempi verbali sono le proposizioni dipendenti. Oltre alle numerose attestazioni di tale uso rilevabili negli enunciati normativi fin qui citati, propongo:

- in (63) i due perfetti composti passivi e il futuro semplice come anaforici rispetto al presente ("non-deittico") *può (limitare)* che rappresenta il "momento di riferimento" per gli avvenimenti descritti nelle subordinate;
- in (64) il perfetto del congiuntivo, localizzato temporalmente rispetto all'istante del «fatto commesso»[61];
- in (65) il presente della relativa, anaforico rispetto al tempo della reggente:

(63) Se l'immobile *è stato aggiudicato* a un creditore ipotecario o l'aggiudicatario *è stato autorizzato* ad assumersi un debito garantito da ipoteca, il giudice dell'esecuzione può limitare, con suo decreto, il versamento alla parte del prezzo occorrente per le spese e per la soddisfazione degli altri creditori che *potranno* risultare capienti. (art. 585 c.p.c.);

(64) Nessuno può essere punito se non in forza di una legge che *sia entrata* in vigore prima del fatto commesso. (art. 25 Cost.);

(65) La sovranità appartiene al popolo, che la *esercita* nelle forme e nei limiti della Costituzione. (art. 1 Cost.).

È escluso l'uso deittico dei tempi negli enunciati legislativi che esprimono prescrizioni, descrizioni (di individui, oggetti, stati di cose), condizioni necessarie, procedure, ecc., viste come svincolate dal momento dell'enunciazione in quanto hanno (*devono* avere) validità che supera l'istante in cui sono state formulate. In tali enun-

[61] Bertinetto (1997, p. 15) distingue all'interno della nozione di "momento di riferimento" (*reference time*) il «localizzatore temporale», che «indica l'intervallo – o l'istante – in cui si verifica l'evento, e che svolge dunque la precipua funzione di individuazione nel tempo dell'evento», e il «momento di riferimento propriamente detto» che indica «un istante (contestualmente saliente) in cui il risultato di un evento precedentemente compiutosi viene proposto come tuttora rilevante dal locutore» (è il caso, in italiano, dei tempi verbali composti).

ciati si trova, nella stragrande maggioranza dei casi, il presente *intemporale*, che è, per definizione, "non-deittico"[62]. Lo possiamo rintracciare nella maggior parte degli esempi che sono stati finora proposti; ne ricorderò uno appena per tre delle categorie appena citate: l'es. (6) per le prescrizioni, l'es. (12) per la formulazione di condizioni necessarie, l'es. (45) per le procedure.

Un caso particolare di presente deittico[63] si trova nelle norme dette «costitutive o dispositive»[64], ove l'evento enunciato si attua nel momento stesso della sua enunciazione (in forza del carattere "thetico" di quest'ultima, che realizza con l'atto anche l'effetto della norma). Ripropongo l'es. *b*) di p. 60:

(66) L'ordinamento giuridico *si conforma* alle norme del diritto internazionale generalmente riconosciute. (art. 10 Cost.).

Alla duplice capacità operativa di queste enunciazioni si può far corrispondere, sul piano grammaticale, l'esistenza di un doppio presente deittico: quello esplicito (*si conforma*) e quello del performativo implicito formulabile come: «con la presente norma *si dispone* (*si stabilisce*, ecc.) che...» Se l'ipotesi fosse accettabile, potremmo aggiungere alle forme di deitticità il caso della "doppia deitticità" connessa all'uso del presente nelle enunciazioni "thetiche".

È deittico il presente che si trova nei decreti di approvazione dei codici:

[62] Seguo l'impostazione di Bertinetto (1986 e 1991), che distingue, all'interno degli usi non-deittici, il presente «intemporale» (in definizioni e asserzioni scientifiche; sommari di una narrazione, didascalie, commenti, istruzioni per l'uso, ecc.; affermazioni a cui viene attribuita validità generale; racconti onirici e fantastici) e il presente «onnitemporale» (affermazioni di carattere geografico, descrizioni di ambienti, riferimenti ad affermazioni altrui viste «non nell'atto contingente dell'affermare, ma nel loro valore permanente», Bertinetto 1991, p. 65).

[63] Gli usi deittici del presente, «che indicano simultaneità rispetto al momento dell'enunciazione» comprendono: il presente «di attualità»; il presente «immediato o riportivo» (ad es., nelle cronache in diretta); il presente «abituale»; il presente usato nelle frasi performative, cioè in affermazioni «aventi efficacia immediata» (ivi).

[64] Cfr. Carcaterra ([1990] 1994), qui citato al § 1.

(67) Il Presidente della Repubblica *emana* il seguente decreto [...] (d.p.r. 22/9/1988, n. 447);

(68) Vittorio Emanuele III [...] abbiamo decretato e *decretiamo* [...] (r.d. 19/10/1930, n. 1398; r.d. 28/10/1940, n. 1443; r.d. 16/3/1942, n. 262).

Si noti che in (68) anche il perfetto composto (*abbiamo decretato*) è deittico, mentre è anaforico in tutte le altre sue occorrenze nei testi di legge fin qui esaminati.

Esempi di uso deittico del futuro si trovano nelle *Disposizioni transitorie e finali* della Costituzione del '47:

(69) L'Assemblea Costituente *sarà convocata* dal suo Presidente per deliberare, entro il 31 gennaio 1948, sulla legge per la elezione del Senato della Repubblica [...] (art. XVII.1);

(70) La Costituzione, munita del sigillo dello Stato, *sarà inserita* nella Raccolta ufficiale delle leggi e dei decreti della Repubblica. (art. XVIII.3);

(71) La Costituzione *dovrà essere* fedelmente *osservata* come Legge fondamentale della Repubblica da tutti i cittadini e dagli organi dello Stato. (art. XVIII.4);

e nei decreti di approvazione dei codici, in formule pressoché identiche nei piú datati (penale, civile e di procedura civile): «Un esemplare [...] *servirà* di originale e *sarà depositato* e custodito nell'Archivio del Regno»; mentre nel codice di procedura penale del 1988 il futuro appare nell'ultimo comma («Il presente decreto, munito del sigillo dello Stato, *sarà inserito* nella Raccolta ufficiale degli atti normativi della Repubblica italiana»: art. 2.2 d.p.r. 22/9/1988, n. 447), che, per evidenti ragioni è simile a quello qui citato nell'es. (70).

Nei quattro codici attualmente in vigore non hanno luogo nelle proposizioni indipendenti (e nelle loro coordinate) altri tempi verbali se non il presente indicativo e il futuro semplice. La preminenza del presente indicativo è schiacciante. Come si rileva dal computo delle presenze del futuro nei codici vigenti (escludendo i decreti di approvazione, le disposizioni per l'attuazione e le disposizioni transitorie), qui elencati in ordine cronologico[65]:

[65] Per stabilire la frequenza relativa dei dati nei singoli testi bisogna tenere conto dell'ampiezza di ciascuno, misurata non sul numero degli artico-

1. *Codice penale* (1930): 2 occorrenze di futuro (piú altre sei in articoli abrogati: dal 531 al 536) e sempre in frasi subordinate;
2. *Codice di procedura civile* (1940): 18 occorrenze, di cui 4 in principali (piú una nell'abrogato art. 678);
3. *Codice civile* (1942): 23 occorrenze, delle quali solo 3 in proposizioni principali;
4. *Codice di procedura penale* (1988): 32 occorrenze di futuro, e sempre in subordinate.

Do qui di seguito una rassegna delle presenze (7 in tutto) del futuro in frasi principali e in coordinate a queste, nei testi del codice di procedura civile e del codice civile:

(72) In tal caso le prove acquisite durante lo stato di rito speciale *avranno* l'efficacia consentita dalle norme ordinarie. (art. 427 c.p.c.);

(73) Qualora ricorra l'ipotesi prevista nel terzo comma dell'art. 525, e non siano intervenuti creditori fino alla presentazione del ricorso, il giudice dell'esecuzione *provvederà* con decreto per l'assegnazione o la vendita; altrimenti *provvederà* a norma dei commi precedenti, ma *saranno sentiti* soltanto i creditori intervenuti nel termine previsto dal terzo comma dell'art. 525. (art. 530 c.p.c.);

(74) L'estensione della minima unità colturale *sarà determinata* distintamente per zone [...] (art. 847 c.c.);

(75) Fuori del caso previsto dall'art. 1785*bis*, il cliente non *potrà* valersi delle precedenti disposizioni se [...] denunci il fatto all'albergatore con ritardo ingiustificato. (art. 1785*ter* c.c.);

(76) [...] se non vi sia obbligo di redigere il bilancio consolidato, al valore corrispondente alla frazione di patrimonio netto risultante dall'ultimo bilancio dell'impresa partecipata, la differenza *dovrà* essere motivata nella nota integrativa; (art. 2426 c.c.).

li, che sono di lunghezza variabile, ma sul numero delle forme e delle loro occorrenze. Nella seguente lista, che la cortese disponibilità di Paola Mariani Biagini ha approntato sulla base di dati dell'I.D.G., le forme comprendono solo le parole, mentre le occorrenze comprendono anche i numeri presenti nei testi:
- codice penale: totale forme 3966; totale occorrenze 58 726;
- codice di procedura civile: totale forme 3944; totale occorrenze 58 697;
- codice civile: totale forme 7964; totale occorrenze 190 633;
- codice di procedura penale: totale forme 4250; totale occorrenze 86 596.

Si tratta sempre del futuro deontico detto dai grammatici *iussivo* (che rientra fra gli usi temporali "non-deittici"). La scelta di questo tempo, in (73) per la prima occorrenza della forma *provvederà*, come anche in (75) e (76), è determinata dalla posizione in apodosi rispetto a tipi di protasi ove il congiuntivo («qualora *ricorra* ... e non *siano*»; «se ... *denunci*»; «che *risultino*»; «se non *vi sia*») modalizza come eventuali le circostanze enunciate. In tale posizione il futuro è in concorrenza con il presente del complesso verbale "*dovere* + infinito", attestato da un esempio come il seguente:

(77) Qualora la vendita senza incanto non avvenga nel termine di un mese dal provvedimento di autorizzazione, il commissionario, salvo che il termine sia prorogato su istanza di tutti i creditori intervenuti, *deve* riconsegnare i beni, affinché siano venduti all'incanto. (art. 533 c.p.c.).

Nella Costituzione del 1947 le uniche occorrenze di futuro si trovano nelle *Disposizioni transitorie e finali*, di cui abbiamo già visto esempi.

Nei trattati internazionali le occorrenze di futuro iussivo sono percentualmente piú numerose che nei codici attualmente in vigore. Lo si può verificare nei testi delle «leggi complementari» comprese nel Cd-Rom Zanichelli 2000/1. Forme di futuro sono abbastanza frequenti specialmente nelle leggi di piú antica data: ad esempio, nei 206 articoli della legge 22 aprile 1941, n. 633 sulla protezione del diritto d'autore, si contano ben 12 occorrenze di forme del futuro semplice in frasi principali e 8 in frasi subordinate.

Nella legislazione piú recente si tende a sostituire il futuro "non-deittico" col presente, come rivelano le sostituzioni segnalate nei due esempi seguenti:

(78) MODIFICHE AL REGIO DECRETO 14 LUGLIO 1898, N. 404, IN TEMA DI REPRESSIONE DELL'ABIGEATO E DEL PASCOLO ABUSIVO IN SARDEGNA. Il regio decreto 14 luglio 1898, n. 404 è cosí modificato:

a) nell'articolo 15 le parole «*saranno puniti* ai sensi dell'articolo 434 del codice penale» sono sostituite dalle seguenti: «*sono puniti* con la sanzione amministrativa pecuniaria da lire duecentomila a un milione duecentomila». (art. 60.1 d.lg. 30/12/1999, n. 507);

(79) MODIFICHE AL REGIO DECRETO 11 LUGLIO 1913, N. 959, RECANTE IL TESTO UNICO DELLE DISPOSIZIONI SULLA NAVIGAZIONE INTERNA E SULLA FLUITAZIONE. Il regio decreto 11 luglio 1913, n. 959 è cosí modificato:

a) nel primo comma dell'articolo 54 le parole «*saranno punite* con l'arresto non superiore nel massimo a cinque giorni, e con ammende che potranno estendersi fino a lire quattrocentomila» sono sostituite dalle seguenti: «*sono punite* con la sanzione amministrativa pecuniaria da lire trecentomila a un milione ottocentomila». (art. 63.1 d.lg. 30/12/1999, n. 507).

Nei testi legislativi anteriori le occorrenze del futuro iussivo si infittiscono, piú si risale indietro nel tempo[66], pur restando minoritarie rispetto a quelle del presente indicativo. Ad esempio, negli 84 articoli (per un totale di 105 commi) dello *Statuto fondamentale del Regno di Sardegna* si contano (sempre nelle frasi indipendenti e nelle loro coordinate) 26 forme verbali al futuro e 115 al presente. Se si calcola che una buona fetta delle forme al futuro può essere volta al presente, si intuisce che questo è l'uso del futuro su cui si è esercitata la riduzione a vantaggio del presente nei testi posteriori.

Nella *Costituzione del Regno di Corsica del 1794* le occorrenze del futuro sono 76 (per 23 forme), di cui 66 (per 10 forme) in principali o coordinate; solo 10 occorrenze in subordinate. La frequenza del futuro è di pochissimo inferiore a quella del presente indicativo, di cui si contano 79 occorrenze (48 in principali; 31 in subordinate). Se si confrontano le presenze nelle frasi indipendenti, si vede che il futuro supera di ben 22 punti il presente.

Per tornare al Novecento, agli anni dal 1930 in poi, lo "stile dei codici" manifesta la tendenza a mettere al presente indicativo i predicati delle proposizioni normative formulate come frasi indipendenti. Meno osservata, anche se sancita in documenti ufficiali[67], è la decisione di

[66] La consultazione dell'I.L.L.I. fornisce dati precisi in proposito.

[67] Cfr. l'opuscolo redatto a cura della Segreteria generale della Camera dei deputati (1986) *Formulazione tecnica dei testi legislativi*, che, oltre a "raccomandare" (l'opuscolo è diviso in due parti: «Regole» e «Raccomandazioni»): «nella formulazione dei precetti va curata la massima uniformità nell'uso dei

evitare il piú possibile l'uso delle forme del verbo *dovere* per realizzare la modalità deontica dell'obbligo, che dovrebbe essere affidata al presente indicativo e interpretata in relazione al contesto.

4.2. Modi.

Per quanto riguarda l'uso dei modi grammaticali del verbo nella legislazione, le principali osservazioni pertinenti a fini tipologici vertono piú sulle assenze che sulle presenze dei valori semantici che caratterizzano i modi verbali nella norma linguistica dell'italiano.

Assente il *congiuntivo* in frasi indipendenti: il che significa che non si trovano nei testi legislativi frasi interrogative dirette dubitative, frasi principali ottative, esortative, permissive. Nelle subordinate il congiuntivo o è "grammaticalizzato" (in quanto determinato automaticamente dalla presenza di altri elementi cotestuali), cioè è richiesto dalla reggenza del verbo da cui la frase dipende, come in (80) e (81); o è portatore di modalità svariate[68], come in (82) e (83):

(80) La legge può stabilire, con norme di carattere generale, che *siano resi* noti i mezzi di finanziamento della stampa periodica. (art. 21 Cost.);

(81) È condizione per la registrazione che gli statuti dei sindacati *sanciscano* un ordinamento interno a base democratica. (art. 39 Cost.);

(82) In tali casi, quando *vi sia* assoluta urgenza e non *sia possibile* il tempestivo intervento dell'autorità giudiziaria, il sequestro della stampa periodica può essere eseguito da ufficiali di polizia giudiziaria [...] (art. 21 Cost.);

modi verbali, *la regola essendo costituita dall'indicativo presente* [corsivo mio], escludendo sia il modo congiuntivo sia il tempo futuro», aggiunge: «Va scoraggiato l'uso del verbo servile diretto a sottolineare l'imperatività della norma ("deve", "ha l'obbligo di", "è tenuto a")». Cfr. pure Scotti 1986. Le nozioni qui citate sono ribadite in *Regole e Suggerimenti* [1992] 1993, p. 37, ai punti 3 e 4: «Nella formulazione dei precetti usare, di regola, i verbi al tempo presente e al modo indicativo. / Limitare l'uso dei verbi servili, quali *dovere* o *potere*, ai casi in cui possa insorgere dubbio sul carattere permissivo o imperativo della disposizione».

[68] Per i necessari approfondimenti: Wandruszka 1991 in relazione alla lingua italiana; Bybee/Fleishman 1995 per una trattazione della modalità nel quadro della linguistica generale.

(83) La Repubblica riconosce a tutti i cittadini il diritto al lavoro e promuove le condizioni che *rendano* effettivo questo diritto. (art. 4 Cost.).

In ogni caso, l'uso del congiuntivo nelle subordinate, nei testi legislativi, non si discosta dai valori che lo caratterizzano in ogni altro discorso (scritto) caratterizzato da un alto grado di formalità.

L'*indicativo*, che domina incontrastato nelle proposizioni principali (coi tempi presente e futuro semplice) ha alte frequenze anche nelle subordinate: in relative (in una campionatura limitata ai primi 54 articoli della Costituzione si registrano 29 relative: 19 all'indicativo contro 10 al congiuntivo), causali, concessive (nettamente prevalenti nella parte del *corpus* esaminata[69], rispetto a quelle al congiuntivo), condizionali (ma in concorrenza con il congiuntivo; la presenza dell'uno o dell'altro dipende dalla scelta del connettivo condizionale[70]), temporali (numericamente prevalenti su quelle che, al congiuntivo, cumulano il valore modale dell'eventualità).

Il modo *condizionale*, nei quattro codici vigenti, fa registrare le seguenti occorrenze: 17 nei 734 articoli del codice penale; 13 negli 840 articoli del codice di procedura civile; 88 nei 2969 articoli del codice civile; 26 nei 746 articoli del codice di procedura penale. Le frequenze piú alte appartengono alle forme di condizionale che esprimono, sempre in frasi dipendenti, conseguenze di condizioni implicite, del tipo:

(84) Prima dell'esercizio dell'azione penale provvede il giudice per le indagini preliminari. Se sono stati pronunciati sentenza o decreto di condanna, decide il giudice che *sarebbe* competente sulla impugnazione o sulla opposizione. (art. 175.4 c.p.p.);

(85) Contro il decreto di sequestro emesso dal giudice l'imputato e il suo difensore, la persona alla quale le cose sono state sequestrate e quella che *avrebbe diritto* alla loro restituzione possono proporre richiesta di riesame [...] (art. 322.1 c.p.p.);

[69] Per questi rilevamenti il *corpus* comprende il contenuto del dischetto allegato al vol. *Codici e leggi per l'udienza penale*, Zanichelli, Bologna 2000: «4 codici e 350 leggi complementari».

[70] Sui connettivi condizionali rinvio all'ampio studio specialistico di Visconti (2000).

oppure asserzioni controfattuali, come in (86), o relative a evenienze date come impossibili, come in (87):

(86) Il verbale contiene la menzione del luogo, dell'anno, del mese, del giorno e, quando occorre, dell'ora in cui è cominciato e chiuso, le generalità delle persone intervenute, l'indicazione delle cause, se conosciute, della mancata presenza di coloro che *sarebbero dovuti intervenire* [...] (art. 136.1 c.p.p.);

(87) [...] concedendo la proroga per il tempo indispensabile all'assunzione della prova quando risulta che la richiesta di incidente probatorio *non avrebbe potuto essere formulata* anteriormente. (art. 393.2*bis* c.p.p.).

Eccezionale il caso di ipotesi formulate come conseguenti a premesse date (e dunque come una sorta di apodosi). Il che giustifica il condizionale introdotto da *qualora*, nell'es. (88), dove la premessa «se si verificassero le medesime circostanze» è "condensata" nel sintagma preposizionale *nelle medesime circostanze*:

(88) La somma ricavata dall'esecuzione della pena pecuniaria è versata alla cassa delle ammende; è invece versata allo Stato di condanna, a sua richiesta, qualora quest'ultimo Stato nelle medesime circostanze *provvederebbe* al versamento a favore dello Stato italiano. (art. 740.1 c.p.p.).

Altrettanto raro (due sole occorrenze, salvo errori di computo, nel codice di procedura penale) il condizionale nell'apodosi di un periodo ipotetico dipendente con protasi esplicita:

(89) L'esecuzione della richiesta di indagini o sequestro è negata: *a*) se gli atti richiesti sono contrari a principi dell'ordinamento giuridico dello Stato, o sono vietati dalla legge, ovvero se si tratta di atti che *non sarebbero consentiti* qualora si procedesse nello Stato per gli stessi fatti [...] (art. 737*bis*.3 c.p.p.).

(90) [...] la sentenza straniera non può essere riconosciuta ai fini dell'esecuzione di una confisca se questa ha per oggetto beni la cui confisca *non sarebbe possibile* secondo la legge italiana qualora per lo stesso fatto si procedesse nello Stato. (art. 733.1*bis* c.p.p.).

Ho limitato l'esemplificazione al codice di stesura piú recente, perché mi è parso sufficientemente rappresentativo dell'uso tipico nei quattro codici, a conferma della sostanziale omogeneità di schemi sintattici perduranti nel tempo. L'assenza del condizionale nelle proposizioni indipendenti e nelle apodosi di periodi ipotetici, conforme alla costitutiva imperatività delle norme giuridiche, è uno dei tratti caratterizzanti del tipo di discorso legislativo attuato nei codici e nelle moderne costituzioni.

5. *Rassegna delle assenze*.

Le assenze di classi di parole e di forme, quando sono sistematiche, sono qualificanti al pari delle presenze, dal punto di vista tipologico. Ne abbiamo già avuto qualche prova dalla riduzione dell'uso di tempi e modi verbali nelle proposizioni sintatticamente indipendenti degli enunciati normativi. Altre vistose caselle vuote si registrano nelle attuazioni della categoria grammaticale di persona, in pronomi, aggettivi e verbi, legate al piú generale fenomeno della deissi – personale, spaziale, temporale – il cui dominio è fortemente limitato nel modello prototipico del discorso legislativo.

Mi attengo, per l'esemplificazione, al *corpus* già indicato. Assenti le forme verbali, pronominali e aggettivali di seconda persona, singolare e plurale, e di prima persona singolare, con una sola eccezione di antica data: il pronome *io* (con la relativa forma obliqua *me* e, ovviamente, con il corredo del possessivo e delle forme verbali di prima persona) compare infatti tre volte nella *Costituzione del Regno di Corsica del 1794*: nel testo (ripetuto per due volte) del *Giuramento* dell'Assemblea generale (titolo XII, art. III) e del suo presidente (in calce alla Costituzione); e nella formula, piú ampia, sottoscritta dal ministro plenipotenziario della Corona britannica (titolo XII, art. IV).

Forme della prima persona plurale (del pronome *noi*, dell'aggettivo possessivo *nostro* e di verbi – forme, tutte, di *plurale maiestatis*) si trovano nei regi decreti di approvazione dei codici, civile, penale e di procedura civile («Sulla proposta del *Nostro* Guardasigilli [...] *abbiamo decretato* e *decretiamo* / d'ordine *Nostro*[71] / firmato da *Noi* e contrassegnato dal *Nostro* Ministro»). Le manifestazioni esplicite della prima persona, le cui designazioni linguistiche sono intrinsecamente deittiche, si accompagnano in queste sezioni all'uso deittico dei tempi verbali, come si è notato in 4.1. Quelle che qui rileviamo come presenze sporadiche nel *corpus* esaminato sono solo elementi di cornice, a cui si aggiungono le formule che chiudono la *Costituzione del Regno di Corsica* e lo Statuto albertino. In quest'ultimo, inoltre, l'art. 1 è preceduto da una sorta di allocuzione in prima persona (plurale) del re ai sudditi, che arricchirebbe sensibilmente il computo (superfluo, a questo punto) delle forme pronominali, aggettivali e verbali in questione.

Eccezionale, e suggerita presumibilmente dall'intento di evitare una ripetizione, è l'apparizione di *nostro* in una legge del 1990, dove lo spostamento del punto di vista, dalla costituzionale impersonalità del dettato legislativo all'involontario, e sia pure poco percettibile, coinvolgimento personale è una vera e propria discrasia testuale:

(91) La trasformazione o l'adattamento di mezzi e materiali per uso civile forniti dal *nostro* Paese o di proprietà del committente, sia in Italia sia all'estero, che comportino, per l'intervento di imprese italiane, variazioni operative a fini bellici del mezzo o del materiale, sono autorizzati secondo le disposizioni della presente legge. (art. 2.7 L. 9/71990, n. 185).

Altra assenza significativa è quella dei deittici di tempo (o "cronodeittici": *ieri*, *oggi*, *domani*...) e di luogo (o "topodeittici": *qua*, *lí*, *là*...) Per l'avverbio *qui*[72] bisogna rilevare alcune particolarità importanti:

[71] Il sintagma *d'ordine Nostro* appare anche nell'art. 1 del r.d. 28/3/1929, n. 499 (*Disposizioni relative ai libri fondiari nei territori delle nuove province*).

[72] Nell'I.L.L.I. *qua* ha 22 occorrenze (l'ultima delle quali, in ordine di tempo, si trova nel proclama della *Carta del Carnaro* (1920) e la penultima nella *Costituzione politica del Regno delle Due Sicilie* (1820); *qui* ne ha 104 nella forma grafica non accentata, e 69 nella variante con l'accento. I due testi piú recenti in cui si trova l'avverbio *qui* sono: la *Carta del Carnaro*, con 4 occorrenze, e la *Costituzione di Malta* (1921), con 9 occorrenze.

a) non compare nei codici vigenti come deittico di luogo[73];

b) è usato come deittico di tempo in tre dei documenti appartenenti al nostro *corpus*: nello *Statuto fondamentale del Regno di Sardegna* (1848), *Disposizioni transitorie*, art. 82, dove si legge: «secondo i modi e le forme *sin qui* seguite»; nella legge 20/3/1865, n. 2248, all. E, art. 12, ove si parla di «leggi speciali e diverse da quelle *fin qui* esercitate dai giudici ordinari»; e nella legge 24/10/1977, n. 801, art. 10: «personale dei servizi *fin qui* esistenti presso i Ministeri della difesa e dell'interno». Sulla stessa linea si colloca l'uso di *quindi* esclusivamente con significato temporale (= «poi/successivamente, ecc.»), nei quattro codici[74];

c) in 13 occorrenze *qui*, unito ad altre determinazioni avverbiali, compare in quel tipo di riferimento noto come "deissi testuale"[75]. Eccone l'elenco:

[73] Nell'art. 4 c.p.c., abrogato dal 1° settembre 1995, troviamo scritto: «Lo straniero può essere convenuto davanti ai giudici della Repubblica: [...] se *quivi* è residente», dove *quivi* ha valore anaforico, non deittico. Lo stesso valore anaforico ha *quivi* nell'art. 44 del Trattato che istituisce la C.E. («i lavoratori [...] occupati nel territorio di un altro Stato membro possano *quivi* rimanere») e nell'art. 31 della legge 10/2/1992 («le decisioni rese in uno Stato contraente e *quivi* esecutive»).

[74] Lo spoglio dei quattro codici vigenti (del quale sono debitrice alla cortesia di Paola Mariani Biagini) ha dato i seguenti risultati: nessuna occorrenza di *quindi* in c.p.; 21 occorrenze in c.p.c. (artt. 238.1; 251.2; 276.2; 276.3; 276.4; 276.5; 281*quinquies*.1; 294.2; 303.1; 379.3; 524.1; 569.4; 587.1; 606; 724; 728.3; 736.3; 791.3; 794; 823.1; 837); 4 in c.c. (artt. 192; 514; 556; 1960); 10 in c.p.p. (artt. 65.2; 146.2; 214.1; 226.2; 391.3; 497.2; 503.2; 533.2; 566.3; 614.3), e mai come "connettivo di causalità" col valore consequenziale (cfr. *infra*, § 6) che ha in 3 delle 71 occorrenze calcolate nella rimanente parte del nostro *corpus*.

[75] La deissi testuale è definita da M.-E. Conte (1999, p. 17) come «quella forma di deissi con la quale un parlante fa, nel discorso, riferimento al discorso stesso, al discorso in atto, ossia a parti (a segmenti o momenti) dell'*ongoing discourse*», nella forma tipica mediante espressioni di tempo e di luogo (ad es.: «*d'ora in poi* il presente discorso verterà su...»; «*qui di seguito* tratteremo...»; «*nel precedente paragrafo* si è esaminato, ecc.»); ma la funzione deittica testuale («logodeittica» nella terminologia di M.-E. Conte) può essere esercitata anche dai tempi verbali (es.: «*verterà* / *tratteremo* / *si è esaminato*...»). La deissi testuale ha carattere "metatestuale": «verte sul testo

- se l'originale [...] porti la clausola «*da qui* la girata non vale che sulla copia» (art. 87 r.d. 14/12/1933, n. 1669);
- una delle forme *qui sotto* specificate (art. 34 Trattato che istituisce la C.E.);
- *qui di seguito* chiamati «paesi e territori» (art. 182 Trattato che istituisce la C.E.);
- *qui di seguito* denominate «disposizioni imperative» (art. 3.3 *Convenzione sulla legge applicabile alle obbligazioni contrattuali*, G.U. C.E. 9/10/1980, n. 1. 266);
- *qui di seguito* denominato «Stato di origine» (art. 2 L. 10/6/1985, n. 301);
- *qui di seguito* denominata [4 occorrenze][76] / denominato [3 occorrenze] / denominati [1 occorrenza] (L. 26/7/1993, n. 302).

Il carattere metatestuale delle espressioni «logodeittiche» fa sí che queste non alterino l'impersonalità della scrittura legislativa, come invece la altererebbero i «testimoni» linguistici della «soggettività nel linguaggio»[77]: quelli che manifestano le coordinate dell'enunciazione (*ego-hic-nunc*), rimandando direttamente a una "situazione di discorso", ove corrispettiva alla designazione del soggetto enunciante è la designazione dell'interlocutore (l'altro essenziale "attore della comunicazione"), e «il tempo in cui si parla» indica «il tempo in cui si è» (Benveniste [1958] 1971, p. 315), e su questo si determina il «dove». Il prevalere incontrastato della terza persona (la «non-persona», come ebbe a definirla Benveniste) orienta su questa, obiettivandole, anche le espressioni linguistiche del tempo e dello spazio.

Non rappresentato nel campione di testi dell'attuale legislazione compresi nel nostro *corpus*, e assai ristretto in altri *corpora* giuridici, è il settore che conta, fra gli indicatori della «causalità testuale» (di cui tratterò fra poco), i connettivi *poiché*, *giacché*, *siccome*, *dal momento che*, *dato che*, *atteso che*, *posto che*, *infatti*.

stesso; essa orienta il destinatario nel percorso del testo, lo istruisce ad istituire collegamenti intratestuali» (M.-E. Conte 1999, p. 17).

[76] Con la variante (di posizione): «denominata qui di seguito» (Parte I, cap. 1, art. 1.2).

[77] Cfr. Benveniste [1958] 1971.

Per ragioni ovvie è annullato il dominio dell'emotività: assenti le forme nominali alterate (diminutivi, accrescitivi, ecc.) che non siano grammaticalizzate, e tra i focalizzatori *addirittura*, *persino/perfino*, *appunto*[78]; assenti i prodotti e le spie della cosiddetta funzione emotiva (o espressiva) del linguaggio, tipici testimoni dell'orientamento sul soggetto, come esclamazioni e interiezioni, espressioni di saluto, avverbi valutativi (o "di giudizio") come *purtroppo*, *malauguratamente*, *fortunatamente*. Assenti, fra le cosiddette "congiunzioni testuali"[79], quelle che mettono in relazione porzioni di testo mediante una serie di passaggi logici lasciati impliciti, essenziali per la comprensione del discorso. Esempi tipici, il *ma* incipitario (in apertura di frase dopo pausa forte, o di periodo, o di discorso); *benché*, in frase con il predicato al modo condizionale; e gli altri connettivi di cui Francesco Sabatini, in varie occasioni (cfr. almeno Sabatini 1997) ha messo in luce la funzione "testuale", osservando, in prospettiva tipologica, come tali usi non si addicano «ai discorsi che richiedono massima esplicitezza e completezza di passaggi logici» e perciò siano "proibiti" «nei testi normativi piú formali, come le leggi e i regolamenti ufficiali, e nei testi di dimostrazione rigorosamente scientifica» (DISC, *Guida*, p. 28).

Non hanno cittadinanza legislativa neppure le inter-

[78] Sui focalizzatori cfr. almeno Ricca 1999 e Andorno 2000. Hanno le occorrenze piú basse, tra i focalizzatori attestati nel nostro *corpus*: *precisamente* (1 occorrenza, in art. 65.1 d.p.r. 9/10/1990, n. 309); *soprattutto* (2 occorrenze, rispettivamente in: art. 163.2 Trattato che istituisce la C.E. e art. 12.2 d.lg. 31/3/1998, n. 114); *principalmente* (6 occorrenze, rispettivamente in: art. 9 d.lg. 14/12/1947, n. 1577; art. 175.2 Trattato che istituisce la C.E.; art. 15 L. 26/7/1975, n. 354; art. 11.1 d.p.r. 24/5/1988, n. 224; art. 1.2 d.p.r. 10/4/1990, n. 101; art. 6.3 d.lg. 31/3/1998, n. 114).

[79] Sono le congiunzioni «non integrate» sintatticamente secondo i rapporti di subordinazione o di coordinazione che esse istituiscono quando invece sono «integrate» (cfr. Ferrari 1999, p. 135 e *passim*). Il segnale esterno della non-integrazione di una congiunzione coordinativa come *ma* e di una subordinativa come *perché* è la presenza di segni di interpunzione "forti" (come il punto fermo, o il punto e virgola, o il punto interrogativo) che precedono la «congiunzione testuale». Questa categoria, proposta da F. Sabatini, è entrata sistematicamente nel *Dizionario Italiano Sabatini Coletti* (DISC 1997).

rogative dirette, sia come domande retoriche, sia come forme di interazione comunicativa, cosí come è escluso il discorso diretto, tranne che nelle citazioni di formule (di giuramento, di sottoscrizione, ecc.).

Ciò che rende possibili e caratterizza i fenomeni di cui si sono rilevate le assenze o le rare presenze è la fissità del punto di vista. È costante l'orientamento sull'oggetto del discorso: domina incontrastata la funzione linguistica denominata da Karl Bühler *Darstellungsfunktion* («funzione di rappresentazione») e, da Roman Jakobson in poi, «funzione referenziale».

Se estendessimo il discorso al piano tematico il numero delle possibili esclusioni aumenterebbe in misura difficilmente controllabile. Ma per questo possiamo giovarci dei raggruppamenti e delle osservazioni che Fiorelli (1997b, pp. 975-93) propone trattando delle «classi di parole evitate da leggi e giurisprudenza». Il *corpus* è quello dell'I.L.L.I., enormemente piú ampio di quello da me preso in esame, che però è incluso solo parzialmente nel dominio dell'I.L.L.I., in quanto fuoriesce dai limiti cronologici di quest'ultimo. Oltre ai fatti già qui sommariamente indicati, troviamo illustrati da Fiorelli, e confrontati con i dati contenuti in altri cinque *corpora*, fatti fonetici e grafici, forme di tutti i tempi verbali, nomi propri, forme diminutive ed enfatiche, parole «poetiche», avverbi; e poi interi campi semantici incompatibili con le tematiche giuridiche.

6. *Schemi retorici*.

Parlare di "retorica" per un discorso asettico come è, o ci si aspetta che sia, quello dei testi legislativi può sembrare improprio: ingenuo o provocatorio. Lo sarebbe, se fosse vero che la retorica sia riducibile, come disciplina, allo studio e alla classificazione di artifici letterari o comunque appartenenti a discorsi "ad effetto". E sia assimilabile, come maniera di esprimersi, all'esibizione di quegli artifici; nei casi peggiori, a una vuotaggine tronfia, effetto di insincerità e di un culto esasperato delle forme: dell'esteriorità, dunque, a scapito della sostanza concettuale. *Idées reçues*, *tópoi* o "luoghi" che, per essere "comuni", non per questo godono di minore rispetto; anzi, proprio perché sono comunemente accettati sembrano inattaccabili.

Non voglio ripetere cose note, voglio solo mettere in guardia dalle indebite limitazioni a cui è stato sottoposto, nell'opinione dei piú, un ambito disciplinare e concettuale di proporzioni ben piú grandi e di impostazione molto differenziata. E richiamare, programmaticamente, l'attenzione sulla vastità del dominio retorico (piú modestamente, sulla varietà delle accezioni attribuite al termine *retorica* e ai suoi derivati), prima di accingermi a riportare a un quadro concettuale unitario sia fenomeni linguistici già toccati in alcuni dei loro aspetti sintattici e testuali, sia i fenomeni di cui mi occuperò ora. Gli uni e gli altri interessano l'operazione retorica classicamente denominata *dispositio*. I Greci, che dell'arte retorica sono stati gli inventori e ne vantano il teorico insuperato, Aristotele, avevano dato alla «disposizione della materia» il nome di *oikonomía*: derivato di *oikonómos*, composto da *oikos* «casa, abitazione» e *nómos*, da *némein* «ripartire, distribuire secondo una regola». *Nómos* («ciò che è assegnato a ciascuno / che è consuetudine») è «la legge» (prescrizione, regola, diritto). *Oikonómos* è l'amministratore (o l'amministratrice) della casa e, in genere, chi ha cariche amministrative. Risultato della "amministrazione" di beni quali sono il ragionamento e la sua espressione, orale e scritta, è la *taxis* «l'ordine» (lat. *ordo*) del discorso. Greci e Latini ammonivano che l'*oikonomía* (del discorso) o *dispositio*, benché classificata e trattata come la seconda delle operazioni retoriche, era inseparabile, in realtà, da ognuna delle altre, con le quali naturalmente coesisteva[80]: con

[80] Cfr. Lausberg 1969 e, specialmente, 1973².

l'*inventio* «ricerca e ritrovamento degli argomenti» (e dunque con il suo presupposto, che è l'*intellectio*), con l'*elocutio* «modo di esprimersi»; e anche con le doti specifiche dell'oratore (analizzate nelle corrispondenti "parti" o operazioni dell'arte del dire): la *memoria*, il «ritenere a mente», e la *pronuntiatio/actio*, il «modo di porgere: di "recitare" e di gestire». È ovvio che rientrino nel dominio della *dispositio* sia i dispositivi formali analizzati come le divisioni e suddivisioni dei testi, e quindi la punteggiatura, sia l'ordine delle parole negli enunciati e degli enunciati in unità testuali piú ampie.

Fra grammatica e retorica gli steccati, se pure qualcuno li ha innalzati, non sono mai stati invalicabili[81]; e gli occasionali prelievi, fatti con chiara consapevolezza delle rispettive competenze, sono stati fruttuosi[82]. Fruttuosi anche i passaggi, là dove le competenze di struttura grammaticale erano essenziali per valutare la tenuta testuale dei fatti in esame. Il che ha consigliato di documentarci su fatti morfosintattici (tempi e modi verbali) per le loro implicazioni semantiche e pragmatiche. Ne sono derivati agganci tipologici per le "caselle vuote" reperibili nella lingua dei testi giuridici normativi per

[81] Opponendosi alla concezione secondo la quale «i fatti retorici configurano una "grammatica secondaria" rispetto alla "grammatica primaria" della lingua», Caffi (1999) propone, per lo studio di «aspetti stilistici delle produzioni discorsive» analizzabili secondo la nozione retorico-pragmatica di *mitigazione*, una «articolazione senza fratture [...] fra fatti grammaticali, semantici pragmatici e psicologici ai quali inerisce la retoricità». La proposta ha le carte in regola per essere estesa ad altri fatti discorsivi.

[82] Nella vita piú che bimillenaria delle due discipline si è trattato semmai di stabilire quale delle due potesse inglobare l'altra. Dalla sua, la retorica aveva la tradizione scolastica antica, tardoantica e medioevale: la grammatica per i fanciulli e per gli studi elementari, la retorica per i provetti e per gli studi superiori. La conoscenza e il possesso della prima come presupposto per lo studio e la pratica della seconda. Tale assegnazione di ruoli ha avuto la sistemazione piú duratura nella *ratio studiorum* gesuitica. Nella manualistica grammaticale per le scuole, anche dopo che fu abolito, in Italia, l'insegnamento della retorica, le «nozioni di retorica» (di dottrina dell'argomentazione e di stilistica letteraria) erano presentate come complemento della materia principale, la grammatica, appunto.

quanto attiene all'uso sia dei verbi sia degli appartenenti ad altre categorie grammaticali.

Vorrei ora puntare l'obiettivo su fenomeni retorici che possiamo chiamare, in generale, "strategie di connessione". A queste appartengono le sottolineature dei passaggi tra le frasi e dei rapporti consequenziali all'interno degli articoli e dei commi piú ampi. Le strategie della connessione mostrano che i legami sintattici si chiariscono non soltanto nel senso che è ovvio per la grammatica della frase (legami di coordinazione e di subordinazione), ma soprattutto per la posizione occupata dai complessi frasali nell'insieme organizzato che l'interprete riconosce come un tutto coerente[83]. Mi soffermerò, in particolare, sulle relazioni di causalità, e sul ricorrere di "schemi"[84] quali le procedure enumerative e le ripetizioni lessicali.

6.1. Relazioni di causalità.

Al rapporto "causa-effetto" l'intuizione comune attribuisce un'importanza primaria nella decifrazione di avvenimenti e stati di cose, e nel modo di dare loro realtà e consistenza discorsive. Resa stabile dalla sua condizione di "opinione generalmente accettata", di *éndoxon*

[83] È la «coerenza *a parte subiecti*» di cui ragiona M.-E. Conte (1999, pp. 83-84): «principio-guida dell'interpretazione» di un testo «intesa come costruzione del suo senso». In questa concezione della coerenza testuale «l'interpretazione è un processo dinamico e dialettico, nel quale l'*oggetto* (le sequenze testuali) interagisce con il *soggetto* (con i processi cognitivi dell'interprete)».

[84] Adopero il termine *schema* come trasparente grecismo: il vocabolo greco *schêma*, in retorica, è l'equivalente del latino *figura* «configurazione»: le "figure del discorso" sono paragonabili alle figure geometriche; hanno una struttura che possiamo descrivere nelle sue regolarità; sono *forme* astratte, esemplari, a cui possiamo ricondurre i lineamenti e le raffigurazioni degli oggetti piú disparati. D'altra parte esse richiamano le figure della danza, della ginnastica, del pattinaggio, dello sci nautico, della scherma: eseguite secondo regole precise, benché con innumerevoli variazioni stilistiche. Sulla «complessità e la dispersione semantica del concetto di figura» e sulle figure non solo come «strutture testuali» ma come «strutture del pensiero» si veda Cahn 1989.

(«ci deve pur essere un motivo, una ragione per...»), la ricerca di giustificazioni (fosse pure l'intervento del caso, della sorte, o il riconoscimento di una coincidenza fortuita) è sulla stessa linea dell'impulso, da piú parti rilevato, a trovare un senso in ogni produzione segnica[85]. Di fronte ad ognuna, l'intento di scoprire un senso attraversa, oppure produce, oppure si incrocia con, la tendenza a "decifrare le ragioni" o anche ad attribuirle surrettiziamente. «Senza senso» e «senza una ragione» possono addirittura diventare reciprocamente complementari, o solidali.

La polisemia del termine *ragione* ha un blasone antico, che risale alle origini latine[86], e avalla pure accostamenti paronomastici: *ragione/cagione*, alternanza di termini messi in rapporto variabile secondo i contesti. In un archetipo della prosa argomentativa trecentesca, il *Convivio* di Dante[87], il rapporto tra i due è predicativo: «l'uno *è* l'altro»; le «cagioni» sono addotte come «ragioni» (argomenti, pezze d'appoggio giustificative in un ragionamento):

> in tra l'altre necessarie *cagioni* due sono piú manifeste [...] Per che, se l'una e l'altra di queste *ragioni* mi scusa [...] (*Convivio*, I, II, 12-15);
>
> resta in questo capitolo a mostrar quelle *ragioni* che fan vedere perché la presenza ristringe per opposito [...] Dico adunque che per tre *cagioni* la presenza fa la persona di meno valore. (Ivi, I, IV, 1-2).

[85] Hans Hörmann, ad esempio, in *Meinen und Verstehen. Grundzüge einer psychologischen Semantik*, Suhrkamp, Frankfurt am Main 1976, citato da M.-E. Conte (1999, p. 83), ha chiamato questa disposizione dell'interprete di fronte ai testi verbali *Sinnkonstanz* «costanza di senso»; e prima ancora F. C. Bartlett (*Remembering*, Cambridge University Press, Cambridge 1932) aveva trattato dello «sforzo alla ricerca di significato»: qualcosa di simile, in un caso e nell'altro, alla «inclinazione innata a ricercare delle regolarità» di cui parlava Karl Popper (*Conjectures and Refutations*, Routledge & Kegan Paul, London 1963, p. 47).

[86] Gli usi giuridici del termine *ragione* come corrispettivo di *ius* sono esemplarmente illustrati e documentati da Fiorelli (1997a). Di notevole interesse storico e documentario Rezasco 1881, *s. v.*

[87] Si cita dall'edizione a cura di F. Brambilla Ageno, Le Lettere, Firenze 1995.

In contesti narrativi la coppia si stabilizza in dittologia paronimica:

> E volesse Iddio che *ragione o cagione* si vedesse che questo a loro si dovesse fare. (F. Sacchetti, *Il Trecentonovelle*, CLXII)[88].

Il discorso potrebbe dilatarsi all'infinito. La relazione di causalità ha sfaccettature innumerevoli, in forme verbali esplicite o nell'implicito contestuale di espressioni di varia natura. Negli apparati della logica non c'è posto per un *continuum* di nozioni cosí indeterminate. C'è posto per le regolarità (formalizzabili) dell'implicazione ("*se* ... *allora*").

Da un punto di vista retorico si osserva che fra la condizione posta e la sua conseguenza si instaura una relazione semantica interpretabile in termini di «causalità discorsiva» o «testuale». A questa spetta un trattamento di riguardo fra i congegni retorici del discorso. Ingrediente importante dell'argomentazione[89], è un coesivo testuale ricco di risorse. Si presenta come biforcata nelle forme dedicate alla causalità propriamente detta e in quelle che attuano relazioni di consequenzialità, per aprirsi anche all'espressione di rapporti condizionali.

Di questi ultimi non mi occuperò né in questo paragrafo né in altri luoghi del presente libro, per l'opportunità, che mi si offre, di una delega vantaggiosa. Vantaggiosa per chi scrive, e soprattutto per l'ipotetico lettore, che rinvio all'ampio studio di Visconti 2000. Qui trovano risposte, attendibili (per la solidità delle basi teoriche a partire dalle quali vengono formulate) e convincenti, i molteplici quesiti che la complicata fenomenologia dei connettivi condizionali pone a chi esamina tipi di testi svariati, ivi compresi i testi giuridici.

Riprendo da Ferrari (1999) il trattamento della nozione di causalità testuale, o causalità discorsiva, a partire dai due modi in cui questa si manifesta:

[88] Si cita dall'edizione a cura di V. Marucci, Salerno, Roma 1996.

[89] Cfr. Lo Cascio 1991, in particolare il § 5.2. *Relazione argomentativa e relazione causale*, pp. 194-200.

1) il modo *regressivo*, cosí denominato per indicare che dall'effetto (o risultato) [*r*] si risale alla causa (o origine) [*o*]: dal risultato al motivo che lo ha prodotto; da una circostanza, vera o presunta, possibile o impossibile, e via elencando le modalità pertinenti caso per caso, si risale alle condizioni da cui quella circostanza dipende («*r* perché *o*»);
2) il modo *progressivo*, che da un certo dato [*o*] (situazione, stato di fatto, modo di essere, accadimento, comportamento...) ricava le conseguenze [*r*], prevedibili, necessarie, ecc. («*o* perciò/quindi *r*»).

Il modo regressivo instaura la relazione causale propriamente detta. I principali connettivi atti a indicarla sono: *per*, *perché*, *poiché*, *giacché*, *siccome*, *dal momento che*, *dato che*, *in quanto (che)*, *per il fatto che/di*.

Il modo progressivo instaura rapporti consequenziali, o consecutivi. Principali connettivi: *perciò*, *quindi*, *di conseguenza*, *dunque*, *infatti*.

Qualche esempio dal *corpus*:

1) per il modo regressivo:

(92) Chi è stato prosciolto con sentenza irrevocabile [*r*] / *perché* il fatto non sussiste, *per* non aver commesso il fatto, *perché* il fatto non costituisce reato o non è previsto dalla legge come reato [*o*], / ha diritto a un'equa riparazione. (art. 314.1 c.p.p.);

(93) [tale mancata notifica o comunicazione non può costituire motivo di rifiuto di riconoscimento o di esecuzione] quando la notifica o la comunicazione non abbia avuto luogo [*r*] / *per il fatto che* il convenuto ha tenuto nascosto il luogo in cui si trova alla persona che ha promosso il procedimento nello Stato d'origine [*o*] / [...] (art. 9.1 L. 15/1/1994, n. 64).

2) per il modo progressivo:

(94) Al procuratore della Repubblica presso il tribunale per i minorenni spetta di promuovere ed esercitare l'azione penale per tutti i reati commessi dai minori degli anni 18 nel territorio della Corte di appello o della sezione di Corte di appello in cui è istituito il tribunale per i minorenni [*o*], / *e perciò* a lui sono trasmessi tutti i rapporti, i referti, le denunce, le querele, le istanze e le richieste concernenti reati commessi dai minori degli anni 18 [*r*]. (art. 4.2 L. 27/5/1935, n. 835);

(95) purché l'uso sia conforme ai principi della correttezza professionale [*o*], / e *quindi* non in funzione di marchio, ma solo in funzione descrittiva [*r*]. (art. 1*bis* r.d. 21/6/1942, n. 929);

(96) [La colpa è grave quando] l'imperizia o la negligenza del comportamento sono indiscutibili e non è possibile dubitare ragionevolmente del significato e della portata della norma violata [*o*] / e, *di conseguenza*, risulta evidente la macroscopica inosservanza di elementari obblighi tributari [*r*]. (art. 5.3 d.lg. 18/12/1997, n. 472).

La distinzione qui riportata ed esemplificata in 1) e in 2), ne incrocia un'altra, che espongo cedendo la parola a Ferrari (1999, p. 114):

> In un testo si possono incontrare due relazioni causali fondamentalmente diverse: la *relazione causale esterna* o *«de re»*, che riproduce una relazione che vige tra entità del mondo extralinguistico quando l'una è all'origine dell'altra [...]; la *relazione causale interna* o *«de dicto»*, la quale trae il suo essere dal mondo stesso del testo e sceglie come punto di arrivo l'atteggiamento epistemico o illocutivo del locutore riguardo ad un determinato stato di cose.

Cercherò di chiarire le due nozioni con un esempio banale. Poniamo una situazione in cui "il freddo" sia la causa (l'origine) del "tremare". Sono esempi di causalità esterna (*de re*) i seguenti due enunciati:

(a) Trema [*r*] *perché* ha freddo [*o*] [modo regressivo];

(b) Ha freddo [*o*], *quindi* (*perciò* / *e per questo*) trema [*r*] [modo progressivo].

La relazione causale è interna (*de dicto*) nei seguenti due:

(c) Trema [*r*], *quindi* ha freddo [*o*];

(d) Ha freddo [*o*], *perché* (*dal momento che*) trema [*r*].

In (c) il connettivo *quindi* equivale a «ne deduco (inferisco) che / vuol dire che», mentre in (b) equivaleva a «e lo prova il fatto che».

Si noterà che, nella stessa posizione, cioè quando introducono lo stesso enunciato, *perché* e *quindi* sono speculari per quanto riguarda il tipo di connessione causale:

(a) Trema [*r*] *perché* ha freddo [*o*] (causalità *de re*);

(c) Trema [*r*], *quindi* ha freddo [*o*] (causalità *de dicto*);

(b) Ha freddo [*o*], *quindi* trema [*r*] (causalità *de re*);

(d) Ha freddo [*o*], *perché* trema [*r*] (causalità *de dicto*).

Una parafrasi adeguata di (c) e (d), cioè qualcosa come «[*Dico che*] ha [*Penso che abbia*] freddo, *e lo deduco* (= *inferisco*) *dal fatto che* trema» mostra che l'unità [*o*] è il risultato di un'inferenza fatta a partire dall'asserzione riguardo a [*r*]. L'uso di *perché* come connettivo di causalità interna anteposto all'enunciato che indica l'effetto (il risultato, la conseguenza) è caratteristico del parlato e dello scritto informale o volutamente colloquiale per scelta stilistica (anche letteraria); lo troviamo anche preceduto da una pausa forte, segnata nello scritto dal punto fermo[90].

A partire da queste considerazioni salta all'occhio la reversibilità del connettivo *infatti*; la sua elasticità riesce perfino a mascherare il tipo di connessione attuato. Si provi a sostituire con *infatti* i connettivi presenti nei quattro esempi (a)-(d), e si vedrà che in ogni caso *infatti* ammette le due letture, *de re* e *de dicto*, rese evidenti solo dalle opportune parafrasi.

In termini di «grammatica dell'argomentare» (Lo Cascio 1991, pp. 256-65) *infatti* è stato descritto fra gli «indicatori di forza argomentativa», che «introducono un argomento». Lo Cascio insiste sui casi in cui un'argomentazione è «frammischiata al discorso di tipo causale»; il che pone il problema «di distinguere attentamente le *cause* dagli *argomenti* (o *dati*) a favore di una *tesi*», se è vero che «per avere un'argomentazione ci vuole una *tesi* e non un *dato di fatto* della cui esistenza si cerca di indicare le cause» (p. 259). Da questo punto di vista sono vagliate situazioni in cui *perché* e *infatti* sono (o sembrano) usati come equivalenti o come alternativi, per avanzare l'ipotesi che *infatti* serva «a confermare la verità dell'enunciato matrice spiegandone i fondamenti, piuttosto che servire per fornire argomenti neutrali e indipendenti per la difesa della tesi contenuta nella frase matrice» (p. 263). Se ne ricava l'impressione che il significato di questo connettivo sfug-

[90] In produzioni stilisticamente meno disinvolte lo stesso nesso è reso esplicitando almeno uno degli enunciati che rivelano l'atteggiamento epistemico di chi parla («dico/vedo/capisco che ha / penso che abbia / avrà / deve avere» premesso a [*o*]; oppure: «e lo capisco / me ne rendo conto / lo deduco, ecc./ dal fatto che»/ «lo prova il fatto che» premesso a [*r*]).

ga, in parte, ai criteri adottati nel classificare gli «indicatori di forza»; del resto è Lo Cascio stesso ad avvertire la necessità di ulteriori accertamenti nell'area semantica dei due indicatori, *perché* e *infatti*. Mi pare che un esame del tipo di causalità (esterna o interna) possa dare qualche risposta alle questioni che sorgono sul piano delle strutture argomentative.

L'adattabilità, che diventa ambiguità, è uno, se non il principale, dei motivi per cui *infatti* è assente dai testi di legge, mentre le sue frequenze aumentano in scritti di vario genere, e toccano le punte piú alte nel parlato. Come si vede nella rassegna delle frequenze qui sotto apprestata come utile base per commentare la rilevanza delle connessioni causali nel *corpus*.

Nel seguente elenco la prima cifra apposta all'indicazione di ciascun connettivo si riferisce alle occorrenze nel nostro *corpus*. Per sette connettivi (sui tredici censiti) ho trovato e riportato di seguito i dati corrispondenti nell'I.L.L.I. e in alcuni dei *corpora* ivi censiti[91]. Per i connettivi polirematici (cioè composti di piú parole; cfr. Marello 1996, pp. 40-41) le tabelle dell'I.L.L.I. non danno risposte. Solo direttamente dal LIP ho potuto ricavare i dati necessari. Ho messo tra parentesi quadre e in corsivo il totale delle occorrenze di *perché* sia nel nostro *corpus*, dove ho potuto distinguere il significato causale (quello rappresentato dalla cifra fuori parentesi) dal significato finale e dalle accezioni oscillanti tra il causale, il finale e il consecutivo[92], sia negli altri *corpora*, dove nel calcolo delle frequenze i valori restano indifferenziati. Analogo il trattamento riservato nell'elenco a *quindi*, di

[91] Li elenco in sigla, indicando per ognuno, in parentesi, gli anni su cui vertono gli spogli e, fuori parentesi, il totale delle occorrenze che li compongono: I.L.L.I. (1723-1973): 2 703 498; M.C.C. (ante 1972): 497 835; LIF (italiano scritto, 1947-68): 687 498; LIP (italiano parlato, 1990-92): 496 285.

[92] Cito le uniche espressioni in cui *perché* compare nel *corpus* in vesti ambigue: «motivi *legittimi perché* il titolare stesso si opponga all'ulteriore commercializzazione dei prodotti» (art. 1*bis* r.d. 21/6/1942, n. 929); «i contratti *necessari perché* il trasporto sia effettuato nel luogo fissato» (art. 32.2 Convenzione delle Nazioni Unite sui contratti di vendita internazionale di beni mobili).

cui sono registrate fuori parentesi le occorrenze con valore consequenziale, e in corsivo tra parentesi quadre il totale dei valori consequenziale e temporale.

I due gruppi, 1) e 2), che coincidono, pur ammettendo scambi occasionali e sfrangiature, con i modi, rispettivamente, regressivo e progressivo in cui si attuano le relazioni di causalità testuale, comprendono:

1) congiunzioni (e locuzioni congiuntive) «sintatticamente integranti» (Ferrari 1999, p. 115), che funzionano cioè come operatori di subordinazione[93]:

perché: 59 *[133]*; *[I.L.L.I.:654;M.C.C.:302;LIF:2170;LIP:3718]*;
poiché: 0; I.L.L.I.: 43 (la piú recente in Cost. Malta del 1921); M.C.C: 164; LIF: 66; LIP: 0;
giacché: 0; I.L.L.I.: 24; M.C.C.: 57; LIF: 10; LIP: 0;
dal momento che: 0; LIP: 3;
dato che: 0; LIP: 10;
in quanto che: 0; LIP: 4.
per il fatto che/di: 3[94]; LIP: 0;
siccome: 0; I.L.L.I.: 137; M.C.C.: 9; LIF: 31; LIP: 176;

2) connettivi classificabili sia fra le congiunzioni sia fra gli avverbi[95]; e sono dunque locuzioni congiuntive o avverbiali «sintatticamente non integranti»:

infatti: 0; I.L.L.I.: 0; M.C.C.: 81; LIF: 215; LIP: 433;
dunque: 2; I.L.L.I.: 8; M.C.C.: 9; LIF: 194; LIP: 190;
di conseguenza: 2; LIP: 0;
quindi: 3 *[71]*; *[I.L.L.I.:308;M.C.C.:301;LIF:174;LIP:1608]*;
perciò: 2; I.L.L.I.: 264; M.C.C.: 80; LIF: 121; LIP: 29.

I dati numerici sono significativi quando i confronti intra- e intertestuali permettono di avanzare ipotesi, op-

[93] Le unità che introducono sono frasi subordinate, ivi compresi gli enunciati ellittici, del tipo esemplificato in (99): «perché assente».

[94] In: art. 1975 c.c.; art. 9.1 L. 15/1/1994, n. 64; art. 5.1 d.lg. 26/5/1997, n.153.

[95] A favore dell'opportunità di considerarli "congiunzioni" (coordinative) gioca la loro funzione; a favore dell'opportunità di classificarli fra gli avverbi (nella sottoclasse degli "avverbi connettivi") gioca la mobilità della loro posizione, cioè il fatto di poterli collocare sia all'inizio della frase sia dopo una o piú parole (cfr. Serianni 1989a, p. 541; Lonzi 1991, pp. 411-12).

pure di trarre conclusioni, su caratteri e tendenze di modi compositivi e di generi testuali. Che cosa possiamo inferire dalla maggiore o minore frequenza e dalla mancanza di ciascuno degli elementi linguistici che qui ci interessano? Cerchiamo di dare qualche risposta passando in rassegna i componenti dei due gruppi.

Gruppo 1): l'assenza di locuzioni come *dal momento che*, *dato che*, *in quanto che* è indicativa della propensione all'economia e all'uniformità lessicali[96]. Questo spiegherebbe la massiccia prevalenza di *perché* sulle altre congiunzioni causali.

Delle tre occorrenze di *per il fatto che*, l'uso esemplificato in (93) non è motivato né dalla ricerca di economia, né dalla tendenza all'uniformità, e neppure dall'esigenza di eliminare una possibile collisione di sensi.

Sulla presenza dello stesso connettivo in (62) si può solo osservare che è in linea con il procedere faticoso e involuto del discorso: dove il nesso causale sarebbe stato meglio espresso dal piú semplice *perché*.

L'uso di *per il fatto che* è invece imposto dalla struttura del periodo in (97), dove il connettivo polirematico mantiene ben trasparenti il significato causale del primo componente (*per il fatto*) e il valore dichiarativo del secondo (la congiunzione *che*); questa ragione strutturale è connessa alla modalità del predicato (*venga a conoscenza*) che presenta come eventuale l'azione espressa (sarebbe improponibile una sostituzione con *perché*, a cui il congiuntivo assegnerebbe automaticamente un valore finale):

(97) La transazione che le parti hanno conclusa generalmente sopra tutti gli affari che potessero esservi tra loro non può impugnarsi *per il fatto che* posteriormente una di esse venga a conoscenza di documenti che le erano ignoti al tempo della transazione, salvo che questi siano stati occultati dall'altra parte. (art. 1975 c.c.).

[96] La loro scarsità nel LIP si può forse giustificare con ragioni analoghe, mettendo però in evidenza il rifiuto di ingombri lessicali divenuti perciò estranei al registro colloquiale.

L'assenza di *poiché* sia dal nostro *corpus* sia dal LIP si giustifica con le restrizioni di posizione a cui l'uso di questa congiunzione è sottoposto. L'obbligo di anteporre alla reggente la proposizione introdotta da *poiché* rende il costrutto poco familiare al parlato, e inadatto alla struttura degli articoli di legge, dove gli enunciati col valore qui indicato con [*r*] contengono serie di circostanze normalmente anteposte alla formulazione della norma. Ne consegue che le espressioni causali [*o*] devono necessariamente essere posposte a [*r*], pena una ridistribuzione antieconomica dei membri dei periodi, con la difficoltà, insormontabile, di stabilire nessi causali all'interno dell'esposizione delle circostanze e delle condizioni preliminari. Del resto l'ordine "naturale" degli argomenti richiede che prima si esponga il dato, poi lo si giustifichi, dichiarando i motivi (le ragioni, le cause) per i quali questo sussiste (o non sussiste). Ancora due esempi, didatticamente proposti segnando col corsivo il dato e col maiuscoletto la dichiarazione del motivo o dei motivi che lo giustificano:

(98) Per i nuclei abitativi isolati, ovvero laddove *la realizzazione di una rete fognaria non sia giustificata* [*r*] O PERCHÉ NON PRESENTEREBBE VANTAGGI DAL PUNTO DI VISTA AMBIENTALE O PERCHÉ COMPORTEREBBE COSTI ECCESSIVI [*o*], le regioni identificano sistemi individuali o altri sistemi pubblici e privati adeguati. (art. 27.4 d.lg. 11/5/1999, n. 152);

(99) Nello stesso modo si provvede quando *non è possibile consegnare la copia direttamente all'imputato* [*r*] PERCHÉ LEGITTIMAMENTE ASSENTE [*o*]. (art. 156.2 c.p.p.).

Su *giacché* il nostro *corpus* e il LIP, di nuovo, concordano. Per il LIP l'ovvia giustificazione è il carattere ricercato e antiquato del termine; il che (unito alla preferenza per l'uniformità nell'espressione dei rapporti causali) può valere per i testi legislativi piú recenti. Infatti, delle 24 attestazioni nell'I.L.L.I., 20 si trovano in codici e leggi dal 1723 al 1843, e le altre 4 in costituzioni e statuti dal 1794 al 1849. La maggiore frequenza rilevata in testi giurisprudenziali (57 nelle Massime della Cassazione civile anteriori al 1972) si deve, evidentemente, al prevalere di abitudini scrittorie caratterizzate dalla propensione a servirsi di formulari lontani dall'uso corrente, che sono o vogliono essere aulici, mentre sono certamente desueti. In questo senso mi pare significativa la frequenza di *giacché* (187) nel *corpus* della stampa periodica milanese, dal 1800 al 1847.

Per le frequenze di *siccome* i dati del nostro *corpus* e quelli del LIP sono agli opposti, come lo sono per i connettivi raggruppati in 2): *infatti*, *quindi*, *dunque*. L'espansione di *siccome* causale nell'uso comune odierno è confermata dal confronto tra le frequenze del LIP non solo col valore zero del nostro *corpus* e con quello assai basso dei testi giurisprudenziali (M.C.C.), ma anche con i valori del LIF. Per fare congetture sui dati di quest'ultimo come su quelli degli altri *corpora* bisogna tenere presente che in origine *siccome* aveva il valore comparativo di *come*; accezione modernamente conservata solo nell'uso letterario. Il passaggio dal significato comparativo a quello causale è cosí documentato da Serianni (1989a, p. 577):

> La fase intermedia di questo sviluppo si coglie bene nel Nievo, ove sono frequenti causali introdotte da *siccome* correlate a un *cosí* nella successiva reggente, secondo un modulo tipico della comparazione d'analogia: «ma *siccome* durante la fiera pochi avevano voglia di trasandare i proprii negozi per quelli del pubblico, *cosí* a sbrigar questi s'era stimato piucché bastevole il giro di ventiquattr'ore».

Le osservazioni di Serianni si possono applicare, con ogni probabilità, a una parte dei dati su cui si basano le frequenze dell'I.L.L.I., dove c'è da supporre che la grande maggioranza delle occorrenze abbiano significato comparativo; il testo piú recente (che ne contiene una sola) è il *Codice penale militare marittimo del Regno d'Italia*, del 1869.

Gruppo 2): le frequenze dei connettivi elencati in questo raggruppamento danno elementi incerti per un confronto fra i *corpora*.

A proposito di *infatti*, se lo squilibrio fra i dati del nostro *corpus* e il LIP si può spiegare abbastanza facilmente, non altrettanto agevolmente si può motivare la coincidenza con i dati dell'I.L.L.I., dove le unità polirematiche non sono messe a lemma. Sappiamo che per *infatti*, attestato a partire dalla seconda metà del Cinquecento, i puristi raccomandavano, ancora nel tardo Ottocento, la grafia non univerbata: raccomandavano di tenere separati i due componenti, *in* e *fatti*[97]. Se nell'I.L.L.I. non si trovano né *infatti* né *difatti*, si può ben congetturare che i testi ivi censiti potessero contenere i due connettivi in grafia "separata", almeno fino ai primi del Novecento. Per i decenni successivi la frequenza zero nel nostro *corpus* ha le medesime motivazioni che può avere nell'I.L.L.I. Il discorso legislativo nelle costituzioni, nei codici e nei testi di legge non segue il cammino di un argomentare esplicito: non giustifica opinioni o dati adducendo argomenti, non marca i passaggi attraverso i quali si risale alle cause o si arriva alle conclusioni. Invece questo (o qualcosa di simile) si ritrova nel modo di procedere del ragionamento giurisprudenziale, come attestano le frequenze di *infatti* e di *perciò* nelle M.C.C.

La forma non scopertamente argomentativa del ragionamento esclude dal discorso legislativo l'uso di *dunque*. Le otto occorrenze nell'I.L.L.I. si distribuiscono in cinque testi, compresi fra il 1723 e il 1815; quattro di questi ne contengono una per ciascuno (e si noti che nel primo, che è la raccolta delle *Leggi e Costituzioni* degli Stati sabaudi, del 1723, il connettivo *dunque* si trova nella formula iniziale del decreto di promulgazione); nel quinto testo (il *Codice dei delitti e delle gravi trasgressioni politiche pel Regno Lombardo-Veneto*, del 1815) si contano invece quattro occorrenze di *dunque*. Nel nostro *corpus* se ne trovano solo due, e in documenti abbastanza recenti:

[97] Cfr. DELI, *s.v.*

(100) Nei settori che non sono di sua esclusiva competenza la Comunità interviene [...] soltanto se e nella misura in cui gli obiettivi dell'azione prevista non possono essere sufficientemente realizzati dagli Stati membri e possono *dunque*, a motivo delle dimensioni o degli effetti dell'azione in questione, essere realizzati meglio a livello comunitario. (art. 5.5 Trattato che istituisce la C.E.);

(101) Le variazioni di detti elementi comporteranno la modifica del provvedimento originario di autorizzazione e, *dunque*, l'adozione di un nuovo provvedimento. (art. 10 d.m. 16/1/1995).

Il connettivo *di conseguenza* (ostico al parlato, si direbbe stando ai dati del LIP) assente dai codici e, al pari di *dunque*, attestato nella restante parte del nostro *corpus* in produzioni recenti, lessicalizza in modo trasparente la movenza consequenziale di cui è manifestazione[98]:

(102) Essa aiuta l'Unione nella definizione degli aspetti della politica estera e di sicurezza comune, come previsto nel presente articolo. L'Unione promuove *di conseguenza* piú stretti rapporti istituzionali con l'UEO, in vista di un'eventuale integrazione di quest'ultima nell'Unione qualora il Consiglio europeo decida in tal senso. (art. 17.1 Trattato sull'U.E.);

(103) La colpa è grave quando l'imperizia o la negligenza del comportamento sono indiscutibili e non è possibile dubitare ragionevolmente del significato e della portata della norma violata e, *di conseguenza*, risulta evidente la macroscopica inosservanza di elementari obblighi tributari. (art. 5.3 d.lg. 18/12/1997, n. 472).

A proposito di *quindi*, i dati dell'I.L.L.I. non permettono di distinguere i valori temporale e consequenziale. Bisogna tuttavia osservare che *quindi* usato come connettivo temporale non è privo di tratti consequenziali secondari: può essere parafrasato all'incirca con: «in

[98] A. Ferrari (1999) distingue, nell'espressione della causalità, i connettivi «istruzionali» o connettivi in senso stretto (uno di questi è, appunto, *di conseguenza*) dalle «espressioni causali del tipo nome o verbo» (ad es.: «la conseguenza è che...»; «ne deriva / consegue / è conseguenza...») da lei denominate connettivi «rappresentazionali». Questi «sono particolarmente adeguati in testi che [...] si prefiggono di mettere in valore la loro organizzazione logica» (p. 119), quali sono i testi con funzione didattica. L'acuta analisi di Ferrari mostra come le differenze morfosintattiche delle due classi comportino differenze semantiche di fondo, rilevanti per l'organizzazione del discorso. I connettivi «rappresentazionali» non sono attestati nel nostro *corpus*. Il che confermerebbe *a contrario* le tesi di Ferrari sul tipo di discorso a cui essi si confanno.

seguito a ciò (e in conseguenza di ciò)...»; qualcosa di simile a un «post hoc *et* propter hoc», dove il *dopo* è "conseguenza" in quanto presuppone ciò che precede: non può verificarsi se prima non si è verificato qualcos'altro. Perciò non solo successione nel tempo, ma successione di accadimenti di cui il primo è condizione del secondo. Invertendo la graduatoria dei tratti semantici si può far valere questo ragionamento anche per l'uso consequenziale di *quindi*. Ma a patto di dare a questo tema uno sviluppo sistematico, e non di trattarne, come si è fatto qui, per cenni impressionistici. Nelle 308 occorrenze dell'I.L.L.I. e nelle 301 delle M.C.C. si può presumere una netta prevalenza dei tratti temporali, intesi come primari, nel significato del connettivo. Molto piú incerte le supposizioni che si possono fare per le 174 occorrenze nel LIF, dato che si tratta di testi scritti di varia provenienza. Le 1608 occorrenze nel LIP lasciano prevedere una massiccia, se non esclusiva, presenza dell'accezione primaria di consequenzialità, che è quella con cui il connettivo è usato comunemente nel parlato odierno.

Dei tre passi che contengono le occorrenze presenti nel nostro *corpus*, il primo, citato nell'es. (95), e il secondo, nell'es. (104), hanno esclusivo valore di connettivi di causalità secondo il modo progressivo. Il terzo (es. 105) cumula a tale valore un'accezione secondaria di temporalità, implicata anche dall'uso del futuro *sarà* (parafrasi possibile: «[e sarà] *perciò da allora in poi, in seguito all'adozione, ecc.*»):

(104) [...] purché quest'uso sia conforme ai principi della correttezza professionale e *quindi* limitato alla funzione di indicazione di provenienza. (art. 2.4 r.d. 21/6/1942, n. 929);

(105) [...] il Consiglio [...] adotta i tassi di conversione ai quali le rispettive monete sono irrevocabilmente vincolate e il tasso irrevocabilmente fissato al quale l'ECU viene a sostituirsi a queste valute, e sarà *quindi* valuta a pieno diritto. (art. 123, n. 4 Trattato che istituisce la C.E.).

Come *dunque*, *di conseguenza*, *quindi*, anche *perciò* ha un numero irrisorio di presenze nel nostro *corpus*: il che attesta come tendenziale nella scrittura legislativa la rinuncia a esprimere con indicatori espliciti le connessioni tra "proposizioni" (uso qui il termine *proposizione* nel senso di «contenuto proposizionale»)[99].

Delle due occorrenze registrate nel nostro *corpus* (in testi di legge annosi, come si vede) una è già stata qui proposta nell'es. (94); l'altra si trova nel seguente es. (106):

(106) L'opponibilità ai terzi delle cause di invalidità o inefficacia di una intavolazione, sulla quale siano stati conseguiti ulteriori diritti tavolari, è regolata dagli artt. 61 e seguenti della legge generale sui libri fondiari. // Non sono *perciò* applicabili, in quanto si riferiscano a tali diritti, le disposizioni del codice civile incompatibili con dette norme [...] (art. 7 r.d. 28/3/1929, n. 499).

Che cosa possiamo concludere da questa sommaria ricognizione sui connettivi che segnano rapporti sia di causalità in senso stretto, sia di consequenzialità fra enunciati? Che cosa possiamo concludere riguardo al profilo retorico-stilistico secondo il quale prende forma il ragionamento nei testi legislativi? Una possibile risposta, già implicita nelle osservazioni che via via sono state suggerite dalle analisi dei dati, riguarda l'ambito, o meglio gli ambiti, in cui si fissano le relazioni di causalità nelle due principali varianti considerate.

Gli ambiti sono due. Se vogliamo servirci di un'immagine, possiamo dire che le reti dei rapporti (causali e consequenziali) si tendono, e si estendono, in due ben distinte zone dell'organizzazione discorsiva. Una è la zona, o il piano, interfrasale: ove hanno luogo i rapporti sintattici di coordinazione e di subordinazione. La semantica di tali rapporti getta luce sul piano della te-

[99] I dati dell'I.L.L.I. riguardo alle occorrenze di *perciò* nelle M.C.C. sembrerebbero recare traccia del diverso stile di ragionamento che caratterizza, sempre nell'ambito del linguaggio giuridico, i testi giurisprudenziali. Lascio questa osservazione allo stato puramente intuitivo: occorrerebbero infatti accertamenti sistematici su un *corpus* di testi che qui non è stato oggetto di ricerca specifica. Si potrebbe cosí dare conto anche del perché un connettivo come *dunque* sia cosí poco rappresentato nelle M.C.C. censite nell'I.L.L.I.: sarà forse la sua attitudine a esprimere la "causalità *de dicto*" a metterlo in minoranza rispetto a *perciò*, che pare piú propenso ad essere usato per manifestare rapporti *de re*?

stualità: dei nessi, espliciti e impliciti, fra i componenti di quella unità (coerente) che si denomina *testo* ed è di rango superiore alla frase, sia semplice sia complessa. Questo piano offre condizioni particolarmente favorevoli per analizzare l'organizzazione (retorica) del discorso. In questa prima zona la rete dei rapporti di causalità ha fatto un raccolto esiguo: lo prova la scarsità delle forme e delle occorrenze dei connettivi interfrasali che sono gli indicatori espliciti di tali rapporti.

La seconda zona comprende le manifestazioni della causalità (secondo i modi regressivo e progressivo) all'interno delle frasi. Si tratta dei complementi introdotti, nel *corpus* qui esaminato, da preposizioni come *per* («a causa» / «in conseguenza di») o da locuzioni preposizionali come *a causa di* (37 occorrenze), *in conseguenza di* (poco meno di un centinaio)[100], *in seguito a* (circa 60 occorrenze), *per effetto di* (circa 80), *per motivi di* (circa 60), *in virtú di* (37 occorrenze, con significato oscillante fra «a causa di» e «in forza / sulla base di»), *in forza di* (poco piú di 40). Ecco un piccolo campionario di esempi:

(107) La promessa di matrimonio fatta vicendevolmente [...] obbliga il promittente che senza giusto motivo ricusi di eseguirla a risarcire il danno cagionato all'altra parte *per* le spese fatte e *per* le obbligazioni contratte a *causa di* quella promessa. (art. 81 c.c.);

(108) «zone vulnerabili»: zone di territorio che scaricano direttamente o indirettamente composti azotati di origine agricola o zootecnica in acque già inquinate o che potrebbero esserlo *in conseguenza di* tali tipi di scarichi. (art. 2.1 d.lg. 11/5/1999, n. 152);

(109) I magistrati sono inamovibili. Non possono essere dispensati o sospesi dal servizio né destinati ad altre sedi o funzioni se non *in seguito a* decisione del Consiglio superiore della magistratura. (art. 107 Cost.);

(110) La legge regola i casi in cui la formazione della prova non ha luogo in contraddittorio *per* consenso dell'imputato o *per* accertata impossibilità di natura oggettiva o *per effetto di* provata condotta illecita. (art. 111 Cost.);

[100] Le concordanze apprestate per i quattro codici vigenti (delle quali sono debitrice a Paola Mariani Biagini) hanno fatto registrare le seguenti occorrenze della locuzione *in conseguenza di/del/della, ecc.*: 3 nel c.p.; 0 nel c.p.c.; 18 nel c.c.; 8 nel c.p.p.

(111) Il Ministero dell'interno [...] può permettere, *per motivi di* studio, la consultazione di documenti di carattere riservato [...] (art. 107.2 d.lg. 29/10/1999, n. 490);

(112) La reintegrazione si può domandare anche contro chi è nel possesso *in virtú di* un acquisto a titolo particolare, fatto con la conoscenza dell'avvenuto spoglio. (art. 1169 c.c.);

(113) Gl'impieghi ordinarj di Giustizia, d'Amministrazione di danari pubblici, saranno conferiti ai Corsi, o naturalizzati Corsi, *in virtú della* Legge. (titolo V, art. IX *Costituzione del Regno di Corsica*);

(114) I decreti possono essere in ogni tempo modificati o revocati, ma restano salvi i diritti acquistati in buona fede dai terzi *in forza di* convenzioni anteriori alla modificazione o alla revoca. (art. 742 c.p.c.).

È dunque all'interno delle frasi che le relazioni causali e consequenziali sono fittamente rappresentate. È una rete a maglie molto strette, che imbriglia una serie assai nutrita di motivazioni. Se vogliamo proiettare anche su queste lo schema delle relazioni *de re* e *de dicto*, diremo che soltanto ed esclusivamente le prime (quelle che esprimono la causalità "esterna") hanno luogo nell'ambito frasale.

Una (modesta) prova dello squilibrio tra il basso numero dei connettivi interfrasali e il prevalere delle preposizioni introduttive di "complementi di causa" ce la fornisce il confronto fra le presenze di *perciò* (due in tutto il *corpus*, come abbiamo visto) e le undici attestazioni del sintagma preposizionale (causale) *per ciò* (con le varianti *per ciò solo* / *per ciò stesso*). La forma univerbata (*perciò*) conserva trasparente il valore anaforico del componente *ciò*: anaforico in relazione all'intero enunciato antecedente al connettivo; questo spiega la necessità di "rinforzare" con *solo* o *stesso* il pronome neutro che entra a comporre il sintagma preposizionale. È una risposta al bisogno di esplicitezza che caratterizza la scrittura legislativa; e che induce a precisare anche il senso di *per questo* (causale: 4 occorrenze) completando l'espressione, a scanso di equivoci: *per questo motivo* (3 occorrenze), *per questo solo fatto* (2 occorrenze).

Di "motivi" e di "conseguenze" si può trattare (le leggi trattano) anche al di fuori degli schemi modellati sulle connessioni sintattico-testuali che presiedono alle strutture subordinative e coordinative dei periodi. Un piccolo esperimento ci è suggerito dalle occorrenze del nome *conseguenza* (al di fuori della locuzione preposizionale *in conseguenza di*) nei quattro codici (restringo drasticamente il *corpus* a puri fini esemplificativi): 7 nel c.p.; ad es.: «quando [...] si è ivi verificato l'evento che è *conseguenza* dell'azione o omissione» (art. 6); «Quando da un fatto preveduto come delitto doloso deriva, quale *conseguenza* non voluta dal colpevole, la morte o la lesione di una persona [...]» (art. 586); 1 nel c.p.c.: «Le parti, in ogni caso, possono proporre le domande e le eccezioni che sono *conseguenza* diretta di quelle già formulate» (art. 183); 2 nel c.c.; ad es.: «Se il perimento della cosa non è *conseguenza* di caso fortuito [...]» (art. 1017).

Se aggiungessimo le presenze di forme del verbo *derivare* (all'incirca 600, che qui sarebbe superfluo esemplificare), arricchiremmo, pur senza completarlo, il quadro dei modi in cui l'espressione della consequenzialità è "lessicalizzata" nel discorso legislativo. Senza contare che la relazione di "conseguenza" è addirittura costitutiva dei rapporti istituiti da connettivi condizionali (cfr. Visconti 2000), che sono decisamente maggioritari nei testi di legge.

Come si è già osservato occasionalmente al § 3.1, l'impostazione di articoli e commi è modellata sull'enunciazione dei fatti da regolare e delle circostanze prevedibili. Queste sono presentate prevalentemente come "condizioni". Tra i connettivi interfrasali dominano perciò quelli che hanno valore condizionale: su tutti, *se* e *qualora*. Un calcolo approssimativo delle occorrenze di *se* nel nostro *corpus* arriva intorno alle sei migliaia; per *qualora* la somma ammonta a poco meno di 1400.

Ho già accennato, sempre in 3.1, ai profili testuali derivanti dall'alternarsi dei tipi di strutture ipotattiche nella disposizione degli enunciati e dei loro membri. Dal punto di vista retorico, il risultato è la ripetitività degli schemi formali che riproducono (iconicamente, oserei dire) lo sviluppo dei contenuti normativi.

6.2. Elencare: ordine e disordine enumerativo.

Gli schemi retorici della "elencazione" o "enumerazione" (in latino *enumeratio*, in greco *epimerismós* «distribuzione») sono molteplici. Per semplificare, possiamo convogliarli in due grandi tronconi. In uno troverebbero posto i procedimenti codificati dalla retorica letteraria come «figure dell'accumulazione» (cfr. Lausberg 1969 e 1973[2]), e in particolare le forme della cosiddetta «accumulazione caotica». Nell'altro sistemeremmo, pur senza distinguerle analiticamente, le procedure enumerative che hanno un ruolo importante nell'economia del discorso, in quanto rappresentano il primo passo per dare ordine alle cose da dire.

"Mettere ordine" può significare, in un buon numero di situazioni, «elencare». Nei testi legislativi le enumerazioni (di criteri, fattispecie, circostanze, condizioni necessarie, ecc.) compaiono all'interno di articoli e di commi. La tendenza, affermatasi nei due ultimi decenni del Novecento, a ridurre il numero degli articoli ha portato per contraccolpo ad aumentare la quantità delle suddivisioni interne a questi. Un rudimentale confronto fra i codici mostra che nel piú recente (il codice di procedura penale) al numero relativamente contenuto degli articoli fa riscontro una ricchezza di suddivisione dei commi in lettere e numeri superiore a quella che si trova negli altri codici. Ma con la "codicografia" si rimane in un settore ben strutturato, costruito sul modello di un'impalcatura di tradizione illustre, come già abbiamo avuto occasione di osservare (§ 2). Negli atti legislativi attualmente proliferanti con frequenza da capogiro, e perciò con i connotati del provvisorio, troppo spesso malformato e destinato a diventare o tristemente definitivo o soggetto a innumerevoli rettifiche, variazioni, aggiunte, anche i fattori dell'ordine formale possono trasformarsi in fonti di complicazione e di oscurità.

Un esempio di ipertrofia dei commi corrispettiva all'esiguità numerica degli articoli, è la struttura della legge n. 662 del 1966 (*Misure di razionalizzazione della finanza pubblica*)[101], campione purtroppo non insuperato di quelle che Ainis (1997, p. 3) bolla come «strutture senza struttura». La legge in questione consta di soli tre articoli, ma ciascuno di questi comprende piú di duecento commi: ben 267 il primo; 224 il secondo; 217 il terzo. All'interno dei commi si trovano suddivisioni indicate da lettere. Ad esempio, nell'art. 3 i commi 133 e 160 si snodano ognuno nelle sedici lettere da *a*) a *r*). Il testo indicato da una lettera dell'alfabeto può a sua volta essere suddiviso sotto numeri, come capita, sempre nell'art. 3, al comma 134, dove la lettera *a*) si articola nella serie 1), 2), 3); la lettera *d*) nella serie da 1) a 6).

Cito da Ainis (1997, p. 4) la descrizione della «struttura labirintica e barocca» di un articolo di legge (già oggetto di attenzione e di critica da parte degli studiosi del *drafting* legislativo):

> L'art. 1 della legge 4 ottobre 1986, n. 657, è diviso in 4 punti; il primo punto si compone di 8 paragrafi, ciascuno dei quali viene contraddistinto da una lettera; la lettera *f*) è scissa a sua volta in 7 punti, numerati con cifre arabe come gli articoli; e infine il punto 7 della lettera *f*) è ancora suddiviso in 5 commi, questa volta numerati con cifre romane.

In cosí ben confezionati contenitori di materiali eterogenei ammassati alla rinfusa, come mostrerebbe una ricognizione, sia pure sommaria, dei contenuti, gli elenchi hanno tutto l'aspetto e la consistenza di "enumerazioni caotiche": (brutte) figure dell'accumulazione, e non piú manifestazioni privilegiate della *distributio* o «ripartizione organica» che è principio e conseguenza dell'ordine concettuale. In maniera semiseria chiamerei "salto categoriale" il passaggio dall'uno all'altro dei due tron-

[101] Questa legge è citata fra gli esempi di *«Errori» e «orrori» legislativi*, tema del cap. I di Ainis 1997. Nel cap. III della stessa opera Ainis spiega le «ragioni del malessere» legislativo, riportandole alla «debolezza del sistema politico» italiano. Sulla «oscurità delle leggi» si trovano puntuali osservazioni in Domenighetti 1998, pp. 28-33, e *passim*.

coni provvisoriamente stabiliti per gli schemi della *enumeratio*. Le ragioni di questo salto si devono ricercare nel disordine dei temi stipati in ogni articolo di legge, decreto legislativo, ecc.: nella eterogeneità dei materiali, a cui si è appena accennato, che il legislatore si trova (per motivi di tattiche politiche) a dover comprimere in un articolo, invece di distribuirli sotto diverse rubriche o di assegnare gruppi omogenei ad altrettanti atti legislativi.

Se dalla opaca realtà torniamo al settore dei prototipi, dei caratteri in base ai quali possiamo riconoscere (e biasimare, eventualmente) le attuazioni devianti, ci rendiamo conto che l'enumerazione in quanto successione ordinata è procedimento ripetitivo. È ricorrenza di procedimenti: ripetizione strutturale, dunque. Esemplificarla è possibile quando la scansione in elenchi e subelenchi non è mero espediente per assommare componenti disomogenei, ma risponde all'esigenza di enumerare con ordine e perciò di "sottocategorizzare":

(115) TERMINI DI DURATA MASSIMA DELLA CUSTODIA CAUTELARE.
1. La custodia cautelare perde efficacia quando:
a) dall'inizio della sua esecuzione sono decorsi i seguenti termini [...]:
1) tre mesi, quando si procede per un delitto per il quale la legge stabilisce la pena della reclusione non superiore nel massimo a sei anni;
2) sei mesi, quando si procede per un delitto per il quale la legge stabilisce la pena della reclusione superiore nel massimo a sei anni [...];
3) un anno, quando si procede per un delitto per il quale la legge stabilisce la pena dell'ergastolo o la pena della reclusione non inferiore nel massimo a venti anni [...];
b) dall'emissione del provvedimento che dispone il giudizio o dalla sopravvenuta esecuzione della custodia sono decorsi i seguenti termini [...]:
1) sei mesi, quando si procede per un delitto per il quale la legge stabilisce la pena della reclusione non superiore nel massimo a sei anni;
2) un anno, quando si procede per un delitto per il quale la legge stabilisce la pena della reclusione non superiore nel massimo a venti anni [...];
3) un anno e sei mesi, quando si procede per un delitto per il quale la legge stabilisce la pena dell'ergastolo o la pena della reclusione superiore nel massimo a venti anni;

c) dalla pronuncia della sentenza di condanna di primo grado o dalla sopravvenuta esecuzione della custodia sono decorsi i seguenti termini [...]:
1) nove mesi, se vi è stata condanna alla pena della reclusione non superiore a tre anni;
2) un anno, se vi è stata condanna alla pena della reclusione non superiore a dieci anni;
3) un anno e sei mesi, se vi è stata condanna alla pena dell'ergastolo o alla pena della reclusione superiore a dieci anni;

d) dalla pronuncia, ecc. (art. 303.1 c.p.p.).

La ricorrenza delle strutture e l'omogeneità tematica comportano, in situazioni come quella qui illustrata, anche la ripetizione lessicale. L'effetto di ininterrotta monotonia che ne deriva, e a cui già ho avuto occasione di accennare, è condizione necessaria (anche se non sufficiente) della chiarezza e dell'assenza di ambiguità richieste alla normativa giuridica.

6.3. Ripetere (chi ha paura delle ripetizioni?)

L'elogio della *repetitio*, opposta alla *variatio* secondo i canoni della tradizione retorica[102], è già stato qui abbozzato in 3.2. Piú che di un abbozzo si è trattato di occasionali richiami alla naturalezza, e alla correttezza, del ripetere parole già scritte a piú o meno breve distanza, quando l'uso di pronomi o di sinonimi poteva oscurare i riferimenti e ostacolare la comprensione dei testi.

L'elogio della *repetitio* si basa su pochi dati di evidenza immediata. La ripetizione cosiddetta "funzionale" è un importante coesivo del testo: serve a indicare univocamente i referenti e quindi a garantire la continuità tematica. È fattore di chiarezza e di precisione: di *perspicuitas*, la *virtus elocutionis* che gli antichi maestri dell'arte del dire raccomandavano come imprescindibile per tut-

[102] Su questo tema mi sia concesso rinviare alle essenziali osservazioni che si trovano in Mortara Garavelli 1997 (pp. 185-88) e 1993, pp. 386-95, dove si distingue «la ripetizione come coesivo testuale dalla ripetizione in quanto manifestazione del parallelismo di elementi a qualsiasi livello linguistico».

ti i testi/discorsi a cui non si addicesse una qualche forma di oscurità voluta e cercata per fini particolari, pratici o artistici: per dissimulare onestamente, per formulare enigmi, coprire misteri, stendere «velami» su profonde dottrine. Nessuno dei pochi casi ora elencati fra i molti evocabili risponde ai connotati di un (buon) testo legislativo. E dunque si spiani la via alle ripetizioni lessicali, che sono *quasi* sempre da preferire alle riprese anaforiche mediante pronomi. Per non dilungarmi in citazioni, aggiungo un solo esempio ai precedenti (59), (60), (61); i commenti fatti a proposito di questi possono valere in parte anche per il seguente es. (116):

(116) Quando la legge dispone che la pena sia aumentata o diminuita entro limiti determinati, l'aumento o la diminuzione si opera sulla quantità di *essa*, che il giudice applicherebbe al colpevole qualora [...] (art. 63 c.p.).

Non ci vuole molto a rendersi conto di quanto il periodo acquisterebbe in semplicità, limpidezza, e perciò in eleganza, se si scrivesse: «... l'aumento o la diminuzione si opera sulla quantità *della pena* che il giudice applicherebbe...» La ripetizione che riproduce come una «copia» (Simone 1990) un'espressione piú o meno distante nel testo è un aiuto per il lettore: agevolando il recupero dell'antecedente di un'anafora fa sí che il discorso si capisca piú in fretta e meglio, e si eviti uno spreco di fatica interpretativa. E ognuno sa quanto sia importante avere buone riserve di energia da spendere nella comprensione di testi specialistici.

6.4. Un discorso senza figure?

L'assenza di figure retoriche, e in particolare di quelle classificate come *tropi* (metafore, metonimie, sineddochi; ma nella tradizione retorica gli elenchi dei tropi variano di lunghezza), è considerata come tratto caratterizzante dei testi giuridici normativi[103]. Vero, per quan-

[103] Rinvio al modello tipologico di Sabatini 1990 e 1999.

to riguarda l'uso di figure come veicolo di "effetti speciali", stilisticamente marcati.

Non sono assenti invece le catacresi di figure[104], del resto consuete ad ogni tipo di discorso e perciò irrilevanti per una tipologia; ma non prive di interesse per richiamare qualche frammento del profilo stilistico dei principali testi legislativi. Tra le figure riconoscibili nelle corrispondenti catacresi notiamo, in primo luogo, la personificazione; e poi gli usi metonimici; la preferenza, che tende ad attenuarsi, per costruzioni negative che rasentano la litote; le strutture iterative costruite a volte sullo stampo (obbligato e perciò non marcato dal punto di vista degli effetti stilistici) dell'anafora come iterazione parallelistica[105]; i chiasmi, sia pure rari; le inversioni o anastrofi; le (numerose) dittologie.

Ho accomunato sotto l'ombrello della catacresi gli schemi discorsivi a cui è costituzionalmente estranea la ricerca di effetti intesi come abbellimenti o ornamenti di un'espressione, che si vuole il piú possibile neutra. Ma catacresi non significa «spegnimento» del valore figurale, che è sempre visibile in trasparenza, a differenza di quanto accade, ad esempio, per le cosiddette metafore spente il cui valore originario è reperibile solo etimologicamente (*stile* è metafora spenta di *stilum*, che era lo strumento per incidere i caratteri della scrittura sulle tavolette di cera): non per nulla si è detto che i lessici delle lingue sono «cimiteri di metafore». Quando si legge, nella *Costituzione italiana*: «La Repubblica *riconosce e garantisce* i diritti inviolabili dell'uomo [...] e *richiede* l'adempimento dei doveri...»; o «La legge *assicura* [...] ogni tutela [...] *detta* le norme... [...] *provvede*, ecc.» si è di fronte a modi di esprimersi consueti. Eppure, associando i soggetti ai rispettivi predicati, è possibile vederci le

[104] Per la nozione di *catacresi* si veda la nota 7 del cap. I.

[105] All'anafora come figura della ripetizione si è accennato nella nota 26 del presente capitolo, distinguendola dall'anafora come forma di riferimento nei testi.

"personificazioni" della Repubblica e della legge. E quando si dice (si scrive) «la legge stabilisce/dispone, ecc.» si fa uso di una delle tante metonimie di cui è intessuto il discorso comune, se si intende che è il legislatore a stabilire, disporre, ecc.

Piú marcata rispetto all'uso comune è la scelta della forma negativa, specialmente quando nello stesso enunciato vi siano (come negli ess. 118 e 119) due negazioni dipendenti l'una dall'altra, con effetto di litote:

(117) La legge *non* dispone *che* per l'avvenire: essa non ha effetto retroattivo. (art. 11 c.c.);

(118) *Nessuno* può essere punito *se non* in forza di una legge che sia entrata in vigore prima del fatto commesso. (art. 25 Cost.);

(119) *Non* è ammessa la pena di morte, *se non* nei casi previsti dalle leggi militari di guerra. (art. 27 Cost.).

Il modulo esemplificato in (118) e (119) ricorre ben 16 volte nel testo della Costituzione, in ossequio alla scelta di esprimere il divieto con formule negative. Solo tre volte compaiono forme del verbo *vietare* in proposizioni prescrittive, e precisamente: nell'art. 21 («*Sono vietate* le pubblicazioni a stampa [...] contrarie al buon costume»); nell'art. XII e nell'art. XIII delle *Disposizioni transitorie e finali* («*È vietata* la riorganizzazione [...] del disciolto partito fascista»; «[...] *sono vietati* l'ingresso e il soggiorno nel territorio nazionale»); e solo una volta si trova una forma di *proibire* («Sono proibite le associazioni segrete [...]», art. 18).

Riguardo alle iterazioni comportate, ad esempio, dalle sequenze enumerative, si notino, in (115), gli inizi dei segmenti contraddistinti dalle lettere *a*)-*d*), scanditi dal ricorrere dei sintagmi con la preposizione *dall'/dalla*, secondo lo schema dell'anafora come iterazione parallelistica.

Meno frequenti i chiasmi, di cui abbiamo già trovato un campione, proposto come es. (20). Ai casi di inversioni (o anastrofi) giustificati, come s'è visto in 3.1, dalle condizioni della struttura informativa degli enunciati si aggiunga almeno il seguente, dove l'inversione rappresentata dallo spostamento del sintagma *a quella* dalla fine della frase infinitiva (cioè dal posto che gli spetterebbe nella collocazione non marcata) all'inizio della frase che regge l'infinitiva è indotto dalla preferenza per le riprese pronominali. In un caso come questo era inevitabile avvicinare il piú possibile il dimostrativo anaforico al suo antecedente (*Autorità giudiziaria*):

(120) Chiunque, con denuncia, querela, richiesta o istanza [...] diretta all'Autorità giudiziaria o ad un'altra Autorità che *a quella* abbia obbligo di riferirne [...] (art. 368 c.p.).

Anastrofi e iperbati sono affini; anzi, certune delle prime sono inglobate nei secondi, come in (120), dove il sintagma *a quella*, che realizza un'anastrofe, è inserito tra il soggetto e il predicato, secondo lo schema dell'iperbato. Gli iperbati sono frequenti nei testi legislativi. A volte sono giustificati dalle esigenze della coesione testuale; spesso sono indizi della preferenza, costante, per modi di esprimersi sostenuti, e involuti. Nei testi di legge peggio redatti sono vizi di uno stile assuefatto ai contorcimenti di stereotipi tenaci.

Ai limiti fra "usi speciali" e abusi si colloca lo schema tradizionalmente etichettato come zeugma. Un solo esempio:

(121) Il pubblico ministero [...] può *nominare e avvalersi di* consulenti. (art. 359.1 c.p.p.).

Capitolo terzo
Lessico e stereotipi sintattici nelle diverse classi di testi

> Quando le cose non sono semplici [...], pretendere [...] la semplificazione a tutti i costi è faciloneria, e proprio questa pretesa obbliga i discorsi a diventare generici, cioè menzogneri. Invece lo sforzo di cercare di pensare e d'esprimersi con la massima precisione possibile proprio di fronte alle cose piú complesse è l'unico atteggiamento onesto e utile.
>
> ITALO CALVINO[1].

Si passa in rassegna con neutralità descrittiva una manciata di costrutti nella selva, qua e là oscura, dei testi giuridici. Sotto inchiesta le scelte cosiddette di registro: dello stile, dunque, caratterizzato sui livelli della sintassi e del lessico. Si inseguono fenomeni, e i tratti che li distinguono, appariscenti per la costanza con cui si presentano. Alcuni degli esempi proposti potrebbero comporre un modesto campionario di stranezze: un documento, sia pure di poche pretese, delle alterazioni di cui il linguaggio giuridico è vittima, forse piú di altri settori. Si tocca appena, infine, un aspetto tipico dello scrivere "di leggi": l'invadenza caratterizzante delle citazioni latine, richiami e agganci onnipresenti alle origini e ai fondamenti del nostro sistema giuridico.

1. *Tra sintassi e lessico.*

I testi giuridici, a qualsiasi classe o sottoclasse appartengano, raramente e solo saltuariamente appaiono privi di espressioni desuete[2], di "modi di dire" congelati in uno specialismo che non è quello, inevitabile e inelimi-

[1] I. CALVINO, *Una pietra sopra*, Einaudi, Torino 1980, p. 307.

[2] Si vedano le osservazioni di Gotti (1991, pp. 26-31) sul tradizionalismo e il conservatorismo linguistico nei campi legale e amministrativo: «Il rispetto della tradizione che si riscontra nel linguaggio legale è dovuto anche al suo forte legame con la prassi [*antica*] di usare formule particolari nei giuramenti, nelle nomine, nella stesura di editti, nella promulgazione di leggi, nel conferimento di cariche e nell'attribuzione di proprietà. In tali contesti il rispetto della formula coincideva con la validità stessa dell'atto» (p. 27). Gotti illustra poi le riforme angloamericane del linguaggio legale con esempi di testi riformulati.

nabile, del lessico tecnico del settore, ma è invece frutto, abnorme e resistente, dell'assuefazione a una stereotipia tramandata come un marchio di fabbrica. L'abbondanza e la costanza con cui vengono impiegati stereotipi sintattici e lessicali sono davvero un tratto tipologico di non poco peso.

L'esame delle particolarità lessicali incrocia il dominio della sintassi. A cui è ovvio assegnare quegli aspetti della formazione delle parole che riguardano la struttura delle singole voci e le relazioni di dipendenza che tale struttura instaura nella frase: come avviene per i termini astratti e le nominalizzazioni.

Assente ogni pregiudiziale negativa dall'esame di tali fenomeni, le descrizioni non saranno mosse da alcun intento censorio; a meno che non capiti di imbattersi, come è già accaduto talvolta nei capitoli precedenti, in casi di macroscopica violazione delle norme elementari della correttezza grammaticale o della appropriatezza testuale e pragmatica.

Si rinuncerà pure a valutare le singole produzioni linguistiche secondo i parametri collaudati che servono a misurare i gradi di "leggibilità" e di "comprensibilità" dei testi. L'una e l'altra dipendono in parte notevole dalla presenza di tecnicismi, o autentici e necessari, o spuri e superflui. Occuparsene porta dritto nella questione, sempre aperta, di come e entro quali limiti si possa semplificare e rendere chiaro un discorso specialistico fortemente vincolato e vincolante[3]. Interventi superficiali e semplicistici sulla "forma" possono alterare la sostanza. Se si coltivasse l'illusione di rendere accessibile tutto a tutti non si farebbe che seminare confusione e incertezza interpretativa, matrici di ingiustizia generalizzata. D'altra parte, l'oscurità dovuta all'ermetismo di formule iniziatiche contraddice il sacrosanto diritto che ognuno ha di orientarsi fra le norme e le convenzioni del vivere civile. L'affermazione di questo diritto, però, de-

[3] Rinvio alla tipologia testuale di Sabatini (1990, 1998, 1999).

ve tenere conto realisticamente della necessità di ricorrere alla mediazione di esperti, quando la complicazione intrinseca alla materia stessa metta in difficoltà chi non è specialista. Come si vede, sono in gioco le differenze, nei contenuti e nelle competenze dei destinatari, piuttosto che un illusorio egualitarismo.

1.1. Stereotipi sintattici.

Si trovano un po' dappertutto, a cominciare dalle fonti del diritto: dai testi normativi redatti (con esiti qualitativamente disuguali) da esperti delle dottrine e delle tecniche legislative, alla produzione giurisprudenziale tra ermeneutica e applicazione delle leggi, fino alla selva dei testi che abbiamo etichettato come "applicativi" e, fra questi, agli atti giuridici privati o a documenti non necessariamente opera di specialisti del settore. In questi ultimi scritti le restrizioni che imbrigliano i modi di esprimersi sono riconducibili sia all'uso di formule giuridiche a cui gli estensori si aggrappano per non incorrere in vizi di forma, sia a una tenace acquiescenza a fossili burocratici nei quali si ravvisa il sigillo dell'ufficialità. Ricerca di precisione affidata alle pastoie dell'antilingua[4].

Le osservazioni che seguono vogliono essere una specie di promemoria riguardo ad alcuni dei fenomeni piú frequenti e piú vistosi. Si è lavorato in parte sul *corpus* di testi legislativi indicato nel capitolo II, in parte su prelievi da documenti da assegnare a classi diverse. Perciò non si potranno fare statistiche né calcolare percentuali di frequenza. Il campionario di esempi messo insieme qui potrà però servire come indicazione di spunti per lavori che daranno le necessarie conferme quantitative, se condotti sistematicamente con i metodi della "linguistica dei *corpora*"[5]. Rovere (2000, p. 270) nella sua per-

[4] Il riferimento è, naturalmente, alla celebre trovata di Calvino, pp. 122-126 del vol. qui citato alla nota 1.

[5] Il «supporto tecnico» di questa specializzazione – cito da Rovere 2000,

suasiva indagine su un *corpus* di testi giuridici[6] mostra che gli aspetti grammaticali rilevabili sono frutto della «selezione, significativa da un punto di vista quantitativo, di alcune fra le possibilità offerte dal sistema della lingua comune». Questo vale anche per gli usi linguistici qui sotto elencati:

a) preferenza per costrutti sintetici:
  a_1) enclisi del *-si* con l'infinito retto da un verbo modale;
  a_2) sovraestensioni dell'infinito in frase completiva;
  a_3) uso di completive con l'infinito e di "frasi ridotte" participiali;
b) anteposizione del verbo al soggetto in frasi principali;
c) anteposizione dell'aggettivo al nome;
d) abbondanza di participi presenti;
e) frequenza e posizione degli avverbiali strumentali;
f) uso dell'imperfetto narrativo.

a) Fra i tre tipi dei costrutti "sintetici" indicati il piú diffuso nei testi giuridici di ogni specie è certamente il primo.

a_1) Nella perifrasi "verbo modale + infinito" (mi permetto di richiamare cose elementari) il clitico[7] *si* può essere agganciato all'infinito (posizione enclitica: «posso-

p. 270 – «permette di controllare la reale portata di tratti dati talora prematuramente per categorici, di individuare tratti variabili che per la loro frequenza appartengono al livello della norma d'uso, di facilitare l'identificazione di varianti idiosincratiche o marginali. Piú in generale permette di sottrarre la dimensione quantitativa al giudizio soggettivo».

[6] Il *corpus* è quello utilizzato per il Dizionario valenziale dei verbi italiani (Blumenthal/Rovere 1998). Oggetto della ricerca il costrutto "*da* + proposizione infinitiva" (ad es. «da porre / da indicarsi»), con o senza il pronome clitico *si* (con valore impersonale o con valore passivo). Come si vedrà, questo argomento non è stato compreso nella mia rassegna. D'obbligo, anche per tale motivo, il rimando all'ottimo lavoro di Rovere.

[7] Sul sistema pronominale dell'italiano, descritto in relazione ai «fenomeni emergenti» nell'italiano contemporaneo, rimando alla esemplare sintesi di Berretta 1993.

no applicar*si*»), oppure può precedere il verbo modale, se questo è di modo finito (posizione proclitica: «*si* possono applicare»)[8]. Quando la particella fa costituzionalmente parte del verbo e perde o attenua di molto il suo valore pronominale (il che accade con i cosiddetti intransitivi pronominali, detti anche «intrinsecamente riflessivi», come *trovarsi*, *attenersi*), oppure quando ha valore riflessivo (come *liberarsi*) o reciproco (*scambiarsi*), l'enclisi appare piú "naturale" di quando il *si* ha valore passivo o impersonale. Come si può notare confrontando le perifrasi evidenziate in 1), 2), 3) con le successive 4) e 5):

1) nel luogo in cui l'originale *dovrebbe trovarsi* / egli *deve attenersi* alle condizioni...;

2) il terzo acquirente *può liberarsi* dall'obbligo...;

3) le autorità amministrative [...] possono *scambiarsi* informazioni;

4) questa elezione *deve farsi* espressamente per iscritto / Atti che *devono farsi* per iscritto / *possono istituirsi* sezioni con sede diversa... [*si* passivante];

5) *può procedersi* a espropriazioni [*si* impersonale][9].

In 4) e 5) l'uso corrente di livello medio preferirebbe l'anteposizione (o "risalita") del clitico: *si deve* / *si devono fare*, *si possono istituire*, *si può procedere*[10].

Nell'ambito dei testi normativi prevale la tendenza a collocare il clitico sull'infinito in due dei codici di piú vecchia data (ossia nei codici civile e di procedura civile) e nel piú recente (il nuovo codice di procedura penale). Nei primi mille articoli del codice civile il *si* compare in posizione enclitica almeno 78 volte (di cui al-

[8] Se il modale è al gerundio o all'infinito, il -*si* è agganciato o all'uno o all'altro sempre in posizione enclitica (*potendosi* trattare / potendo *trattarsi*; *doversi* fare / dover *farsi*).

[9] Le espressioni citate provengono: 1) dall'art. 112.1 c.p.p. e dall'art. 155 c.c.; 2) dall'art. 563 c.c.; 3) dall'art. 11 d.l. 3/5/1991, n. 143; 4) dall'art. 47 c.c., dalla rubrica dell'art. 1350 c.c., e dall'art. 125 Cost.; 5) dall'art. 851 c.c.

[10] Sulla tendenza, propria del parlato informale, a «far risalire [...] il clitico dall'infinito al modale» e sui «vari fattori che favoriscono, o viceversa ostacolano, questo modo di costruire il complesso verbale» è importante Berretta 1986.

meno 52 con valore passivo o impersonale), contro le 43 in cui il *si* precede il modale. Nel codice di procedura civile si contano almeno 90 casi di enclisi (in 55 dei quali il *-si* è passivante o impersonale) contro 24 proclisi del *si*[11].

Nel codice penale, invece (che è il piú antico dei quattro codici vigenti), le due posizioni del clitico, apparentemente, si bilanciano: 14 le occorrenze del *si* anteposto al modale, e 15 le occorrenze del *-si* appoggiato all'infinito. Ma siccome tre di queste riguardano verbi intransitivi o transitivi pronominali (nell'art. 169, per due volte, *può astenersi*; nell'art. 645, *voleva recarsi*), la bilancia pende a favore della collocazione del clitico sul modale[12]. Lo stesso accade, piú marcatamente, nella Costituzione del 1947, dove ai quattro *-si* enclitici (uno dei quali è intransitivo pronominale: *svolgersi*)[13] fanno riscontro nove anteposizioni (*si può, si possono*): il che contribuisce alla "scorrevolezza" sintattica, generalmente riconosciuta, e alla relativa facilità di lettura della nostra Carta fondamentale in confronto alla grande maggioranza dei testi normativi.

Nel nuovo codice di procedura penale il *-si* enclitico compare 20 volte su 42 con valore passivo o impersona-

[11] Per due di queste (nell'art. 265 c.p.c.) la posizione proclitica appare inevitabile, dato l'accoppiamento della prima (*si può*) con la seconda (*si suole*) che sopporterebbe a fatica un infinito con un *-si* enclitico, nel passo seguente: «... asseverare con giuramento le partite per le quali *non si può o non si suole* richiedere ricevuta».

[12] Analogamente, nel Trattato che istituisce la C.E., delle 15 enclisi rispetto all'infinito solo 4 avvengono con forme impersonali o passive, mentre le occorrenze del *si* anteposto al modale sono 6.

[13] «L'amnistia e l'indulto non *possono applicarsi*, ecc.» (art. 79); «Non possono essere istituiti giudici straordinari o giudici speciali. *Possono* soltanto *istituirsi* presso gli organi giudiziari ordinari sezioni specializzate, ecc.» (art. 102); «*possono istituirsi* sezioni...» (art. 125); «l'iniziativa economica privata *non può svolgersi*, ecc.» (art. 41). Alle perifrasi con verbi modali si può aggiungere l'unica perifrasi con un verbo aspettuale di tempo (tradizionalmente detto "fraseologico") ove l'infinito abbia un *-si* enclitico: «Fino a quando non sia emanata la nuova legge sull'ordinamento giudiziario in conformità con la Costituzione, *continuano ad osservarsi* le norme dell'ordinamento vigente» (Disposizioni transitorie e finali Cost., VII).

le. Il *si* è anteposto al modale 15 volte. Il risultato di questa tendenza a far prevalere il costrutto sintetico per "compattare" la perifrasi verbale (si vedano, ad es.: «*deve eseguirsi* la notificazione...», art. 156; «ai quali *può procedersi* solo...», art. 343; «ordinanza che *deve trascriversi* in margine...», art. 624) è una sostenutezza compassata, che sa di antiquato rispetto alla sintassi dell'uso scritto corrente, anche di livello alto.

Il fenomeno è ancora piú appariscente in testi di altre classi. Basta qualche riferimento a pochi esemplari per avere un'impressione (non piú che un'impressione, ma veritiera) della costanza con cui ricorrono gli stereotipi sintattici piú ricercati, desueti nelle scritture non specialistiche. Nella motivazione di una sentenza della Corte di cassazione (pubblicata in «Cassazione Penale», XL, 2000, n. 4, pp. 1036-40), nei costrutti "verbo modale + infinito" il *si* è sempre enclitico (*deve osservarsi* che / *deve intendersi* [abrogata/riferita] / *deve desumersi* / analoga conclusione *deve trarsi* / *deve ritenersi*). Altrettanto si dica per un'ordinanza del Tribunale di Bologna pubblicata nello stesso fascicolo di «Cassazione Penale», pp. 1058-62 (*doveva derubricarsi* / non *può* non *richiamarsi* / non *può ritenersi* maturato / *deve rilevarsi*, ecc.); e per una «nota a sentenza», ivi, pp. 913 sgg. (*possono trarsi* / *dovrebbe dirsi* / *può rintracciarsi* / *deve considerarsi* che... / benché *possa riscontrarsi* una zona d'intersezione...) Lo stesso comportamento (uso pressoché esclusivo del *-si* enclitico) caratterizza parecchie sentenze della Corte di assise di Torino, da me esaminate per gli anni 1990-94; e memorie difensive presentate alla Corte di cassazione. Da due di queste, una dell'aprile l'altra del maggio 1990, traggo le seguenti occorrenze: «non *può* che *sottolinearsi*»; «*potrebbe configurarsi* [come reato]»; «né *può* francamente *seguirsi*»; «non *poteva* assolutamente *costruirsi*» (dove il verbo *costruire* è usato in senso assoluto, per "costruire edifici"); «né [...] *può dubitarsi*»; «non *poteva* certo *attribuirsi* quella portata negativa...» Dalla lettura di atti di Convegni e di testi di dottrina giuridica si metterebbe insieme una massa di esempi imponente per la densità con cui il costrutto ricorre. Forse bisognerebbe dire che la diffusione del fenomeno è generale negli scritti dei giuristi e dei burocrati (e piú ancora di chi si improvvisa burocrate: ad esempio, quando "redige" un verbale); nell'italiano "ufficiale", dunque? Alcuni non ne fanno a meno neppure nelle comunicazioni (che ci aspetteremmo) informali. Cosí il ricorso indifferenziato a questo tipo di enclisi diventa un *tópos*.

Alla preferenza per l'uso del *-si* enclitico nei costrutti qui esaminati si può collegare il persistere, sia pure non generalizzato, di uno stereotipo come *trattasi*. Se ne contano due (e nessun "*si tratta*") nella sentenza appena citata della Cassazione; e il conto si arricchirebbe, spulciando altri atti processuali. Per quanto riguarda la scrittura legislativa, una ricognizione nel *corpus* contenuto nel Cd-Rom Zanichelli 2000/1 ha dato i seguenti risultati: 62 occorrenze di *trattasi*[14], di cui 46 nel nesso *se trattasi*. Forse non è azzardato ipotizzare che l'enclisi obbedisca all'intento (o all'impulso inconsapevole) di evitare l'allitterazione cacofonica *se si*. Questa non è certo l'unica volta che il contesto linguistico (o "cotesto") influisce su un'opzione stilistica riguardante i gruppi verbali finora esaminati (e anche altri)[15]. Ad esempio, quando si legge, in una famosa sentenza della Corte costituzionale:

> La possibilità di interpretazioni giurisprudenziali diverse è fisiologica nel nostro sistema e non si vede come *potrebbe eliminarsi* senza eliminare quella pluralità di giurisdizioni superiori che è consacrata dalla stessa Costituzione. (23-24/3/1988, n. 364, § 2)

[14] Le occorrenze di *trattasi* sono cosí distribuite: 14 nei quattro codici (3 in c.p.; 8 in c.c.; 1 in c.p.c.; 2 in c.p.p. Si tenga però presente la diversa mole di ciascuno: cfr. la nota 65 del cap. II); in testi legislativi vari (Trattato che istituisce la C.E.; d.lg.; d.p.r.; r.d.) 13 occorrenze tra il 1993 e il 1998; 35 tra il 1934 e il 1992.

[15] Mi riferisco alle perifrasi formate da una forma verbale che funziona come ausiliare unita a un infinito preposizionale: *cominciare a*... / *continuare a*... / *finire di*... / *stare per*... e simili.

si intuisce che l'agganciamento del *-si* all'infinito è determinato dalla presenza della forma *si vede* a brevissima distanza. Il fatto che soluzioni come queste siano motivate da ragioni cotestuali non annulla certo i motivi che inducono a considerare come formule sintattiche congelate la stragrande maggioranza dei costrutti in questione. Si noti infatti, nel capoverso successivo a quello da cui ho tratto la citazione precedente: «... giacché dai medesimi non *può desumersi* alcuna norma...», dove l'enclisi non ha giustificazioni cotestuali.

a_2) Sono "sovraestensioni" dell'infinito in frase completiva costrutti grammaticalmente anomali come i seguenti, che provengono da atti giudiziari e amministrativi: «il difensore chiede *applicarsi* all'imputato la diminuzione della pena»; «chiedendo infine *disporsi* la riapertura del locale», e pochi altri. Sono sovraestensioni, perché, in casi come questi, l'infinito prende il posto del costrutto normale analitico *che si applichi* (o: *che sia applicata*) / *che si disponga* (o: *che sia disposta*). Non è significativa la loro frequenza, bassissima (non ne ho trovato esempi nel *corpus*, che è costituito da testi legislativi); è significativo invece il fatto che tali costrutti siano stati giudicati accettabili da "esperti di legge", mentre sono state giudicate inaccettabili, dagli stessi esperti, frasi di riscontro quali: «*la ragazza *chiede applicarsi* una toppa ai suoi jeans / *chiede acquistarsi* un altro libro», «**chiede decidersi* la durata delle vacanze». Segno che i casi esaminati di sovraestensione dell'infinito sono avvertiti come formule fisse, come stereotipi, appunto, del linguaggio giuridico e burocratico, non esportabili in ogni altro settore e in particolare nel parlare e nello scrivere quotidiani.

a_3) Le completive con l'infinito appartengono all'insieme delle subordinate implicite. Non mi occupo, come è ovvio, di quelle che sono obbligatoriamente implicite[16], ma solo delle completive per le quali è possi-

[16] Una trattazione completa in Skytte 1983.

bile scegliere tra la forma esplicita (con il verbo di modo finito) e l'implicita. Il loro uso risponde alla tendenza alla riduzione sintattica; che è un tendere alla sintesi, appunto: sintesi strutturale, che non vuol dire eliminazione della prolissità su altri piani dell'espressione, e sul livello dell'organizzazione (o forma) del contenuto.

Basti una sola citazione:

(1) L'esperimento consiste nella riproduzione, per quanto è possibile, della situazione in cui il fatto si afferma o si ritiene *essere avvenuto* e nella ripetizione delle modalità di svolgimento del fatto stesso. (art. 218.2 c.p.p).

Sono preferite, in quanto forme abbreviate, alle corrispondenti completive (come, per l'es. (2) «ritiene *che la prova sia già stata* raggiunta») le "frasi ridotte" participiali[17], che godono di notevole fortuna nei testi legislativi, negli atti processuali, amministrativi, giuridici privati. Pochi, tra i molti esempi a disposizione (altri si possono scovare facilmente, disseminati in parecchie delle citazioni presenti in questo libro per illustrare costrutti vari):

(2) ... nei limiti per cui ritiene *già raggiunta la prova*. (art. 186*quater* c.p.c.);

(3) Si sosteneva infatti da parte della difesa *l'avvenuto decorso*. («Cassazione Penale», XL, 2000, n. 4, p. 913);

(4) La questione della legittimità costituzionale di una legge o di un atto avente forza di legge dello Stato può essere promossa dalla Regione che ritiene *dalla legge o dall'atto invasa la sfera della competenza* assegnata alla Regione stessa dalla Costituzione e da leggi costituzionali. (art. 32 L. 11/3/1953, n. 87);

(5) Infine, in ordine al contrasto, *che* il Pretore di Cingoli assume *esistente* tra gli articoli impugnati e l'art. 27 comma 1° Cost. [...] (Sentenza 23-24/3/1988, n. 364 della Corte costituzionale).

La struttura testuale è la stessa degli enunciati ove il predicativo consiste in un nome astratto, anziché in un participio: «né il giudice ha ritenuto *l'inoperatività* del vincolo...»

[17] Le frasi ridotte sono trattate nell'ambito dei complementi predicativi da Salvi 1991.

b) Dell'inversione del soggetto «vistosa soprattutto quando il verbo passa in apertura di frase», si è occupato Rovere (in stampa) a proposito del tipo di testo "sentenza"[18], rilevando come i verbi che designano atti giuridici appaiano in prima posizione per «conferire salienza comunicativa all'elemento giuridicamente rilevante». Nei casi in cui si anticipino forme di verbi come *osservare*, *rilevare*, *esporre*, *notare* e simili, la scelta si uniformerebbe a un modello letterario volto a sottolineare «il carattere formale e solenne di ciò che, in altri contesti, si è chiamato *appearance on the scene*». Nel sottoscrivere queste affermazioni possiamo addurre come esempio il ritornello famoso "*sostiene Pereira*" proposto come costante narrativa, eponima del romanzo in cui ricorre. Per trovare campioni dell'una e dell'altra categoria dei verbi distinti da Rovere basta aprire a caso un testo giuridico (interpretativo o applicativo). Da uno di questi, i «motivi della decisione» in una sentenza della Cassazione penale (settembre 1991) pubblicata nel periodico «Il corriere giuridico», n. 12 (1991), pp. 1309-912, traggo le seguenti occorrenze di anticipazione del verbo al soggetto, in frasi principali o subordinate e senza che si verifichino le condizioni di marcatezza semantico-pragmatica rilevate nel capitolo II (quando cioè le inversioni erano dovute a esigenze di coesione testuale, in quanto mezzi per garantire il mantenimento della continuità tematica, l'esattezza o la facilità di riprese anaforiche). In apertura di frase principale: «*Ritiene la Corte* / *Non ritiene tuttavia la Corte*», «In conclusione quindi, *non può questa Corte accogliere* il ricorso». In frase dipendente (oltre alla inversione obbligatoria del soggetto con i gerundi *prospettando il Tribunale*, *riflettendo il P. M.*): «*se debba il giudice* [...] *consentire*». Anche senza le garanzie di obiettività che darebbe la considerazione quantitativa dei dati se si facessero spogli in *corpora* ben delimitati, si può affermare con ragionevole certezza che

[18] Sullo stile delle sentenze è ancora assai utile Gorla 1967, 1968, 1969.

questo modulo sintattico è tipico dei vari generi di atti processuali (censiti nel cap. I, § 2.3, ai punti 1 *a*, *b*, *c*, *d*, *e*).

Può essere interessante notare i casi in cui, nella scelta di questo stilema, intervengono le ragioni "testuali", cioè i criteri che regolano l'organizzazione delle unità semantico-pragmatiche del testo. Si esaminino gli ultimi due capoversi a p. 1059 di «Cassazione Penale», XL (2000), n. 4:

(6) Inoltre *la difesa rilevava* che doveva derubricarsi il reato imputato a [...];

(7) Ed ancora e da ultimo *rilevava la difesa* la inesistenza di esigenze cautelari [...].

La diversa collocazione del soggetto nei due enunciati è dovuta non alla ricerca di *variatio*, ma al differente statuto delle unità testuali. In (6) è focalizzata la parte tematica costituita dal soggetto *la difesa*; in (7), la parte (tematica) rappresentata dal predicato *rilevava*, mentre *la difesa* è in posizione di dato (o noto). La situazione si ripete tre capoversi piú avanti con i costrutti *il Collegio rileva* e *ritiene il Collegio*. Altri esempi di alternanze nell'ordine dei costituenti dovute alla focalizzazione alterna di uno e dell'altro elemento tematico si trovano nella sentenza della Corte costituzionale del 24/3/1988, n. 364, al § 4 (che cito da «Cassazione Penale», XXVII, 1988, n. 7, pp. 1133-52): *Rileva l'Avvocatura* (incipit di frase) / *l'Avvocatura rileva*. Nello stesso testo vale la pena notare la diversa posizione del soggetto in enunciati introduttori di un discorso riportato. Se questi precedono la citazione, il soggetto compare prima o dopo il predicato, secondo i criteri di testualità già esposti[19]. Se l'enunciato introduttore funziona come glossa interposta alla citazione si ha l'inversione del soggetto:

(8) *Osserva* preliminarmente *l'Avvocatura* che [...] (§ 2, secondo capoverso);

(9) Quanto al contrasto con l'art. 3 Cost., *la stessa Avvocatura osserva* che il principio d'obbligatorietà della legge e d'irrilevanza del-

[19] Alla posizione del soggetto con *verba dicendi* intercalati a una citazione si è accennato qui nel cap. II, al terzultimo capoverso del § 3.

l'errore di diritto vale in modo uguale per tutti. Né è ravvisabile, *prosegue l'Avvocatura dello Stato*, violazione degli artt. 24, 111 e 113 Cost., giacché dai medesimi non può desumersi alcuna norma che garantisca costituzionalmente il cittadino dal pericolo di giudicati contrastanti [...] (§ 2, quarto capoverso).

Per quanto riguarda gli atti amministrativi, non ho dati sufficienti per generalizzare osservazioni frammentarie; ma spogli accurati per tipi diversi di testi in tale settore potrebbero registrare, in alcuni almeno, significative ricorrenze di inversioni del soggetto in casi analoghi a quelli di cui ho dato notizia.

(*c*) L'anteposizione dell'aggettivo (in funzione attributiva) al nome è marca caratteristica di innalzamento del registro. La sua frequenza nei testi giuridici è alta e costante. A differenza di quanto abbiamo notato per l'enclisi del *-si*, è genericamente preferita anche in varie zone dell'italiano comune, come è illustrato con abbondanza di motivazioni e di esempi in Berruto 1998 (quindi, in questo caso, l'uso giuridico non va «in controtendenza»).

Nelle diverse classi di testi giuridici l'aggettivo è anteposto con frequenza significativa per qualsiasi tipo di qualificazione:

– *generale* divieto / *generale* principio / una *stretta* interpretazione / [il profilo della] *adeguata* motivazione / il *dedotto* fraintendimento (Atti processuali vari);

– *giuridica* identificazione (Massima Cass., 22/3/1993, n. 3378);

– le *riportate* osservazioni (Sentenza Cass., 22/3/1993, n. 3378);

– il *ritenuto pregresso* inserimento (Memoria difensiva presentata alla Corte di cassazione il 14/5/1990);

– *l'impugnata* sentenza / nella *appellata* sentenza / l'*asserito* affidamento / [la congruità della] *irrogata* pena / le *conseguite e conseguenti pressanti* esigenze economiche / *promesso* compenso (Sentenza della Corte d'appello di Milano, 4/8/1989);

– un *legale* rappresentante (55 occorrenze nel *corpus*, contro le 23 della combinazione *rappresentante legale*);

– il *simulato* alienante / *dolosa* preordinazione / *conveniente* coltivazione (artt. 1415; 2901; 846 c.c.);

– un'*accettabile* lettura;

– *contestuale* esercizio [dell'azione penale].

I piú marcati sono i casi in cui vengono anteposti al nome aggettivi di relazione (la cui collocazione prevalente è postnominale), participi in funzione di aggettivi, attributi piú "pesanti" che, nell'uso corrente, tendono (ma si tratta solo di una tendenza e non di una regola) a essere posposti. In generale, possiamo considerare "stilisticamente marcate" le anteposizioni che non sono imposte da ragioni cotestuali. Un esempio di anteposizione imposta dal cotesto si trova nella sequenza: «riconoscimento [...] della richiesta riduzione di pena», dove il participio *richiesta* deve precedere il sintagma *riduzione di pena* per impedire la lettura «pena richiesta».

Per quanto riguarda l'aggettivo *contestuale/-i* (con funzione attributiva) le sue occorrenze nell'intero *corpus* sono almeno 38, di cui 28 in posizione prenominale (*contestuale* giudizio/comunicazione/notizia/trasmissione, ecc.). L'anteposizione è giustificata probabilmente dall'uso di *contestuale* con significato equivalente, nella gran parte dei casi, a *relativo*. Delle 10 occorrenze di *contestuale* posposto al nome, ben sei sono obbligate, in quanto l'aggettivo regge un complemento (*contestuale* all'opposizione / all'avviso, ecc.). La lettura di memorie difensive, sentenze, ordinanze, contratti e altri documenti giudiziari e amministrativi conferma le illazioni che si possono trarre dai dati di questo spoglio.

d) L'abbondanza di participi presenti è macroscopica. La densità dell'uso si percepisce, meglio che dal calcolo delle occorrenze nel *corpus*, dalla lettura di uno qualsiasi dei testi di una qualsiasi classe o sottoclasse. Dalla citata sentenza, pubblicata in «Cassazione Penale», XL (2000), n. 4 ricavo i seguenti esempi (tutti contenuti in una sola pagina, la 1073):

- dall'interessato colpito dalla limitazione dal suo ufficio *proveniente*;
- princípi del nuovo codice di procedura penale, *attribuenti* solo al giudice l'adozione di provvedimenti limitativi della libertà personale...;

– da verificare se il termine "autorità giudiziaria procedente" *comparente* nell'art. 79 c. 5 l. stup. sia davvero idoneo a designare anche il p.m.;

– l'espressione in parola, intesa quale *ricomprendente* anche il p.m.;

– misure interdittive, reputate quali parzialmente *colmanti* l'abrogazione dell'art. 140 c.p.

Si potrebbe obiettare che queste sono opzioni personali dell'estensore della sentenza: caratteri di "stile individuale", dunque, non generalizzabili. Una rapida ricognizione in testi legislativi persuade invece che la preferenza per costrutti sintetici (in questo caso, per il participio presente in sostituzione di una frase relativa) è una delle costanti d'uso nel linguaggio giuridico:

– la sede *risultante* dal registro (art. 46 c.c.);

– fondo *appartenente* al proprietario inadempiente (art. 865 c.c.);

– mutato per causa *proveniente* da un terzo (art. 1141 c.c.);

– qualsiasi documento *proveniente* dall'imputato (art. 237 c.p.p.);

– La promessa di matrimonio [...] *risultante* dalla richiesta della pubblicazione (art. 81 c.c.);

– la capitalizzazione dell'assegno loro *spettante* a norma del comma precedente (art. 580 c.c.);

– un certificato del cancelliere del tribunale *comprovante* che non fu interposta opposizione (art. 2019 c.c.);

– ogni altra bandiera *portante* i colori nazionali (art. 292 c.p.).

Senza contare i participi presenti sostantivati: l'*adottante*, il *donante*, l'*affrancante*, l'*istante*, il *comparente*, il *rimettente*, il *rivendicante* [dei frutti percepiti], il *denunziante*, il *mutuante*, il *delegante*, l'*accettante*, l'*alienante*, il *girante*, lo *stipulante*, il *dichiarante*, il *permutante*, il *somministrante*, il *mandante* (opposto al *mandatario*), il *depositante*, il *comodante*, l'*affiliante*, il *soccidante*, l'*accomandante*, il *giurante*, l'*appellante*; e le "coppie fisse" quali sono, ad esempio: *fondo dominante*, *fondo servente*, *lucro cessante* e simili.

e) La posizione degli avverbiali strumentali è tema della ricerca, già citata, di Rovere (in stampa). Rovere definisce preliminarmente i criteri di riconoscimento di questa classe funzionale (che le grammatiche trattano solo a margine del complemento di mezzo, talora identificando o scambiando "mezzo" e "strumento"), poi ne studia la posizione («insolita probabilmente anche dal punto di vista della comunicazione tecnica in generale») in un *corpus* di testi giuridici costituito da sentenze, dove gli avverbiali strumentali hanno una frequenza notevole. La loro collocazione è cosí caratterizzata da Rovere: essi «occupano di preferenza la posizione iniziale quando l'agente è rappresentato da una delle parti in causa e il verbo esprime un'azione giuridica riservata ad esse» (ad es.: «*Con atto di citazione* R. D. conveniva in giudizio [...] la moglie»), mentre «compaiono di preferenza tra soggetto e verbo» gli avverbiali strumentali che «si lasciano rapportare all'agente istituzionale» (ad es.: «La Corte d'appello di Perugia, *con sentenza del 30 ott. 1987*, rigettava il gravame...»).

Queste conclusioni, di notevole valore tipologico, si prestano a essere confrontate con le risultanze di una indagine condotta su testi appartenenti a una classe diversa: la classe dei testi normativi (documentata sul *corpus* a cui attingo nel presente lavoro).

Nei testi legislativi gli avverbiali strumentali *con atto di citazione / con dichiarazione / con ricorso / con ordinanza* [del giudice...] / *con decreto* / sono collocati dopo il verbo e l'argomento che ne dipende (ess. 10, 11, 12) eventualmente seguito da circostanziali limitativi, come in (12); a meno che intervengano le ragioni cotestuali indicate per gli esempi (13)-(16). Per evidenza di analisi segnalo gli avverbiali strumentali con il corsivo sottolineato, gli altri avverbiali con il tondo sottolineato, gli argomenti del verbo (soggetto compreso) col maiuscoletto, i circostanziali legati agli argomenti del verbo o al verbo stesso con il corsivo, mentre non sono evidenziati i circostanziali (sintagmi o frasi) dipendenti dagli avverbiali strumentali:

(10) LA CORTE dà esecuzione ALLA ROGATORIA _con ordinanza_. (art. 724.4 c.p.p.);

(11) LA QUERELA [...] deve essere proposta personalmente DALLA PARTE OPPURE A MEZZO DI PROCURATORE SPECIALE, _con atto di citazione o con dichiarazione_ da unirsi al verbale d'udienza. (art. 221 c.p.c.);

(12) LE ULTERIORI COPIE sono chieste DALLA PARTE INTERESSATA, _in caso di provvedimento_, _con ricorso al capo dell'ufficio_. (art. 476 c.p.c.);

(13) [IL CONDANNATO] _nel termine perentorio di tre giorni_, può proporre RECLAMO _con ricorso allo stesso giudice_ [...] (art. 179 c.p.c.).

Le variazioni di posizione sono cotestualmente motivate. Può essere necessario impedire che uno strumentale sia erroneamente riferito all'oggetto anziché al verbo. Quando l'oggetto è accompagnato da un participio, come in (14), o è il risultato di una nominalizzazione, come in (15) e (16), parafrasabile con un predicato («che sia proseguito / si prosegua...»; «che sia cancellata / che si cancelli / di cancellare...») o, come in (17), è una frase (posposto a questa, l'avverbiale strumentale verrebbe a riferirsi al verbo dell'oggettiva), lo strumentale deve essere collocato in modo da non prestarsi ad ambiguità di lettura:

(14) IL PREFETTO, _dopo aver valutato le deduzioni presentate_, determina, _con ordinanza motivata_, LA SOMMA DOVUTA [...] (art. 33.1 d.lg. 30/12/1999, n. 507);

(15) IL GIUDICE, _prima che sia dichiarato aperto il dibattimento_, dispone _con ordinanza_ LA PROSECUZIONE del giudizio [...] (art. 35.1 L. 16/12/1999, n. 479);

(16) IL GIUDICE, _con ordinanza non impugnabile_, dispone LA CANCELLAZIONE della causa DAL RUOLO. (art. 4.1 d.l. 18/10/1995, n. 432);

(17) IL GIUDICE, _in ogni stato dell'istruzione_, può disporre _con ordinanza_ CHE SI CANCELLINO LE ESPRESSIONI SCONVENIENTI OD OFFENSIVE [...] (art. 89 c.p.c.).

Altra evenienza: l'avverbiale strumentale si collega a entrambi i predicati e perciò li precede:

(18) IL GIUDICE, _con ordinanza_, anche d'ufficio, rinvia AD UNA NUOVA UDIENZA e dispone CHE SIA RINNOVATO L'AVVISO ALL'IMPUTATO. (art. 19 L. 16/12/1999, n. 479).

Oppure deve avere carattere di elemento rematico e nuovo, e perciò si trova alla fine dell'enunciato:

(19) [il garantito] può chiedere, qualora le altre parti non si oppongano, la propria estromissione. QUESTA è disposta DAL GIUDICE *con ordinanza*. (art. 108 c.p.c.).

Da notare le interposizioni in perifrasi verbali:

(20) LA PARTE può, *con ricorso al giudice*, chiedere che [...] (art. 351 c.p.c.);

(21) può *con decreto emesso in camera di consiglio* ammettere [...] (art. 84 c.c., comma 2).

In tutte le occorrenze documentabili nel *corpus* dei testi legislativi a mia disposizione, il tipo di agente (parte in causa o agente istituzionale) non è rilevante per determinare la collocazione dell'avverbiale strumentale, a differenza di quanto accade nelle classi di testi giuridici esaminate da Rovere. Questo confronto può valere come un tassello da saldare in una tipologia che tenga conto delle diversità dei generi nell'insieme dei testi giuridici.

f) Di uso dell'imperfetto narrativo[20] si può parlare a proposito delle ricostruzioni ed esposizioni di fatti, volte ad accertare eventi e situazioni a cui applicare le norme giuridiche[21]. Luogo deputato, dunque, la *narratio*: la seconda delle quattro parti in cui si articola il discorso persuasivo, nel genere giudiziario che la retorica classica assunse a modello per gli altri generi. I testi sono quelli che si prestano a contenere il racconto dei fatti sui quali vertono questioni giuridiche: sono i prodotti delle attività interpretativa e applicativa. Dovrebbe essere superfluo esemplificare. Non rinuncio tuttavia a riportare qualche stralcio da una sentenza della Corte di

[20] Sull'imperfetto narrativo basti qui rinviare a Bertinetto 1986, pp. 381-403; e 1991, pp. 85-88.

[21] Nel cap. 1, § 2 si è accennato ai travasi di tecnicismi lessicali e sintattici dalla «lingua con cui si parla del diritto» alla lingua usata, in una parte notevole dei testi giuridici che hanno effetti applicativi, per narrare episodi e circostanze che servono, ad esempio, a suffragare le prove presentate in giudizio, o a pronunciarsi sulla loro validità.

cassazione, ad apertura di libro (anzi di fascicolo); dove la *narratio* riguarda un *iter* giudiziario:

1. Con ordinanza in data [...] il Tribunale del riesame di [...] rigettava l'appello proposto nell'interesse, tra gli altri di [...], avverso il provvedimento di rigetto della Corte di assise di [...]. Secondo il giudice dell'appello [...] non poteva tenersi conto dei giorni delle udienze dibattimentali. L'ordinanza veniva annullata da questa Corte di legittimità, la quale dettava il principio di diritto secondo il quale [...]

2. Il Tribunale di [...], in sede di rinvio, procedeva a nuovo esame dell'appello e [...] riteneva che [...] Pertanto, ritenuto il termine massimo di fase pari ad anni tre, rigettava l'appello sul presupposto della sua mancata decorrenza.

3. Con la sent. [...], la Corte di cassazione *annullava* la suddetta ordinanza [...] («Cassazione Penale», XL, 2000, n. 9, p. 2339).

Nei successivi punti 4 e 5 della medesima motivazione, la narrazione delle vicende giudiziarie anteriori al ricorso sul quale la Corte si pronuncia prosegue all'imperfetto. Al punto 6 subentra il presente storico, il tempo dedicato ad esporre gli atti processuali del momento («Ricorre per cassazione il difensore di [...]. L'altro difensore [...], a sua volta, denuncia difetto di motivazione [...]»).

L'imperfetto narrativo non ha il monopolio delle "esposizioni dei fatti" nei testi giudiziari. Si trova infatti alternato ad altri tempi del passato, secondo le preferenze individuali di chi scrive atti giudiziari, testi di dottrina e simili.

1.2. Astratti e nominalizzazioni.

La scrittura giuridica è davvero il trionfo delle astrazioni. Facile individuarne i motivi: l'impersonalità (nel dettato legislativo, nelle enunciazioni dottrinali, nelle decisioni prese nei vari gradi di giudizio, nelle formulazioni dei principî sul fondamento dei quali l'accusa e la difesa argomentano, e via elencando); la tendenza a ridurre gli snodi del discorso; l'attitudine a mantenere l'espressione su un livello di formalità che sembra garantita meglio dall'uso di astratti e dal procedimento della nominalizzazione, che permette di usare sostantivi di struttura "argomentale", equivalenti a proposizioni[22].

Basterebbe una scorsa agli esempi finora citati per convincersi della frequenza, altissima, degli astratti in ogni tipo e genere dei testi giuridici[23]. Sembrerebbe perfino ingiustificato arricchirne la documentazione, se non fosse per osservare che nello stesso testo possono convivere, come del resto accade in ogni altro tipo di discorso tecnico, o scientifico, o specialistico in genere, scelte di opposto segno, cioè di costrutti nominali o verbali in contesti analoghi:

(22) La Corte di cassazione può disporre con ordinanza *la sospensione* del processo. (art. 47.2 c.p.p.);

(23) [la corte] può disporre, con ordinanza, *che il giudice sospenda* temporaneamente ogni attività processuale. (art. 41.2 c.p.p.);

(24) [il giudice] dispone con ordinanza *la trasmissione degli atti* al pubblico ministero. (art. 33*septies* c.p.p.)[24];

(25) la Corte di cassazione [...] dispone *che gli atti siano trasmessi* al giudice competente per l'appello. (art. 569.4 c.p.p.);

(26) [il giudice] dichiara con sentenza *la litispendenza* e dispone con ordinanza *la cancellazione* della causa dal ruolo. (art. 39 c.p.c.);

(27) Il giudice [...] può disporre con ordinanza *che si cancellino* le espressioni sconvenienti od offensive. (art. 89 c.p.c.).

L'uso degli astratti è tipico di ogni discorso che verta su principî, su categorie piuttosto che su accadimenti particolari, su definizioni prima che sulle entità definite, su caratteristiche, generali o particolari, prima che su individui e oggetti caratterizzati: come accade in tutti i rami del sapere dove si trovino enunciazioni teoriche, dove si formulino criteri generali. Ma non è con una

[22] Sulle «procedure di sintesi/parafrasi lessicale» rimando a Marello 1996, pp. 198-202. Per la struttura dei nomi «argomentali» (come *spiegazione*, *partenza*) che hanno il tratto intrinseco di "astratti" si veda Graffi 1994, pp. 58-62. Per la nominalizzazione basti qui rinviare a Castelli 1988.

[23] Una esemplare analisi del fenomeno in un testo amministrativo si legge in Cortelazzo 2000b.

[24] Lo stesso enunciato si trova nell'art. 44 L. 16/12/1999, n. 479.

caccia indiscriminata all'astratto che si possono scovare elementi pertinenti a una tipologia, o anche soltanto a una descrizione stilistica di testi. Per limitarci a quest'ultima possibilità, ci chiederemo quali siano e dove si trovino piú numerose, nei testi giuridici, le nominalizzazioni che colpiscono chi "non è del mestiere". Si tratta – per dirlo alla buona – di parafrasi riduttive, che contraggono in un nome (astratto) gli elementi di una proposizione (verbo + argomenti del verbo) anche quando l'acquisto di concisione non compensa la perdita di comprensibilità. Alludo ai casi in cui il discorso, meno conciso, sarebbe piú chiaro e comprensibile se si usasse la proposizione che è stata ridotta a nome. A un grossolano giudizio intuitivo (ma questa è un'ipotesi ancora tutta da verificare) si direbbe che a sovrabbondare di nominalizzazioni siano gli atti processuali, gli atti amministrativi e gli atti giuridici privati, oltre che gli scritti dottrinali, piuttosto che i codici. Anche perché nei codici hanno meno spazio le scelte di "stile individuale". Come la seguente, fatta per dichiarare che era difficile, per non dire impossibile, credere che un carico di sostanze stupefacenti fosse stato dato da custodire a uno sconosciuto:

(28) È davvero *di scarsa se non totalmente carente credibilità l'asserito affidamento in custodia* di un cosí prezioso carico a persona non nota [...] (da una sentenza della Corte d'appello di Milano).

Sulla preferenza per l'uso di astratti influisce un costume scrittorio che ha patenti di antica nobiltà. Fra i modi di esprimersi convenzionali, radicati in una tradizione ininterrotta (si direbbe che a chi li pratica sembri un atto di mala grazia sottrarsene), i costrutti di cui ci stiamo occupando qui sembrano particolarmente adatti a garantire al discorso un grado alto di formalità e di generalità. Che, come si è detto e ripetuto generalmente, è un tratto caratterizzante dei testi tecnici e scientifici. Rimane da stabilire, ma questo va fatto caso per caso, quando tale caratteristica è necessaria e funzionale agli scopi del comunicare, e quando invece è l'esatto contrario.

Sarebbe fuori luogo, date le premesse che ho fatto all'inizio del capitolo, proporre (ma con quale autorità? non certo in veste di linguista, che non è senza peccato di astrazioni e abbreviazioni "nominalizzanti") parafrasi lessicali dall'astratto al concreto, dal nome argomentale alla proposizione equivalente. Di questo si occupano le proposte di semplificazione dei testi prodotti dalla burocrazia: tanto piú necessarie quanto piú ampio e indifferenziato è il pubblico a cui i documenti sono indirizzati.

Vorrei notare infine che l'uso di termini astratti non è di per sé fonte di oscurità o di difficoltà interpretative. Lo può diventare se si innesta in complicazioni strutturali determinate, ad esempio, da piú negazioni combinate. Come si osserva in un testo giuridicamente molto importante (e assai ben congegnato dal punto di vista argomentativo): la sentenza della Corte costituzionale (24/3/1988, n. 364) sulla «ignoranza della legge penale». I giuristi ne hanno commentato la forza rivoluzionaria («abbatte uno dei pilastri ideologici del codice Rocco», è stato scritto)[25]. Per apprezzarla, questa forza, basta riflettere sulla battuta di una commedia di Eduardo, del 1960 (*Il sindaco del rione Sanità*, atto II): «E stanno sempre a posto legalmente, perché "la legge non ammette ignoranza". E non è giusto. Perché, secondo me, allora, la legge non ammette tre quarti di popolazione».

Si osservi, nell'enunciato qui riprodotto in (29), come sia difficile per il non giurista orientarsi nel gioco delle negazioni multiple:

(29) L'art. 5 c.p., nella parte in cui *non esclude dalla inescusabilità dell'ignoranza* della legge penale l'ignoranza inevitabile, è costituzionalmente illegittimo [...]

[25] Riporto dal commento di Michele Guardata, in «Cassazione Penale», XXVIII (1988), n. 7, p. 1152: «La sentenza, che non a caso ha avuto una inusuale risonanza anche sulla stampa quotidiana, abbatte uno dei pilastri ideologici del codice Rocco, e cioè quel principio della inescusabilità della ignoranza della legge penale che "col passaggio dallo Stato liberale agli Stati autoritari assurse da strumento di conservazione giuridica a preciso strumento autoritario [...]" (Mantovani)».

Potremmo ricavare dallo stesso testo esempi dell'uso di astratti, tutto sommato piú parco (quantitativamente) di quello che è praticato nella maggior parte degli atti giudiziari. Si osservi tuttavia che sono specialmente i nessi, i grappoli di astrazioni concatenate in "complementi del nome" a marcare sintatticamente (e testualmente) gli enunciati:

- le norme impugnate escludono ogni rilievo della carenza di coscienza dell'antigiuridicità della condotta [...];
- il contrasto delle norme impugnate con il comma 1° dell'art. 27 Cost., che impone la possibilità della conoscenza della legge penale;
- ai fini dell'operatività del principio d'obbligatorietà della legge [...].

Gli astratti che si incontrano in dispositivi di sentenze appaiono giustificati (in qualche misura) dal marcato carattere formulistico, dalla impersonalità costitutiva di questo tipo di scrittura. In una decina di righe[26] possiamo trovare, ad esempio: «*ascrivibilità* della premeditazione / si applica la *esclusione* dal giudizio di comparazione [...] / la *ultrattività* della legge [...] non osta alla *applicabilità* delle circostanze attenuanti [...] / la *imprescrittibilità* dei reati punibili con l'ergastolo / la *punibilità* in astratto con l'ergastolo deriva *dal riconoscimento* di circostanze [...]»[27].

Rovistando a caso in atti processuali ne traggo a piene mani cumuli di tali costrutti. Per dare un'idea della loro densità mi limito a riportare, fra gli astratti contenuti in pochi capoversi di un solo documento, quelli che la struttura degli enunciati in cui compaiono avrebbe permesso di sostituire agevolmente con enunciati a nucleo verbale: «*irreclamabilità* del provvedimento / *detraibilità* della durata [della chiusura cautelarmente disposta...] / *abolizione* della *possibilità di applicazione* /

[26] Cito dalla p. 670 di «Cassazione Penale», XXXVIII (1998), n. 2, ove è pubblicata la sentenza del tribunale militare di Roma del 22/7/1997.

[27] Ma, ahimè, anche un *complementarietà*, poco prima delle dieci righe qui estratte (a caso).

l'*introduzione della previsione* / [ritardare] l'*emissione* delle *statuizioni* / l'*ultroneità* della disposizione / la *non incompatibilità* della interpretazione».

In un «Atto notarile di costituzione di S.r.l.» (9/12/1998), è stato coniato un astratto *badanza*, dal participio *badante* (verbo *badare*), attestato nell'uso burocratico a partire dal 1989 e cosí definito nel GDU (De Mauro 1999): «in strutture pubbliche, sorvegliante di minori, anziani e inabili»:

> l'esercizio dell'attività di *badanza* a persone ammalate o anziane con lavori di pulizia sia della persona che dell'ambiente di lavoro.

Non è questo il luogo per fare graduatorie di importanza o gravità per virtú e vizi linguistici dei testi giuridici. Nominerò soltanto, tra le qualità essenziali, irrinunciabili, la "buona formazione" della struttura argomentativa; e questa non manca alla sentenza, citata, della Corte costituzionale. Tra le prime cose a cui fare solenne "rinunzia avanti notaio" è il cedimento al "fascino indiscreto della complicazione". Di cui si parlerà piú avanti, in 2.1.

2. *Il necessario e il superfluo nel lessico specialistico*.

Il tema non è nuovo, ma travalica le competenze del linguista che non sia anche un giurista. Per trattare convenientemente del "necessario" bisogna spostare l'obiettivo su ciò che è "insostituibile" (si sarà notato lo slittamento di senso che restringe cosí l'ambito del "necessario"), e domandarsi: nell'uso giuridico odierno sono insostituibili proprio tutti i lemmi che troviamo registrati nei dizionari specialistici[28]? La risposta non è di

[28] Si vedano almeno quelli citati in bibliografia. L'opera di pronto soccorso a chi si trovi in difficoltà di fronte ai misteri del lessico giuridico è svolta dai dizionari della lingua italiana. Ad esempio, nel DISC sono registrati, e definiti, 1888 lemmi nel «glossario settoriale» dedicato a «diritto, burocrazia, giurisprudenza»; nello Zingarelli 2001, i lemmi etichettati "dir.[itto]" sono 1546; nei sei volumi del GDU (De Mauro 1999) il numero sale a 4663.

quelle che si possano improvvisare. Lavorando sui dati si vedrebbe, ad esempio, come l'eventuale sostituzione di un tecnicismo comporti riscritture delle leggi redatte anteriormente. E se, poniamo, al termine tecnico si fa subentrare un vocabolo piú "usuale", il pericolo di generare confusioni o inesattezze non è certo immaginario. Se si specializza il significato di parole dell'uso corrente promovendole a voci tecniche (sono le "ridefinizioni", a cui si è già accennato nel cap. 1) bisogna comunque tenere conto delle collisioni tra i sensi, nel cambiamento di settore.

Queste, esposte alla buona, sono alcune delle ragioni che rendono cosí conservatore il linguaggio giuridico. Conservatore anche di molte cose superflue (piú che nel lessico, nella sintassi, come si sarà intravisto da parecchi dei nostri esempi); anticaglie che diventano di dominio comune specialmente quando si travasano nell'infausto "burocratese"[29]. Non di tutte si può dire che siano superflue, né che abbiano i connotati di una fastidiosa desuetudine. Anzi, il fatto di essere diventate combinazioni fisse di parole, modi di dire consacrati da una tradizione aulica tenace, le ha rafforzate. Una di queste, l'espressione *celebrare un processo*, evoca il carattere sacrale attribuito *ab antiquo* alla legge; donde il corredo liturgico del *rito* processuale, e l'uso estensivo del termi-

[29] Di cui si è detto e scritto a sazietà. Mi basta rinviare all'equilibrata trattazione di Beccaria 1992, pp. 172-234. Tra le ricerche sui travasi linguistici dal settore in questione ad altri ambiti d'uso, segnalo, in Serianni 2000, pp. 332-36, l'accurato censimento di stereotipi del linguaggio giornalistico recente che consistono di «prelievi dal serbatoio di tecnicismi specifici e collaterali del linguaggio giudiziario-burocratico»: *secondo una prima ricostruzione dei fatti*; *dall'apparente età di anni...*; *associare alle carceri*; *cause al vaglio* [di un'autorità inquirente]; *cause imprecisate*; *cause in corso di accertamento*; *convalidare l'arresto*; *dichiararsi estraneo ai fatti*; *disporre un fermo*; *effetti personali*; *fornire le generalità*; *reato ipotizzato*; *sul luogo del delitto*; *opporre resistenza*; *ricognizione* [medico legale]; *rilievi di legge*; *rimuovere* [un cadavere]; *a scopo intimidatorio*; *secondo i primi accertamenti*; *secondo* [*stando a* / *in base a*] *una prima ricostruzione*. «Anche i tecnicismi d'àmbito sanitario», osserva Serianni, p. 336, «hanno spesso origine dai verbali di polizia; alcuni sono di evidente matrice eufemistica».

ne per «procedura» (*rito abbreviato/civile/formale/penale/sommario*; *codice di rito*).

Altre, come *emettere/emanare una sentenza*, *rigettare un ricorso / un'impugnazione*, *adire un'autorità giudiziaria / le vie legali* (donde: *giudice adito*); "i delitti *contemplati*": [causa] *scriminante* / [fatto delittuoso] *scriminato*, hanno un posto stabile nel lessico. Avverbi, congiunzioni polirematiche, e altri modi di esprimersi non esclusivi delle scritture giuridiche, sono preferiti in queste per una certa patina di ricercatezza: *in allora*, *altresí*, *di talché*, *di guisa che*, *atteso che*; *revocare in dubbio* / non sembra *revocabile in dubbio*; *porre in essere*; *siffatto* (ma con ciò entriamo nel campo del lessico genericamente detto "burocratico", dove *si procede a...*, *al fine di...*, le pratiche si *espletano*, le imposte devono *essere corrisposte*, e i fiumi, che un tempo straripavano, ora *esondano*[30].

Altre espressioni ancora, come *caducare* «annullare, abrogare una legge», *ablativo* [provvedimento] «che toglie», sono specialismi (il primo dei quali sembra facilmente sostituibile): «*caducazione* di un provvedimento *ablativo* per motivi formali»[31]. A queste aggiungerei: *nella specie* / *nel caso di specie* «nel caso che si sta esaminando»; *commissione* [di un reato] e, scivolando verso il piano dei fossili, astratti come *sottoposizione* [a controllo / a vincolo], *non configurabilità* [del reato], *ultroneità* [della disposizione], preposizioni quali *avverso* [il provvedimento / l'ordinanza, ecc.], *avanti* [l'autorità giudiziaria]: «*avanti a me* notaio...», con sporadiche sopravvivenze di «*nanti* a me...» Da un enunciato di una sentenza (Cass., 5/7/89): «*Avverso* la *suindicata* sentenza

[30] «Esondano» a tal punto da sommergere anche le barriere semantiche e grammaticali, se si è potuto parlare, in un notiziario televisivo del dicembre 2000, di «terreni esondati». Evidentemente la piena aveva travolto il senso della parola e con questo anche la distinzione fra intransitivo e transitivo (un'interpretazione piú benevola farebbe ipotizzare un'interferenza con *inondati*): effetto funesto del dilagare di malvezzi dell'ufficialità nella lingua comune.

[31] Da una sentenza di Cassazione, in «Cassazione Penale», XL (2000), n. 7-8, p. 2071.

interponeva appello il difensore del prevenuto *instando* perché...»

Tra i fossili: *nell'immediato conquesto* («contesto»); *in denegata ipotesi* / *in severa ipotesi*; i vetero-forensi, ormai in calo, *ricordo a me stesso* / *ricordiamo a noi stessi*; [ragionamento] *conducente anziché apparente*.

Ricavo i seguenti esempi dal facsimile per la stipulazione di un "contratto preliminare", apparso sul «Sole-24 ore» dell'11 aprile 1994. Tecnicismi giuridici (*dazione* di una caparra *confirmataria*), stereotipi burocratici (*in ordine a*), deverbali abbreviati: *stipula* (alternato a *stipulazione*) appaiono anche nella presentazione del modello e nell'articolo di commento al medesimo. Dal testo giuridico al commento non ci sono scarti stilistici: la scrittura si uniforma a schemi compositivi e interpretativi che, in fin dei conti, ricalcano la modulistica degli uffici.

Nel modello del contratto, agli inevitabili tecnicismi giuridici (*rogito notarile* / *trasferimento della proprietà* / *caparra confirmatoria* / *tale somma verrà imputata* / *la vendita verrà stipulata* / *trascrizioni pregiudizievoli*) fra i quali trovano posto le dittologie (*il possesso e il godimento* / *peso e vincoli* / *patti e condizioni* / *dichiara e garantisce* / *assoluta ed esclusiva*) si aggiungono, piú numerosi, gli stereotipi del burocratese. Compaiono vocaboli ricercati, preferiti perché distanti dall'uso comune: *sito* («situato») / *acquirente* / *effettuarsi* / verrà *dedotto in contratto* («sarà venduto») / *altresí*, ecc.; formule notarili: *ne accusa quietanza* / *inerenti diritti, accessori e pertinenze* / *utili e onerosi* («a favore e a carico») / *le dipendenti formalità*.

E da un atto notarile (del 1999, in Torino), dove la mescolanza di tecnicismi, specifici e collaterali, si commenta da sé: «In caso di non tempestiva o mancata comunicazione di *rifiuto alla cessione parziale*, l'*alienante a titolo oneroso* ha diritto a trasferire liberamente la parte di quota (o *di diritto*) non *prelazionata* entro il limite perentorio di dieci mesi [...]».

Stereotipi lessicali e sintattici hanno avuto occasionali documentazioni letterarie. Oltre che in vari luoghi di un classico come la narrativa-saggistica di Leonardo Sciascia, "riusi" letterari di termini giuridico-burocratici si trovano in romanzi del magistrato scrittore Salvatore Mannuzzu. Cito da *Procedura* (Einaudi, Torino 1988): *delibazione del processo* (p. 98), *quei bollati* («fascicoli di carta bollata», p. 94), *mettere a verbale dopo un A.D.R.*, glossato nel testo con «a domanda risponde» (p. 59), *escussioni testimoniali* (p. 111); e modi di dire ai quali i commenti dell'autore conferiscono il valore di citazioni: «*premorta* (è la parola che noi adoperiamo)» (p. 204), «*alla quale non si possono rivolgere addebiti di indegnità a succedere* (altre parole del nostro gergo)» (p. 204). Sul piano del saggio-documento, il volumetto di Ambrosini (1997) riesce ad essere doppiamente graffiante, dietro l'esibita obiettività del rendiconto. Doppiamente, perché sfrutta anche il piano metalinguistico: riproduce fedelmente non solo il contenuto ("gli estremi") degli episodi narrati, ma anche, ove occorre, la forma della loro enunciazione, quando lascia inalterata la patina "tecnica" delle «decisioni giudiziarie (una sessantina) sottoposte all'attenzione del lettore»[32].

2.1. La complicazione indiscreta.

Si è citato fin qui con moderazione, badando a non lasciarsi prendere la mano da ubbie o illusioni semplificatrici. Il monito di Calvino inalberato in epigrafe a questo capitolo III vale in ogni caso. Calvino sapeva quali dovevano – devono – essere i limiti degli interventi su costumi e malcostumi linguistici, lui che ha disegnato con mano d'artista i connotati dell'antilingua ufficiale. La sua scrittura è un esempio difficilmente eguagliabile di "discrezione": etimologicamente connotata come "di-

[32] Ho accennato appena all'aspetto pertinente al tema che sto trattando; ma il libro di Ambrosini oltrepassa questo interesse occasionale.

scernimento", misura classica di eleganza concettuale e formale. L'opposto è la complicazione indiscreta.

Mi permetto di divagare, mostrando (comodità pratica del metodo ostensivo!) senza impegnarmi in "dimostrazioni", qualche stralcio da sentenze.

A rendere faticoso il procedere del discorso nell'es. (30) non sono gli stereotipi sintattici (ci sono quasi tutti quelli di cui abbiamo parlato) né i termini ricercati o antiquati; è il fatto che sono immessi in un periodo dalla struttura subordinativa che via via si sfalda protraendosi in un affastellarsi di *che* con funzioni disparate:

(30) Ritiene la Corte che, nella fattispecie che ci occupa, ancorché si controverta esclusivamente in ordine alla riduzione della pena irrogata all'appellante con la impugnata sentenza, non possa prescindersi da una, seppur sintetica, esposizione dei fatti che portavano alla elevazione della imputazione, atteso che è appunto solo dalla esatta valutazione dei medesimi che è dato comprendere il perché del diniego delle pur invocate attenuanti generiche (che si sostiene da qualcuno, non si negano a nessuno!) e le ragioni che hanno presieduto e presiedono, anche in questo grado del giudizio, alla determinazione della pena nella misura, ritenuta non «congrua» dall'appellante e che, ex adverso, alla Corte appare irrogata nel pieno rispetto del disposto dell'art. 133 c.p. e rettamente commisurata sia alla gravità del fatto che alla personalità del prevenuto. (Sentenza della Corte d'appello di Milano, 4/8/1989).

I successivi esempi (31) e (32), dove la complicazione sintattica è sopraffatta dall'oscurità semantica, sono passi riportati e commentati da Galgano (1997, pp. 893-94):

(31) l'accordo delle parti, ai fini della conclusione del contratto, può considerarsi inesistente solo quando sia impossibile la giuridica identificazione di un'espressione della volontà comune che, sorretta da comune intenzione, abbia forza di legge tra le parti, e non anche nei casi in cui il consenso sia solo viziato o minato da errore. (Massima Cass., 22/3/1993, n. 3378).

Francesco Galgano commenta: «Sono parole che non brillano per chiarezza; tradotte con semplicità, dicono in sostanza che l'errore di uno dei contraenti vizia il consenso, esistente dunque sebbene viziato, e non impedisce la formazione dell'accordo delle parti». Chiarissimo. Ma perché il testo della massima in questione non è stato scritto con pari semplicità? La domanda, ingenua, non meriterebbe risposta, se la parafrasi semplificante non fosse opera di "uno-che-se-ne-intende".

L'es. (32), riportato dalla medesima fonte, proviene dalla motivazione della sentenza della Corte d'appello di Roma, sulla quale la Cassazione si è pronunciata:

(32) l'ipotesi di inesistenza de «l'accordo» [...] si verifica quando, indipendentemente da qualsiasi accidentale eziologia psicologica, sia impossibile la giuridica identificazione di una, sia pure minima o persino invalida, espressione della combinata autonomia negoziale delle parti – in altri termini, quando non si possa, con i sensori del diritto positivo, percepire l'avvenuta concretizzazione di una loro «volontà comune» che, sorretta da «comune intenzione» [...], abbia «forza di legge» tra le medesime [...].

«Debbo confessare», commenta Galgano, «che non so che cosa sia una "accidentale eziologia psicologica", che mi sfugge il concetto di "combinata autonomia negoziale", che ignoro dove risiedano i "sensori del diritto positivo"». È un sollievo credergli. Dopo avere citato un altro stralcio della sentenza della «Corte regolatrice» (lo trascrivo in parte qui nell'es. 33):

(33) le riportate motivazioni della sentenza di appello sono forse ridondanti ma certamente non erronee, essendo nel vero del nucleo in cui avvertono che i termini concreti della disputa, la consistenza del dissenso eccepito, non compone l'ipotesi di inesistenza dell'accordo fra i contraenti [...]

il giurista osserva: «Le due Corti, d'appello e di cassazione, gareggiano in ermetismo». E ci dà una decifrazione (che qui ometto) della «formula segreta che le loro parole custodiscono». Lo fa "con la massima precisione possibile" (Calvino ne sarebbe soddisfatto).

Svelato il mistero del senso da attribuire agli enunciati, rimane però l'amaro dello schiaffo alla grammatica: se il soggetto del verbo *compone* è, come pare, *i termini concreti*, come la mettiamo con la concordanza? Se a prevalere per quella che in linguistica si chiama "salienza pragmatica" è l'enunciato (di forma appositiva) *la consistenza del dissenso eccepito*, allora *i termini concreti* diventa un "tema sospeso", tradizionalmente detto anacoluto; in questo caso, un anacoluto ingiustificabile (a differenza di altri) sul piano testuale.

3. *Citazioni latine*.

Il ruolo delle citazioni latine nei discorsi degli "uomini di legge" è argomento vasto e impegnativo. Coinvolge la storia del diritto e le vicende plurisecolari della lingua italiana «degli uffici»[33]. Ha anche importanti risvolti sociali: si pensi soltanto a quelli che hanno alimentato negli scrittori la fantasia, l'intuito, l'impegno di documentazione storica. Vengono subito in mente le pagine dei *Promessi sposi* e le diverse coloriture che hanno le parole latine, secondo chi le pronuncia e con quali intenzioni e dirigendosi a quali interlocutori. Il risolutivo, perché non compreso, *omnia munda mundis* di padre Cristoforo, e il «latino sincero, sacrosanto, come quel della messa», sono opposti al *latinorum* che esaspera Renzo, perché vi sperimenta uno strumento di oppressione; che infarcisce e rende indecifrabili proposizioni a cui è sospeso il destino di chi non sa: «quel latino birbone, fuor di chiesa, che viene addosso a tradimento, nel buono di un discorso».

La presenza del latino nei testi giuridici indirizzerebbe a uno studio diacronico. Si potrebbe riportare alla prospettiva del mistilinguismo, che contrassegna fin dal-

[33] Rimando innanzitutto ai lavori di Fiorelli citati in bibliografia: in tutti si trovano, variamente sviluppati secondo i temi di ciascuno, elementi che gettano luce sul panorama affascinante dei rapporti tra latino giuridico e italiano, sugli apporti del primo al secondo, su questioni testuali, etimologiche e semantiche. Censimenti e analisi dei latinismi nel lessico italiano si trovano nelle principali trattazioni di storia della lingua (alle quali si è accennato nel cap. 1, § 3) a cominciare dal classico Migliorini. Una sintetica ricognizione delle "presenze" del latino nelle voci dotte («latinismi denotativi») di vari settori in Scavuzzo 1994. C'è poi (ma con questo si esce, piú che dal nostro argomento, dai limiti angusti fissati qui per il modo di trattarlo) la pervasività del «latino di chi non lo sa», oggetto dello scintillante *Sicuterat* di Gian Luigi Beccaria (Garzanti, Milano 1999).

le origini gli usi "pubblici e istituzionali" dei volgari in Italia. Qualcosa abbiamo intravisto, accennando nel primo capitolo agli studi sull'italiano "ufficiale" (in particolare, a Marazzini 1996, 1998, e a Prada 1995). Ma, volendo conservare al presente lavoro il (limitato) taglio sincronico che gli è stato imposto, bisognerà contentarsi di assegnare al tema di questo paragrafo non piú che un ritaglio di annotazioni centrate esclusivamente sull'attualità.

Accanto alle occorrenze inevitabili dei latinismi consacrati dalla tradizione (il latino delle massime, dei brocardi, delle citazioni dal diritto romano) ricorrono formule che non sono specificamente giuridiche, ma alle quali chi redige testi giuridici sembra particolarmente affezionato. Di nuovo, affido all'esemplificazione, ristretta a poche fonti, il compito di mostrare come il latino si inserisca nel flusso del discorso quasi senza provocare soluzioni di continuità. Questo effetto accomuna alla schiera dei tecnicismi (tali infatti sono le espressioni tolte dal *corpus iuris* giustinianeo e dal latino giuridico medievale) le voci che appartengono a un lessico genericamente "dotto": come *ex se* per dire «di per sé» (ne ho contate una decina in una memoria difensiva di poche pagine), *quaestio*, *a contrario*, *a fortiori*, *de plano*, *de visu*, *ex novo*, *iuxta propria principia*, *cui prodest*... Ma la loro presenza va rarefacendosi negli scritti piú recenti.

Il primo gruppo di citazioni proviene dalla sentenza del tribunale militare di Roma (13/9/1997) per il processo in cui erano imputati Priebke e Hass:

> Tale lettura dell'art. 669 [...] non sarebbe impedita dal divieto di interpretazione analogica poiché ad essa si perviene attraverso un procedimento analogico visibilmente *in bonam partem* / ...un'eventuale affermazione di responsabilità penale nei suoi confronti sarebbe *inutiliter data* / [il giudice di merito] deve applicare il principio del divieto del *ne bis in idem sit actio* / è possibile osservare [...] come non spetti a questo tribunale, neppure *incidenter tantum*, operare dell'attacco partigiano di via Rasella una qualificazione giuridica... / la legittimità di quell'azione partigiana [...] resta [...] estranea al *thema decidendum* / occorreva che il reo avesse agito *frigido pacatoque animo* / non è di per sé indica-

tiva di una intensa riflessione ma semplicemente sintomatica dell'*animus necandi* / necessita che la condotta criminosa [...] manifesti un *quid pluris* rispetto agli ordinari mezzi di esecuzione del reato / l'attenuante *de qua* / la stessa *ratio* ha [...] ispirato il legislatore / renderebbe quella stessa disposizione *inutiliter data* / è stato stabilito il principio *tempus regit actum* / lo spirito che ha mosso *ab origine* il nostro legislatore / il principio dell'imprescrittibilità dei crimini di guerra e dei crimini contro l'umanità assume oggettivamente carattere di *jus cogens* / il principio dell'imprescrittibilità di tali *delicta iuris gentium* / seppure *ad abundantiam*, le suesposte considerazioni [...] assumono [...] un loro significato.

Tra le espressioni latine rilevate, *ab origine* e *ad abundantiam* non sono specifiche dell'uso giuridico. I costrutti ellittici *de qua* / *de quo*; *a quo* / *a quibus*, benché comuni ad altri ambiti del sapere, fanno parte del formulario dei testi giurisprudenziali. La loro flessibilità si misura sia sul numero sia sulla varietà contestuale delle occorrenze («normativa / occupazione acquisitiva *de qua*»; «terreno *de quo*», ecc. trovo in una sentenza delle Sezioni unite civili della Corte di cassazione). Ho contato cinque occorrenze del sintagma *a quo* (apposto a: «giudice»/«collegio»), piú una di «giudici *a quibus*», e inoltre due occorrenze di «norma *de qua*» (= *de qua agitur* «di cui si tratta») in una sentenza della Corte costituzionale (30/4/1999), dove si registrano anche altri latinismi: «occupazione *ab initio* illegittima» (2 occorrenze); «si sospetta il *vulnus* all'art. 113»; «la *regula iuris* del caso concreto va individuata nella legge n. 458»; «obbligazione di ripristinare lo *status quo ante*».

Gettando a caso lo sguardo su un qualsiasi atto processuale, vedo affollarsi latinismi sia specifici sia non specifici del dominio giuridico: «[alcunché] *inutiliter datum* / *la causa petendi* / [procedura] *in itinere* / [un precetto normativo] *ex novo* / *ius superveniens* / [la sentenza impugnata deve essere cassata] *in parte qua* / [la determinazione del] *quantum* / [la statuizione sul] *quantum* risarcitorio / *de cuius* [hereditate agitur] / *modus operandi* / *abolitio criminis* / *quid iuris* / *de iure* / *de facto* /...» Superfluo continuare. In soccorso vengono i dizionari dell'uso, che permettono di trovare senza fatica, con i supporti elettronici di cui sono corredati, lemmi e unità polirematiche latine, di riconoscere in quali settori abbiano avuto origine e di quali siano specifici ancora attualmente. Nel DISC le voci latine registrate e definite sono 380; nei sei volumi del GDU (De Mauro 1999) sono 1012.

Non sarebbe superflua invece una ricerca sui testi legislativi. A un primo frammentario esame direi che le espressioni latine appaiono negli scritti, per cosí dire, di contorno: ad esempio, nelle relazioni che accompagnano schemi di decreto legge. Ne ho un esempio (ricavato via Internet) nella Relazione sullo «Schema di decreto legge recante *Disposizioni urgenti in materia di istituzione del Giudice unico di primo grado*» (artt. 1, 2, 3, 4, 5, 6). Ecco l'elenco dei sintagmi latini (di varia origine "settoriale") contenuti nella relazione:

> Da un lato, ed *in primis*, vi è l'esigenza... / questioni di ordine *lato sensu* organizzativo / riconoscendo [ai magistrati] un piú ampio *spatium deliberandi* / l'istituzione *ex novo* [...] di apposite sezioni / gli appelli proposti *in subiecta materia* / cause regolate *ab origine* dalla nuova normativa / attua, come già anticipato *in limine*, il differimento della data / ipotesi criminose individuate *nominatim* / detto rito [...] pensato *ab origine* nella cornice... / si pensi, *in primis*, alla perdita / mette conto segnalare, *per incidens*, ... / vacanze di organico verificatesi *medio tempore* / *Ergo* / viene transitoriamente conservato lo *status quo ante* per quanto attiene al *discrimen* tra i campi d'azione del giudice collegiale e del giudice singolo / Lo *spatium temporis* cosí prefigurato / mantenimento transitorio dello *status quo ante* / sul piano della *ratio* / *mutatis mutandis* / *medio tempore* l'assegnazione degli affari penali ai giudici onorari [...] resta ancorata *in toto* alla pregressa competenza pretorile.

A ritrovarle in gruppo, queste formule latine fanno ricordare la "spiritosa invenzione" di Beccaria (1992, pp. 31-38), che in cinque paginette di stampa riesce a infilare in un discorso assai ben congegnato (addirittura con uno sviluppo narrativo in piena regola) ben 188 espressioni latine, quasi tutte di uso comune.

Nel *corpus* su cui si è lavorato qui, il latino appare, nei codici, solo nelle numerazioni di articoli e commi: *bis*, *ter*, *quater*, ecc. Alcune etichette latine si trovano invece nel prontuario delle voci (funziona come indice analitico di argomenti a cui si riferiscono uno o piú articoli di legge) apprestato nel Cd-Rom Zanichelli 2000/1. Latino giurisprudenziale, riservato ai commenti, alle massime, alle indicazioni di dottrina, mentre il dettato legislativo esprime in italiano l'argomento sintetizzato latinamente. Ad esempio: *aberratio delicti / ictus* (che rimanda agli artt. 60, 82, 83, 116, 586 c.p.); *abolitio criminis* (che rinvia agli artt. 2 c.p., 314 e 673 c.p.p.); *actio libera in causa* (artt. 87 e 92 c.p.); *bis in idem* (artt. 11 c.p. e 649 c.p.p.); *nemo tenetur se detegere* (con rinvii a sei articoli del codice penale); *soluti retentio* (cinque articoli del codice civile); *solve et repete* (art. 1462 c.c.).

La sfera, dotta, delle massime dovrebbe indurre ad allargare la prospettiva in un ambito internazionale, dove i testi latini di diritto, classici e medievali, abbiano influito sulla formazione del costume e della norma giuridici. Ma su un tale *desiderium* mi conviene troncare il discorso, per manco d'ali: *iter supprimere iuvat*.

Capitolo quarto
Dispositivi retorici nel tessuto dell'oratoria forense

> La vera eloquenza giudiziaria [...] va ascoltata nelle aule di giustizia e muore nel momento stesso in cui l'oratore pronunzia l'ultima frase del suo discorso. [...] L'avvocato, se è anche un buon scrittore, riuscirà a dare un testo prezioso, soprattutto se saprà guardarsi dalla cattiva letteratura. Ma quel testo, pubblicato, potrà essere anche un'opera d'arte, mai un'arringa, perché questa è vita per natura, e non può essere scritta. Per quanto grande possa essere un oratore forense, questi sopravvive solo nel ricordo di quanti l'hanno ascoltato.
>
> MAURICE GARÇON[1].

> Spesso non è proprio l'immagine sfocata ciò di cui abbiamo bisogno?
>
> LUDWIG WITTGENSTEIN[2].

Si va a frugare nel ricco deposito delle tecniche – avallate da millenni di tradizione retorica – adatte a rendere persuasivi discorsi che devono avere un impatto sicuro sui destinatari, diretti e indiretti. Si tratta di prodotti dell'antico «genere giudiziario», nelle variabili forme delle arringhe nei processi penali. Il tessuto dell'eloquenza forense è scrutato in piccoli campioni, con una lente puntata sulle trame di procedimenti argomentativi che fanno leva sulle risorse reperibili nel triforme tesoro delle prove oratorie: l'êthos, il lógos, il páthos.

1. *Delimitazioni di campo.*

Nel 1935 Piero Calamandrei scriveva:

> L'arringa defensionale, anziché parte integrante del processo, è scaduta [...] fino ad essere una specie di parentesi di divagazione inserita a mezzo del processo: come in certi antichi spettacoli teatrali in cui, per far riposare gli attori, si inseriva tra un atto e l'altro un intermezzo di danza, durante il quale gli spettatori potevano tranquillamente dormire senza temere di perdere il filo della commedia. (Calamandrei 1954[3], p. 79).

[1] Garçon 1957, pp. 46-47.
[2] *Ricerche filosofiche* [1953], Parte I, 71; trad. it. Einaudi, Torino 1974, p. 49.

E ironizzava sul rammarico di chi riteneva che le norme stabilite per limitare la durata delle arringhe di difesa nel processo penale avessero «condannata a morte la "bella" oratoria». Per lui (ma la sua non era certo una voce isolata) la "bellezza" dei discorsi coincideva con la funzionalità, in linea con la tendenza che si stava affermando nell'architettura del tempo:

> Anche l'oratoria forense tende, come l'architettura, a diventar «razionale»: linee diritte, pareti spoglie, abolizione di inutili ornamenti, franca ostentazione, anziché accorta dissimulazione, degli elementi architettonici rispondenti a necessità statiche. Anche l'oratore, insomma, come l'architetto, deve pensare prima di tutto alla solidità della costruzione: tanto meglio poi se da quella solidità balzerà fuori, senza cercarla, la bellezza monumentale. (Ivi, p. 83).

Trasporre all'oratoria la qualifica di *razionale* significava agganciarsi al cardine centrale dell'arte, il *lógos*, pur senza trascurare gli altri due elementi portanti dell'eloquenza forense: l'*êthos* e il *páthos*. *Êthos*, *lógos*, *páthos* sono categorie antiche. Efficacia suggestiva e duttilità le rendono ancora disponibili a sistemare contenuti attuali, e a servire di fondamento allo studio dell'oratoria, in particolare dell'oratoria forense.

Oggetto di osservazione, nei paragrafi seguenti, saranno alcuni dei dispositivi retorici che formano il tessuto dell'eloquenza giudiziaria in una delle sue manifestazioni piú spettacolari: l'arringa nei processi penali. Si esamineranno *prodotti* fissati dallo scritto, resi dunque osservabili come documenti, ma spogliati del carattere costitutivo del genere a cui appartengono; intendo dire: privi dell'oralità, che è il mezzo proprio e specifico della loro *produzione*. L'attenzione sarà in parte retrospettiva, come richiedono le radici stesse delle partizioni strumentali all'analisi. L'analisi dei testi "batterà sul tasto" che Piattelli Palmarini (1995) ha etichettato come «stile», e come «appannaggio dei trattati di retorica». Stile di pensiero, voglio precisare, e organizzazione del ragionamento secondo la «tecnica del discorso persuasivo, indispensabile nella discussione che precede ogni atto di decisione meditato» (Perelman [1977] 1981, p. 6). Tale tecnica «era stata a lungo sviluppata dagli antichi come la *téchne* per eccellenza, quella di agire sugli altri uomini mediante il *lógos*, termine che designa in modo ambiguo sia la parola che la ragione» (*ibid.*). Questo non è soltanto affare di maestri o di professionisti dell'arte del dire, se è vero che nella vita di ogni giorno, nelle piú svariate circostanze, su questioni grandi o minime, a ognuno di noi capita di argomentare, di *giustificare* un'opinione, di voler indurre qualcuno con la *persuasione*, non con la sopraffazione, a fare qualcosa. Valga come *argumentum auctoritatis* l'incipit della *Retorica* di Aristotele:

> La retorica è analoga alla dialettica: entrambe riguardano oggetti che, in certo modo, è proprio di tutti gli uomini conoscere e non di una scienza specifica [...]; tutti infatti sino a un certo punto si trovano a indagare su qualche tesi e a sostenerla, a difendersi e ad accusare.

Per mostrare come apprendere e mettere in pratica «l'arte di persuadere» e «come difendersene», Piattelli Palmarini (1995) imbocca vie diverse da quelle che hanno fatto «coincidere l'arte della persuasione con l'arte della retorica»:

> Persuadere è un'arte, e come ogni arte ha i suoi manierismi e i suoi canoni ripetitivi. Solo in parte si può improvvisare. Esiste *una sorta di logica della persuasione* che [...] non coincide con la logica pura, quella studiata dai logici di mestiere. Anche la parte di improvvisazione, però, è molto importante nella vita di ogni giorno, e non la si trova nei trattati sulla persuasione e sulla retorica. (Ivi, p. 5).

In questi si è dato per scontato ciò che solo oggi le teorie linguistiche piú raffinate, la filosofia del linguaggio, la logica modale, la psicologia cognitiva sono in grado di spiegare in modo scientificamente plausibile. Solo oggi, asserisce Piattelli Palmarini, «cominciamo a sapere *come* anticipare le motivazioni e gli itinerari mentali dei nostri interlocutori. Sappiamo quali tasti suonare» (ivi, p. 11). I quattro «tasti» principali sarebbero: l'*origina-*

lità («l'argomento piú persuasivo è sempre quello piú nuovo» o quello, già noto, in cui si scoprano elementi di novità), lo *stile*, le relazioni di *pertinenza* (che governano la scelta delle prove e sono decisive per la loro validità), la *logica della persuasione*. Quest'ultima sarebbe piuttosto una «psico-logica», e dovrebbe spiegarci perché i congegni mentali che scattano quando si aderisce alle tesi che ci vengono esposte possono agire indipendentemente dalla correttezza logica del ragionamento e dalla verità delle asserzioni: «non sempre un argomento persuasivo è vero, e non sempre un argomento vero è persuasivo» (ivi, p. 225). Noi non ci addentreremo in questo territorio affascinante, che rimane fuori dagli obiettivi e dalle pertinenze del presente lavoro; avremo solo a che fare con qualcuno degli argomenti che sono persuasivi pur non essendo logicamente corretti, come si vedrà dalle osservazioni riservate alle fallacie argomentative.

2. *La tradizione retorica.*

Nello studio e nella pratica dell'attività verbale, e in particolare nello studio e nella pratica della comunicazione persuasiva il punto di vista retorico è richiesto dall'onnipresenza di quella che mi piace chiamare "retorica *interna*" al comunicare. È l'insieme dei procedimenti organizzativi del discorso, dei tratti che caratterizzano i modi di esprimersi, ivi incluso il silenzio: l'«arte del parlare» come attuazione di una serie di capacità. "Retorica *esterna*" è l'«arte del parlare» come studio riflesso o come ricettario: il complesso di dottrine e di precetti che intendono descrivere e regolare la retorica *interna*[3]. Questa opposizione corrisponde in parte al binomio classico di *rhetorica utens* (l'impiego dei mezzi di persuasio-

[3] Caffi 1999 interpreta la retorica «nella sua accezione piú generale di studio della comunicazione intenzionale diretta a scopi, che implica l'assunzione di responsabilità» (p. 311), e mette opportunamente in luce le connessioni tra retorica e pragmatica.

ne) e *rhetorica docens* (gli ammaestramenti dell'arte). Agli antichi fu ben chiara la distinzione tra la capacità di parlare in modo persuasivamente efficace, cioè di "essere eloquente" e la codificazione delle norme applicando le quali ci si poteva esprimere con eloquenza. L'eloquenza poteva essere "spontanea", frutto di virtú nativa, oppure "regolata", risultato dell'applicazione di precetti. I precetti dell'arte retorica e il loro insegnamento avevano avuto origine dalla necessità di apprestare le conoscenze e i metodi indispensabili all'attività oratoria.

Nel corso dei secoli le ricette sono cambiate, sono cambiati gli ingredienti e le loro combinazioni; come è ovvio, dal momento che l'esercizio dell'eloquenza, dai cosiddetti discorsi pitagorici in poi, si è conformato ai diversi tipi di destinatari e alle circostanze della comunicazione. Non sono scomparsi alcuni principî basilari per l'impalcatura del ragionamento. Conserva una sua validità pratica l'organizzazione del discorso secondo le tradizionali cinque parti, o operazioni, corrispondenti ad altrettante capacità richieste all'oratore. Mentre le prime tre (*inventio*, *dispositio*, *elocutio*) offrivano (offrono ancora) i loro servizi anche alla stesura di testi scritti, le ultime due (*memoria* e *actio/pronuntiatio*) riguardavano le prestazioni oratorie orali. Nella *Rhetorica ad Herennium* la *memoria* è definita come «la tenace presenza, nel pensiero, degli argomenti, delle parole, e della loro disposizione»; e la *pronuntiatio* o *actio* come «la capacità di regolare in modo gradito la voce, l'aspetto, il gesto». A questa Demostene, a cui si domandava quale fosse lo strumento piú importante nell'oratoria, diede il primo posto, e poi il secondo, e poi il terzo, «finché non smisero di interrogarlo – aggiunge Quintiliano riferendo un analogo passo di Cicerone – sí che poteva sembrare averla egli giudicata non il piú importante, ma l'unico suo strumento»[4].

[4] *Inst. Orat.*, XI, 3, 6; il passo di Cicerone a cui Quintiliano si rifà è nel *De Oratore*, III, 56, 213.

Quintiliano, che alla *pronuntiatio* dedica piú della metà del libro XI della *Institutio Oratoria*, si spinge ad asserire: «per conto mio, sarei disposto ad affermare che un discorso anche mediocre sostenuto dalle forze dell'*actio* sarà piú valido del migliore discorso che ne sia privo» (*Inst. Orat.*, XI, 3, 5).

Cicerone[5] definiva l'*actio* «una sorta di eloquenza del corpo» (*quasi corporis quaedam eloquentia*), e Quintiliano[6], osservando che quello era il nome piú usato, ne precisava la derivazione dal gestire (l'*agere* comprende il gesto e il portamento), mentre la *pronuntiatio*, «sembra prendere il nome dalla voce» (*Inst. Orat.*, XI, 3, 1). Interesse storico, ma non solo, continua ad offrire la minuziosa casistica quintilianea dei modi di emettere, impostare e modulare la voce, dopo averla debitamente curata, di atteggiare il volto, di muovere la testa, di assumere le convenienti posture del corpo, di gestire (i movimenti di braccia e mani sono descritti e interpretati con una cura da manuale di cinesica); e altro ancora, come il ritmo da imprimere alla recitazione, la frequenza e la durata delle pause: autentico catalogo di punteggiatura del parlato. Tutto questo, se testimonia l'importanza primaria attribuita (e da attribuire) all'esecuzione orale del discorso, non diminuisce il peso che deve avere la costruzione della compagine testuale. Nella stesura scritta questa appare (è sempre apparsa: lo vedremo ricordando un celebre episodio di incongruenza fra l'esposizione e la "messa in pagina" di un'arringa ciceroniana) con caratteri propri, che non possono farne la pura e semplice trascrizione dell'orale. Né, d'altra parte, si parla "come un libro", se si parla con naturalezza, non importa se spontanea o studiata. Cose ovvie e risapute, e non occorre essere oratori per "fare esperimento" di quanto differiscano fra loro le procedure dello scritto e del parlato (e sia pure del finto parlato, o del «parlato recitato»).

[5] *Orator*, 17, 55.
[6] *Inst. Orat.*, XI, 3, 1.

Ci occuperemo dunque della compagine testuale, ben sapendo che analizzare testi prodotti in dibattiti processuali e non avere avuto esperienza diretta di come quei testi abbiano preso corpo quando sono stati enunciati "in situazione" equivale a descrivere una persona non dal vivo ma guardandone una fotografia sbiadita. Dovremo contentarci della fotografia, come sarà evidente dal commento agli esempi, ricavati da arringhe messe a stampa, e dunque fissate durevolmente, a futura memoria. Sottratte al destino di un'esistenza momentanea, le «alate parole» hanno perduto, col carattere effimero, anche il colore e il sapore di ciò che dava loro vita: suoni, gesto, elementi di "atmosfera", impatto sull'uditorio.

Sull'importanza dell'oralità – tratto costitutivo del dibattito – sottoposta alle condizioni ambientali, al complesso dei fattori della situazione comunicativa, alcuni dei quali imprevedibili, basterebbe evocare un ricordo di scuola: il processo a Milone, l'uccisore del tribuno Clodio, in un tribunale stipato di clodiani minacciosi e rumoreggianti, e di guardie armate impegnate a tenerli a bada. In quella gazzarra Cicerone, difensore di Milone, parlò poco e male. Milone fu condannato. In esilio a Marsiglia, poté leggere il testo scritto dell'arringa di Cicerone: un capolavoro letterario. Si vuole che Milone esclamasse: «O Marco Tullio, se tu avessi parlato come hai scritto, io non sarei qui a mangiare le triglie di Marsiglia!»

L'oratoria forense appartiene al "genere giudiziario". Fra i tre generi della retorica (corrispondenti ad altrettanti tipi di discorso)[7] proposti, nel IV secolo a. C., da

[7] In Mortara Garavelli 1987, pp. 26-27 si trovano indicazioni essenziali sui tre generi del discorso persuasivo: il *deliberativo*, il *giudiziario*, l'*epidittico*, modellati ognuno sul tipo degli ascoltatori ai quali l'oratore si rivolge (le tre classi sono individuate in relazione alla società ateniese dell'epoca): i membri di un'assemblea politica, per il genere deliberativo; i giudici nei processi, per il giudiziario; gli spettatori, per l'epidittico (da *epidéiknymi* «mostro, faccio vedere») o "dimostrativo" (dal latino *demonstrativum* calco del greco *epideiktikós*); genere, quest'ultimo, a cui si ascrivevano i discorsi di elogio o di biasimo, ove il giudizio dell'ascoltatore verteva sul talento dell'oratore.

Anassimene di Lampsaco, e poi sistemati da Aristotele col modello che divenne canonico nella precettistica, il genere giudiziario (o giudiziale) era ritenuto il piú difficile: chi ne era esperto sarebbe stato capace di cimentarsi con successo anche negli altri due. Convinzioni radicate *ab antiquo*, e di lunga vita. Alla metà del Settecento cosí le riecheggiava Giambattista Vico in un trattatello che fu per molto tempo ingiustamente sottovalutato:

> uti pictores simulatque humanum caput optime delineare et coloribus distinguere norint, iam omnes rerum imagines suis in tabulis imitantur, sic *apud antiquos rhetorica in forensi genere ferme tota occupabatur*. Nam causarum forensium solertes multo facilius et gravius suasiones atque adeo laudationes instituent[8]. (Vico [1741] 1989, p. 23; corsivo mio).

Erano funzionali al genere giudiziario le partizioni del discorso (esordio; narrazione con le relative suddivisioni; argomentazione con la dimostrazione della propria tesi e la confutazione della tesi avversa; perorazione o epilogo) e, relative a queste, la trattazione sia della topica, degli *status causae* e dei modi di argomentare (materie, tutte, dell'*inventio*), sia dell'ordine da dare agli argomenti di prova (materia della *dispositio*). Erano pronti per essere trasposti agli altri generi i procedimenti escogitati per attuare le *virtutes elocutionis*. Fra queste, l'*ornatus* presentava l'utensileria piú ricca per dare smalto e forza persuasiva agli interventi nei dibattiti giudiziari. Volendo esemplificare, mi soffermerò dapprima sugli artifici che recano traccia della dialogicità intrinseca al gioco argomentativo: tra le «figure di pensiero» (*ornamenta sententiarum*) la *sermocinatio* con le sue varianti, la *percontatio* e la *subiectio*. La *sermocinatio* «simulazione di discorsi dei personaggi» (*colloquia perso-*

[8] «Come il pittore tosto che impari a ben disegnare e a distinguere con i colori una testa, già esprime nei suoi quadri tutte le immagini delle cose, cosí *per gli antichi l'intera retorica era quasi interamente collocata nel genere forense*; infatti chi è tagliato per l'oratoria forense saprà far suasorie e anche elogi molto piú facilmente e maestosamente» (trad. di G. Crifò).

narum) è stata assimilata da alcuni al *dialogismós* «dialogismo» o «finzione di dialogo». Per G. B. Vico (ivi, p. 387) il *dialogismós* è una specie della *sermocinatio*, e consiste nell'introdurre a parlare «piú persone tra loro secondo la loro posizione (*pro sua quisque dignitate*)». Ecco il brillante esempio di dialogismo che Vico trae da Cicerone (*Pro Quinctio*, 22, 71-72); pezzo polifonico mirabile, con voci di personaggi in contesa che si intrecciano nella stessa partitura, a movimentare lo spettacolo oratorio:

(1) – Voglio difendere la mia questione pecuniaria, – dice Quinzio. – Non ti è permesso. – Eppure questa è la materia del contendere. – A me non importa; devi difendere la causa della tua posizione civile. – Poiché è necessario che sia cosí, pronuncia tu pure l'accusa. – No, – si risponde, – a meno che contro ogni precedente tu parli per primo. – Dunque dovrò parlare. – Sí, ma la durata dell'arringa sarà fissata a nostra discrezione, e il giudice stesso vi sarà costretto. – E che altro? – Ti troverai un avvocato purchessia, un uomo di costume antico che non tenga conto né della nostra splendida posizione né del favore che ci circonda...[9].

Nell'ambito della riproduzione mimetica di monologhi e dialoghi rientravano la *percontatio*, finzione di uno scambio di domande e risposte fra l'oratore e l'avversario o fra l'oratore e il pubblico, e la *subiectio*, suggerimento di una risposta dopo avere posto una questione.

Un esempio moderno di *sermocinatio* e di *subiectio* in un solo breve capoverso di un'arringa di parte civile pronunciata dall'avvocato Achille Melchionda davanti alla Corte di assise di Bologna:

(2) Perché ucciderla – ci chiede ora lui stesso – se lei mi aveva creato come artista, lei mi aveva aiutato a vincere la tossicodipendenza, lei era la mia «migliore amica»? E non si accorge che ci offre la risposta: proprio perché lei lo aveva creato vi era motivo per uc-

[9] Ecco il testo latino riportato a p. 386 dell'ed. Crifò di Vico ([1741] 1989): «De re pecuniaria cupio contendere. – "Non licet". – At ea controversia est. – "Nihil ad me attinet; causam capitis dicas oportet". – Accusa ubi ita necesse est. – "Non", inquit, "nisi tu ante novo modo priore loco dixeris". – Dicendum necessario est. – "Praestituentur horae ad arbitrium nostrum, iudex ipse coercebitur". – Quid tum? – "Tu aliquem patronum invenies, hominem antiqui offici, qui splendorem nostrum et gratiam neglegat..."».

ciderla, nel momento in cui lo stava abbandonando al suo destino. («La difesa penale», n. 8, 1985, p. 27).

Sono tecniche ben collaudate per argomentare drammaticamente: dalla citazione integrale di testimonianze, di risposte a interrogatori e altro, alla drammatizzazione, che consiste nel sostituire un resoconto di fatti con battute di discorso diretto "messe in bocca" ai personaggi. Darò solo due esempi abbastanza recenti, tratti dall'arringa di parte civile dell'avvocato Giovanni Maria Dedola nel processo De Benedetti:

(3) [...] nel contesto del procedimento per il dissesto del Banco Ambrosiano [...] De Benedetti espone la sua tesi dell'inadempimento di Cabassi. «[...] Ho fatto, in sostanza, una specie di permuta fra questi beni e le azioni del Banco Ambrosiano»; è lui che lo dice. Si è molto seccato in dibattimento quando il Presidente, giustamente, diceva: «Quindi ha fatto una permuta?», «No, no, Presidente, non una permuta, sono due operazioni sganciate, autonome». Ora lo dice lui: «Ho fatto in sostanza una specie di permuta fra questi beni e le azioni del Banco Ambrosiano». («La difesa penale», n. 42-43, 1994, p. 17).

(4) Non gli dice «mi hanno cacciato» come ha detto qui in dibattimento, gli dice «mi hanno offerto» come prima immediata proposizione di questa esplosione liberatoria [...], aggiungendo, come una sorta di giustificazione necessitata, «guarda che, comunque, mi hanno detto che, se non accetto questo, non verrò riconfermato come vicepresidente». (Ivi, p. 39).

Per antica tradizione i discorsi forensi di accusa e di difesa hanno avuto, a lungo, esclusivamente forma monologica (diversa la situazione odierna, col nuovo rito processuale). Le inserzioni di dialoghi fatte essenzialmente per mettere a reciproco confronto e scontro argomenti e controargomenti, mimando al vivo un dibattito e variando cosí il ritmo espositivo, non sono altro che manifestazioni esplicite del carattere intimamente dialogico dell'argomentare. Che già si manifesta nella fase preparatoria della pianificazione di un testo, scritto o orale, ove la natura problematica del ragionamento[10] implica forme di autocomunicazione.

[10] Il riconoscimento della «dimensione problematica» del pensare e dell'agire ha condotto uno dei teorici piú appassionati del sapere retorico con-

L'impostazione dialogica si fa evidente negli atti linguistici del confutare le tesi di un avversario; o del condurre una dimostrazione su presupposti contrari a quelli di una dimostrazione alternativa; o anche del contraddire opinioni non enunciate, ma presupposte. Nel seguente esempio (tratto da un'arringa pronunciata davanti al tribunale di Milano il 9 maggio 1984 dall'avv. Piero Dina, nel processo Sindona) ciascuna delle espressioni messe in evidenza col corsivo è segnale di "confutazione-basata-sull'ammissione", alimentata da una sorta di dialogo implicito con le opinioni e i giudizi rifiutati:

(5) Che spazio operativo, quindi, aveva il Clerici? Erano operazioni di particolare valore economico, assai spesso; *ma* questo non muta il genere di lavoro espletato dal dipendente. *È vero, firmava. Ma* assumeva con la firma la responsabilità dei dati tecnici esposti nel documento che riguardava B.P.F. *È vero, firmava anche* per le società fiduciarie, che erano *peraltro* strumenti di B.P.F. [...] («La difesa penale», n. 7, 1985, p. 34).

Anche le parentesi possono essere fattori importanti di dialogicità:

(6) [...] e garantendo, attraverso l'interposizione di società estere, «prive di qualunque consistenza patrimoniale» – si addebita – (ma come la si sarebbe potuta pretendere una consistenza patrimoniale?), l'anonimato dei definitivi destinatari dei fondi nei confronti di terzi [...] (Ivi, p. 35).

E cosí le interrogazioni, che abbondano nell'oratoria forense. Si presentano come elementi costitutivi della *sermocinatio* e della *percontatio*, come in (2) e nell'ultima domanda di (8). Appaiono nelle citazioni di dialoghi realmente avvenuti, in (3). Prendono la forma delle interrogazioni cosiddette didattiche in (5) e (9), piú forti se contengono obiezioni, e a maggior ragione se inserite incidentalmente, con effetto di rottura del flusso del

temporaneo, Michel Meyer, a sostenere che ogni settore della conoscenza è segnato dalla retorica, se è vero che ogni teoria scientifica ha carattere congetturale. La retorica è per lui «la negoziazione della distanza fra uomini a proposito di un problema». Tale negoziazione mette in gioco i due aspetti, dialogico e argomentativo, fondamentali nell'attività di parola (cfr. Meyer 1993 e 1999).

discorso, come in (6). Abbondano inoltre le interrogative etichettate come “retoriche”, imparentate con la litote per l’effetto a cui mirano suggerendo la risposta, obbligata perché implicata; e perciò intrinsecamente dialogiche. Ne abbiamo qui esempi in (8); e ne avremmo a disposizione molti altri se citassimo distesamente, scegliendo, dalle arringhe di cui ho dato notizia, non solo le perorazioni, ma anche le parti dimostrative e le confutazioni. Meglio ricorrere all’autorità indiscussa di un classico: all’Autore del mirabile trattatello *Del Sublime*, che spiega come meglio non si saprebbe la forza e gli effetti dell’interrogare:

> Che diremo della tecnica dell’interrogazione? Non è vero che, foggiato dalle figure della domanda, ciò che diciamo tende a farsi molto piú rapido ed efficace? Ancora Demostene: «Volete forse andare di qua e di là a informarvi se c’è qualcosa di nuovo? Che altro potrebbe essere piú nuovo del fatto che un macedone sconfigga in guerra la Grecia? Filippo è morto? Ma no: sta male. Che differenza c’è per voi? Anche se a quello capitasse qualcosa, voi subito vi creereste un altro Filippo». E piú in là: «Navighiamo contro la Macedonia. Per sbarcare dove? – mi ha chiesto uno. Ma la guerra stessa scoprirà le falle della situazione nemica».
>
> Espresso in tono normale, il fatto sarebbe riuscito piuttosto fiacco: invece l’accento ispirato e incalzante della domanda e della risposta, questo replicare a sé stesso come se si trattasse di un altro hanno fatto ora, col giuoco delle figure, non solo piú sublime l’espressione, ma anche piú convincente. Infatti il pathos ci trascina di piú quando appare non già studiato apposta da chi parla ma generato dalla stessa crucialità del momento: e la tecnica dell’autointerrogazione mima appunto l’urgenza degli eventi passionali. Giacché, come quando, interrogati dagli altri, ci sentiamo a un tratto provocati e replichiamo con la stessa forza della verità, cosí la figura della domanda e della risposta, portando l’ascoltatore a credere che le speciosità formali attraversino improvvisamente il linguaggio, lo cattura al discorso[11].

Non credo sia indispensabile attardarsi a illustrare nei particolari i tropi e le figure disseminate nelle arringhe talora con abbondanza soverchia. Contrassegni stilisti-

[11] Si cita da PSEUDO-LONGINO, *Il Sublime*, a cura di G. Lombardo, postfazione di H. Bloom, Aesthetica, Palermo 1987, cap. XVIII, pp. 48-49.

ci evidenti, a volte hanno esclusivamente funzione decorativa: tra gli accorgimenti piú sfruttati, le perifrasi, le metafore usate come abbellimenti, le amplificazioni e le iperboli, le litoti e le mitigazioni, le antifrasi e le sfumature ironiche o sarcastiche, le allusioni e le varie incarnazioni dell'enfasi (ma l'elenco rimane aperto). Spesso rivelano lo sforzo, non sempre compensato dal successo, di rendere incisivo il discorso, di sottolinearne con proprietà i passaggi piú significativi. A volte hanno un vero e proprio ruolo argomentativo: hanno un peso determinante nella conformazione del ragionamento. Possono trasformare l'esposizione di fatti o la disamina di affermazioni della controparte in sceneggiature drammatiche: vividi effetti degli espedienti catalogati come forme della *evidentia* (del «mettere davanti agli occhi»), o effetti speciali della *mímesis* drammatica contrapposta alla *diégesis*, cioè al racconto.

Hanno rilevanza non indifferente nel profilo del ragionamento gli schemi svariati della ripetizione[12]: numerosi, lo sappiamo, e ossessivamente triturati nelle classificazioni della retorica classica. Nei pochi esempi disseminati in questo paragrafo possiamo trovare qualche campione: di anafora (*repetitio*) nelle iterazioni all'inizio di segmenti testuali in successione (*lei* ... *lei* ... *lei*, nell'es. 2); di polittoto[13]: «*lo stesso* lupo, *con lo stesso* vizio», in (7); di anadiplosi in (10); di andamento ciclico dei termini ricorrenti in (11).

[12] Perelman e Olbrechts-Tyteca ([1958] 1966, pp. 184-85 e *passim*) hanno sottolineato la complessità degli aspetti argomentativi della ripetizione: figura che non solo «dà il senso della presenza», ma che può suggerire suddivisioni (come l'anafora), distinzioni create da un uso «anormale», come quello delle tautologie che dissociano nelle due ricorrenze dello stesso termine il fatto e il valore (es.: «gli affari sono affari»). Si segnala, in Puddu 1990, l'accurata analisi delle (numerose) figure individuate in un'arringa di cui preliminarmente è stata descritta la struttura argomentativa.

[13] "Polittoto" (il latino *figura ex pluribus casibus* traduce il greco *polýptoton* «di molti casi»; in italiano si direbbe: «di piú funzioni sintattiche») è la ricorrenza di una parola con funzioni sintattiche diverse nello stesso enunciato o in enunciati contigui.

3. *Êthos, lógos, páthos.*

La *Pro Milone* è stata un modello celebrato di eloquenza non solo per l'appassionata perorazione, dove il *páthos* raggiunge il culmine della tensione, ma anche per l'accorta disposizione degli argomenti e lo svolgersi serrato della dimostrazione (*probatio*) e della confutazione (*refutatio*), dominio incontrastato del *lógos*. La disposizione degli argomenti teorizzata dagli antichi è stata rivisitata autorevolmente da Perelman, il maggiore responsabile della rinascita della retorica come teoria dell'argomentazione, alla metà del Novecento. Cose ben note, che giustificano il semplice rimando alle pagine del trattato perelmaniano; da tenere sullo sfondo delle informazioni sui modi di argomentare. Modi o stili, che puntano alternativamente sull'uno o sull'altro termine della tripartizione antica di *êthos* (le doti di carattere, il modo di comportarsi nella professione, e quindi la credibilità dell'oratore), *lógos* (lo sviluppo razionale, logico, del discorso) e *páthos* (la disposizione di spirito che si provoca negli ascoltatori, e quindi l'insieme delle passioni da suscitare, la vita emotiva che diventa oggetto di analisi e motivo dell'argomentare). Sono le tre specie delle prove (*písteis*), ossia dei mezzi con cui si può persuadere l'uditorio, alle quali Aristotele diede la prima, e fondamentale, sistemazione.

Su questa base si distinguono le *prove oggettive*, esercizi del *lógos*, e le *prove soggettive*, mezzi di pressione e di orientamento legati sia all'*êthos* sia al *páthos*: sia alla fiducia che l'oratore sa suscitare per le sue qualità e anche per «l'immagine che presenta di sé, la personalità che mette in mostra dinanzi al suo uditorio» (Parodi Scotti 1996, p. 12), sia agli elementi e ai fattori emozionali.

Alle prove soggettive si è dato grande rilievo nella tradizione classica. Ne è derivata l'impressione che il saper fare leva su queste per manipolare i fatti fosse la manifestazione piú evidente della superiorità di un difensore sul suo avversario. Cito solo un breve passo di Quintiliano:

> Le prove oggettive di ragionamento (*argumenta*) nascono generalmente dalla causa, e le piú numerose sono sempre a favore della parte piú forte; di modo che se si vince grazie a queste si sa che l'avvocato ha fatto solamente ciò che doveva. Ma quando bisogna far violenza sull'animo dei giudici e stornarne la mente dalla considerazione della verità, lí entra in gioco il compito specifico dell'oratore. Questo non l'insegna il cliente, e non è contenuto nei dossiers del processo. (*Inst. Orat.*, VI, 2, 4-5).

A parte la spregiudicatezza di affermazioni come «bisogna [...] stornare la mente dalla considerazione della verità», *ab ipsa veri contemplatione abducenda mens* (ma l'impressione di spregiudicatezza si attenua molto nella trattazione complessiva che Quintiliano dà poi dell'*êthos* e del *páthos*), dobbiamo riconoscere che una delle "idee ricevute" piú persistenti ha fatto consistere il clou dell'eloquenza forense nella capacità di trascinare l'uditorio con la mozione degli affetti e con il prestigio, l'alone carismatico che avvolge la figura del "principe del foro": le chiavi del successo appese all'*argumentum ad misericordiam* e all'*argumentum ad verecundiam*.

Se si esclude dal gioco della discussione l'*argumentum ad verecundiam*, cioè il peso dell'autorità di chi argomenta, si indebolisce il ruolo dell'*êthos* nell'argomentazione. Si elimina certamente una delle occasioni di dar luogo a una fallacia o a un paralogismo[14], ma si è poco realisti riguardo a come vadano effettivamente le cose

[14] Si ha una *fallacia* quando in un discorso si mette avanti un argomento non conforme alle leggi del ragionamento logicamente valido; un argomento inaccettabile con una parvenza di accettabilità. Paralogismo è «un ragionamento viziato da un errore indotto dalla natura stessa del nostro modo di ragionare» (Cattani 1995, p. 26, da cui sono tratte anche le due citazioni successive). Per Kant, ad esempio, è un paralogismo derivare logicamente l'esistenza di una sostanza pensante dall'*io penso*: è una «sofisticazione non dell'uomo, ma della stessa ragion pura». Il sofisma sarebbe un caso particolare di paralogismo fatto con intenzioni fraudolente: un ragionamento invalido, mentre «il paralogismo è un ragionamento valido, costruito su premesse soggettivamente certe e oggettivamente false».

nel consorzio umano. Un conto è che a sostenere una certa tesi sia una persona di provata competenza, esperienza, moralità e, perché no?, importanza sociale; un altro conto è che la stessa tesi sia difesa da uno che non goda di alcun credito, che abbia dato cattive prove in altre occasioni, o che, semplicemente, sia un perfetto sconosciuto. Già Aristotele sosteneva:

> non bisogna pensare, come fanno alcuni dei trattatisti, che [...] l'onestà stessa dell'oratore non conferisca per nulla alla persuasione; ma anzi, si può dire che il carattere (*êthos*) costituisca quasi la prova piú efficace. (*Rhet.* I, 2, 1356a 13).

Tradurre *êthos* con «carattere» limita il senso del termine greco, per il quale neppure in latino esisteva un corrispondente preciso (*cuius nomine* [...] *caret sermo Romanus*; *Inst. Orat.*, VI, 2, 8). Le ragioni sono da cercare nella polivalenza della parola greca:

> L'*êthos* oratorio è – infatti – l'impressione che l'oratore produce di sé per mezzo di ciò che dice: la parola detta deve essere in sintonia con la personalità di chi la enuncia, la deve veicolare. Piú che l'individualità e la personalità reale dell'oratore, esso costituisce il «personaggio» che l'oratore viene a rappresentare nel suo discorso, che deve rispettare certe caratteristiche e certi clichés, che deve assumere atteggiamenti e comportamenti in linea con un sistema di valori facilmente riconoscibile e condiviso. (Parodi Scotti 1996, p. 4).

L'*êthos*, al pari del *páthos*, si può "costruire" per via di procedimenti argomentativi, con prove induttive, quali sono gli esempi, e prove deduttive, come gli entimemi. Non è separabile, tranne che quando lo si analizza, dal *lógos*, al quale dà sostanza e peso, e in forza del quale prende consistenza: è dal modo di argomentare che si riconosce di che stampo sia chi argomenta. Ne consegue che l'oratore può far valere la sua autorità *dimostrandone* le ragioni. Ricavo dal bel saggio appena citato un esempio pertinente, tratto dall'orazione demostenica *Sulla pace*:

> in altre circostanze, afferma Demostene (e adduce prove storiche, sotto forma di esempi), i miei consigli e le mie azioni si sono ri-

velati utili e disinteressati (premessa maggiore); in questo momento il consiglio che vi do è in apparente contrasto col mio modo di pensare (premessa minore); poiché io sono affidabile e credibile, seguitelo anche questa volta (conclusione). *L'affidabilità dell'oratore è dunque affermata (se non costruita) proprio attraverso un entimema, e avvalorata da esempi.* (Parodi Scotti 1996, p. 93; corsivo mio).

Ho detto poco fa che l'*argumentum ad verecundiam* (ossia l'esibizione della propria autorità) può dar luogo a una *fallacia*. Ma ci sono argomenti fallaci dal punto di vista logico che non sono fallaci dal punto di vista pragmatico: se si considera, cioè, la loro capacità di funzionare ai fini pratici che un certo discorso o comportamento si prefigge. Ne abbiamo appena avuto un'illustrazione nel ragionamento di Demostene.

Un altro esempio della validità pragmatica di una fallacia logica è l'*argumentum ad hominem* in un caso come il seguente, tratto da una delle arringhe dell'avvocato Titta Mazzuca, raccolte ora in volume[15]. È del 1992 l'arringa da cui ricavo sia il passo riportato in (7), sia le due citazioni che si troveranno nel secondo dei capoversi successivi:

(7) Una seconda ragione di inattendibilità intrinseca è rappresentata dalla personalità inquietante di Orlando Ubaldi [il testimone dell'accusa, un ex ergastolano]. [...] Vale la pena di aprire la sentenza della Corte d'Assise d'Appello di Roma, che ha concluso con l'ergastolo il processo a suo carico [per l'uccisione di un tassista romano]. Ebbene, esaminando il suo comportamento processuale, la sentenza presenta l'Ubaldi come un freddo ragionatore, padrone delle capacità critiche e dei poteri inibitori e spiega: «Arrestato e processato, svolse un abile gioco di menzogne [...] ostacolando il compito dei giudicanti» [...] Vi è lo stesso lupo, con lo stesso vizio.

Per smontare il piú importante elemento a carico dell'imputato il difensore punta a dimostrare l'inattendibilità del testimone e da questa ricava l'inconsistenza della prova. Non si vede perché si debba respingere questa fallacia logica, se essa funziona pragmaticamente per demolire le tesi dell'accusa.

[15] T. MAZZUCA, *Arringhe - dal 1955 al 1997*, Edizioni Dialectica, Roma 1998[2].

Su un paralogismo è costruita la mossa appartenente al tipo di argomentazione detta *strumentale* o *consequenziale* usata da Titta Mazzuca quando si appoggia alla sentenza della Corte d'assise d'appello che aveva dichiarato inattendibile la chiamata di correo avanzata dall'Ubaldi nei confronti di un coimputato, «proprio per la sua spiccata tendenza alla menzogna»; e afferma che «le parole della sentenza del 1957 potrebbero essere trascritte senza cambiare una virgola» nella sentenza del processo nel quale lo stesso individuo compariva come testimone dell'accusa. Il paralogismo in questo caso risulta da un'applicazione dell'*argumentum ad consequentiam*: chi ha mostrato in altra occasione di non essere degno di fede perché mentitore sarà inattendibile anche in un'altra occasione analoga; e a questo punto l'argomentazione diventa *analogica*. Siano questi argomenti fallacie o paralogismi, è certo che sono persuasivi. E infatti chi li ha adoperati abilmente ha vinto la causa.

Quando si sfruttano le "fallacie non fallaci" nelle strategie argomentative della prassi forense si esce dai recinti del rigore logico per ricorrere all'efficacia di prove, considerazioni e motivi pratici. È la provocazione alla correttezza del ragionamento puro da parte della funzionalità dei mezzi di persuasione. Alludo alle fallacie che funzionano per almeno due motivi: o perché rientrano nelle "prove indirette minori", o perché sono l'unico modo possibile di incidere sull'uditorio. Esempi rituali della seconda eventualità li troviamo nei Vangeli[16]. Agli scribi e ai farisei che gli dicevano, «per metterlo alla prova e per avere di che accusarlo»: «Mosè, nella legge, ci ha comandato di lapidare donne come questa. Tu che ne dici?», Gesú dapprima non risponde, ma si mette «a scrivere col dito per terra», finché, alle insistenze di coloro che continuano a interrogarlo, replica: «Chi di voi è senza peccato scagli per primo la pietra contro di lei» (*Giovanni*, 8, 5-7). Si imputino pure a questo ragio-

[16] Cfr. Cattani 1995, p. 47.

namento l'*ignoratio elenchi*, gli argomenti *tu quoque*, *ad hominem* e quant'altro si voglia; eppure la sua efficacia fu immediata: «quelli, udito ciò, se ne andarono uno per uno, cominciando dai piú anziani fino agli ultimi» (8, 9). Ma il Cristo tramandato dai Vangeli non era un logico impegnato in dispute accademiche.

L'argomento *tu quoque* interviene ogni volta che l'oratore cerca di richiamare gli ascoltatori – giudici, parte avversa, pubblico – a "mettersi nei panni" dell'imputato. Un solo esempio da un processo storico; dalla «Arringa in difesa del re Luigi XVI» recitata da Raymond de Sèze il 26 dicembre 1792[17]:

(8) Si è osato imputargli a delitto perfino d'aver collocato truppe nel suo castello. Dovea egli dunque cedere alla moltitudine, ubbidire alla violenza? L'autorità affidatagli dalla Costituzione non era essa un deposito ch'egli dovea ad ogni modo difendere intatto? Cittadini, se in questo momento vi si recasse avviso che una moltitudine cieca ed armata marcia contro di voi, e che, sprezzando il vostro carattere sagro di legislatori, vuole strapparvi da questo santuario, io dimando a voi: che fareste?

Mentre non ha mai incontrato seri ostacoli ammettere che l'esito di un'argomentazione debba molto al fattore *êthos*, è apparso piú problematico e controverso il raggio di azione del *páthos*, che talora ha preoccupato per la sua pervasività. Nella tradizione oratoria gli aspetti emotivi hanno avuto un rilievo di prim'ordine sia come elementi su cui fare leva per convincere ascoltatori e giudici, sia come tema di dibattito. Era importante scavare nei sentimenti, mettere in luce aspetti riposti della personalità di imputati, di testimoni, di vittime. Ciò che ha caratterizzato lo stile dell'oratoria forense dall'Ottocento agli ultimi decenni del Novecento è l'intrusione

[17] L'arringa è stata ripubblicata in anastatica, Edizioni Associazione Quintiliano, Padova s.d., nella traduzione italiana (di G. B. V.), che compare nel vol. stampato in Milano da Luigi Veladini (s.d.). L'attuale riedizione è stata fatta per iniziativa della Unione delle Camere penali italiane, con saggi di commento di: F. Corbi, V. Nico d'Ascola, E. Fragasso jr, G. Frigo, N. Ghedini, P. Longo, G. Pecorella, P. Rubini, E. Randazzo, F. L. Satta. La citazione rinvia alla p. 39.

del *páthos* nel dominio del *lógos* e dell'*êthos*: anche l'esposizione di fatti e circostanze, anche le indagini e le illazioni sugli atteggiamenti, le inclinazioni, ecc. delle parti in causa erano intrise di *páthos*.

Rovesciando il punto di vista, si potrebbe dire che la ricerca di effetti "patetici" si è potuta avvalere delle procedure logiche dell'argomentazione, induttive e deduttive, ossia di esempi e di entimemi. È vero, poi, che la "mozione degli affetti", il *movere* della retorica classica, non è mai stato disgiunto dal *docere*: dall'informare, dalla ricostruzione dei fatti, dall'accumulo di prove oggettive. Nella migliore tradizione l'emotività non ha oscurato la razionalità; il che rende ancora leggibili, oltre che utili, e talora mirabili, certe arringhe pubblicate in anni lontani dai piú celebrati "principi del foro"[18].

Il cammino dell'oratoria forense non è stato lineare: colpi di freno normativi e autoregolazioni hanno cercato di disciplinarne il tracciato. In ogni caso le scelte individuali hanno avuto il peso maggiore. Un cambiamento di impostazione, e perciò anche di stile, è stato determinato dalle regole del dibattimento poste dal nuovo codice di procedura penale[19]. Il cambiamento di stile si coglie sintomaticamente proprio nel punto per tradizione piú caldo delle difese in Corte di Assise, cioè nella fase finale del discorso. La perorazione appassionata, culmi-

[18] Cito qui soltanto le raccolte di cui ho conoscenza diretta: G. MARCIANO, *Orazioni ed arringhe*, con prefazione di E. Altavilla, Morano, Napoli 1926; G. BENTINI, *Arringhe Penali*, Madella & C., Milano 1927; F. CARNELUTTI, *Controvento*, Morano, Napoli 1961; G. PORZIO, *Arringhe*, Jovene, Napoli 1963; A. DE MARSICO, *Arringhe*, vol. I, Jovene, Napoli [1926] 1972; vol. II, ivi, [1930] 1972; vol. V, ivi, 1975. A questi si aggiunga il citato volume di T. Mazzuca. Notizie sui maestri riconosciuti dell'eloquenza forense nel Novecento italiano si trovano nelle introduzioni di A. De Marsico ai volumi delle sue arringhe, nella prefazione di E. Altavilla alle arringhe di G. Marciano, oltre che in A. DE MARSICO, *Voci e volti di ieri*, Laterza, Bari 1948.

[19] Si vedano almeno: Gulotta e collaboratori 1990; Gulotta/Puddu 1990, ove il «sistema persuasivo» è analizzato mettendo a confronto modelli argomentativi diversi; Traversi 1995 e i contributi pertinenti allo svolgersi della discussione nei processi penali in Traversi (a cura di) 1998; Quaderni 1997, e in particolare Giuliani 1997.

ne della foga oratoria, lascia il posto a una severa, contenuta esortazione al Collegio giudicante, oppure all'enunciazione serrata e consequenziale delle conclusioni: tanto piú persuasiva quanto piú si presenta come l'esatto risultato di una dimostrazione coerente. La raccolta delle arringhe di Titta Mazzuca è un buon documento di questa evoluzione. Potrei citare anche la parte conclusiva di un'arringa dell'avvocato Filippo Siciliano:

(9) È un castello di carte quello che la difesa sta offrendo a codesta Corte? No, è una concatenazione logica all'interno della quale ogni anello ha bisogno di un anello che lo preceda ed è esso necessario all'anello che segue [...]. Io non credo che questo giudizio si concluderà come il primo [...] Non è possibile che si commetta due volte lo stesso errore. E non è vero, lasciatemelo dire, che l'errore giudiziario sia sempre una inevitabile fatalità [...] («La difesa penale», n. 26, 1990).

L'arringa di Siciliano era presentata come modello di «eloquenza senza fronzoli, senza sfoggio di varia cultura, senza mozione degli affetti, senza ricerca di facili effetti: la semplice, stringente, argomentazione sui fatti avvince e convince». Questa "nuova eloquenza" doveva essere il prodromo, come prevedeva il commento di Gabriele Boscetto, di quella «nuovissima, che si rende necessaria col nuovo codice di rito: ancora piú stringata, anche in Corte d'Assise, perché rivolta ad un Giudice che ha visto la prova formarsi davanti a sé ed ha soltanto bisogno, dunque, di esposizioni logico-ordinatorie».

È la rivincita del *lógos*, del rigore dimostrativo, sugli usi devianti dell'emotività.

4. *Nel dominio del «lógos».*

L'impostazione pragmatica della retorica antica, in particolare della sistemazione aristotelica su cui si sono innestate le precettistiche latine dell'eloquenza è stata modernamente rivitalizzata da Perelman, che ha apprestato, e su solide basi giuridiche[20], un modello argomentativo di sicuro successo. Dove ai procedimenti razionali è assegnato un ruolo tendenzialmente incontrastato: le componenti "etiche" rimangono in ombra e tutto ciò che *ab antiquo* costituiva il *páthos* non ha cittadinanza fra le tecniche dell'argomentazione: le «passioni» sono ritenute elementi irrazionali, fattori di disturbo che intralciano l'esercizio della ragione. Naturale, quindi, che siano escluse dal modello perelmaniano come non pertinenti.

Ma come non mettere in conto l'incidenza delle emozioni quando si argomenta per attaccare o per difendere posizioni, interessi, diritti, per incolpare o per discolpare? I dibattiti processuali, in particolare, richiedono che, oltre a conoscere le "mosse argomentative" valide in astratto, si sappiano valutare e graduare le opportunità che gli argomenti logicamente invalidi ma pragmaticamente accettabili offrono di volta in volta. Questo, se non altro, per prevenire le mosse scorrette dell'avversario e annullarne gli effetti.

Fra le proposte[21] dalle quali l'oratoria forense può trarre elementi rilevanti per un'analisi e uno sviluppo consapevole dei suoi meccanismi e delle sue potenzialità indicherei la teoria, detta «pragmadialettica», degli olandesi Van Eemeren e Grootendorst. Il riconoscimento delle procedure dialettiche che rendono valida un'argomentazione si innesta su una prospettiva di lavoro «funzionale», concentrata sui modi in cui la lingua è usata per raggiungere determinati scopi, quindi anche sulle *fal-*

[20] Non entro nel merito delle questioni sollevate, nell'ambito della scienza del diritto, dai rapporti, teorizzati in Perelman [1976] 1979, tra la «nuova retorica» e la logica giuridica. Zagrebelsky (1992, pp. 168-69 e 177 nota 35) critica come «negativo», per il diritto, l'inevitabile aspetto «soggettivistico» della retorica perelmaniana: il soggettivismo, dovuto al fatto che «la persuasività dipende dall'abilità di chi usa i mezzi retorici», contrasta con «la prima esigenza di ogni vera scienza del diritto: il distacco da sé».

[21] Un ampio quadro dei fondamenti e degli sviluppi dell'argomentazione in Van Eemeren *et al.* 1996. Sui precedenti classici è utile Sagnotti 1999.

lacie delle argomentazioni pratiche, sulle opinioni, i pregiudizi, le credenze, i presupposti e quant'altro sia manifesto in un particolare discorso o si possa inferire da questo.

Il modello di Van Eemeren / Grootendorst 1992 comprende dieci regole fondamentali: i «Dieci comandamenti della discussione critica», che devono essere intesi non come un "galateo di chi argomenta", ma come l'insieme *dei principî che definiscono un'argomentazione ideale*. Le possibili infrazioni a ciascuno di questi corrispondono ad altrettante fallacie; che trovano cosí, nel modello «pragmadialettico», una sistemazione tipologica ordinata, e attendibile[22]. Nella pratica del discutere, e specialmente nei dibattiti giudiziari, l'uno o l'altro dei dieci principî viene disatteso senza scandalo; l'oratoria forense ne dà esempi brillanti, esempi di successi ottenuti proprio servendosi abilmente di fallacie argomentative.

I primi due «comandamenti» riguardano il rispetto delle opinioni altrui e la lealtà dei rapporti fra i contendenti. Corrispondono alle condizioni necessarie per mettersi a discutere correttamente, riconosciute in tutto il lungo cammino della retorica classica. Ne ha parlato, tra gli altri, Schopenhauer ([1830-31] 1991, p. 29), delineando i preliminari all'esposizione degli «artifici disonesti piú ricorrenti nelle dispute»[23]:

> Del resto, in ogni disputa, o in ogni argomentazione in genere, bisogna essere d'accordo su qualche cosa che si prende come principio per giudicare la questione di cui si tratta: *contra negantem principia non est disputandum* [non si disputi con uno che nega i principi di partenza].

[22] Rimando innanzitutto a Van Eemeren *et al.* 1996, pp. 298-306; poi alle esposizioni fatte da Cattani 1995, pp. 93-98, e da Mortara Garavelli 1998, pp. 19-25, da cui mi concedo qui qualche prelievo.

[23] Cfr. l'Avvertenza preposta all'edizione italiana dal curatore Franco Volpi, di cui si raccomanda qui anche il saggio, *Schopenhauer e la dialettica*, pubblicato in appendice al volume. Il trattatello, la cui composizione è databile intorno al 1830-31, non fu mai pubblicato dall'autore; apparve per la prima volta, postumo, nel 1864.

La prima regola (*Le parti non devono impedire l'una all'altra di esporre o di mettere in dubbio punti di vista*) può essere infranta dalle pretese, da parte di un contendente, di imporre certe restrizioni su principî accettati, di opporsi al diritto dell'altro di esprimere la propria opinione o di criticare l'altrui. Simili pretese prendono corpo in fallacie quali:

- l'*argumentum ad baculum*: fare pressioni o minacce; ventilare a un testimone scomodo una denuncia per calunnia;
- l'*argumentum ad metum*: indurre il timore delle conseguenze che l'accettazione della tesi avversaria provocherebbe;
- l'*argumentum ad misericordiam*: cercare di muovere l'uditorio a compassione con ragioni palesemente in contrasto con dati di fatto ammessi (tipica la storiella del parricida il cui difensore conclude: «abbiate almeno pietà di un povero orfano»);
- l'*argumentum ad hominem*: si tenta di screditare la parte avversa mettendone in dubbio la credibilità, la competenza, l'imparzialità, ecc. Se ne trova un esempio nel passo già citato in (7).

Le possibili infrazioni della seconda regola (*Chi espone una tesi è obbligato a giustificarla se richiesto dalla controparte*) sono dovute principalmente alle seguenti fallacie:

- varianti dell'*argumentum ad verecundiam*: cercare di sottrarsi all'onere della prova, presentando le proprie affermazioni come evidenti di per sé, garantendone personalmente la correttezza («sono io che lo dico, e mi impegno sul mio onore, sulle prove che vi ho dato di onestà, ecc.»);
- *argumentum ad ignorantiam*: sfidare l'avversario a provare che tali affermazioni sono sbagliate.

La terza regola (*Se si attacca un'opinione della controparte, si deve attaccare esattamente ciò che la controparte ha detto*) prescrive di non barare, di non confondere le carte in tavola. Le violazioni si verificano quando si distorce il senso delle parole dell'avversario, trascurandone le sfumature significative, semplificando e generalizzando; o se si citano enunciati fuori dal loro contesto, quando è proprio il contesto a darne il senso preciso. Una delle fallacie piú comuni nel disattendere questa terza regola è la "fallacia del fantoccio", che consiste nel costruirsi un bersaglio di comodo per demolirlo con facilità.

La quarta regola afferma il principio della pertinenza (*Una particolare opinione va difesa solo con argomenti che siano rilevanti*). Questa norma si può infrangere mettendo avanti motivazioni che non riguardano ciò di cui si sta trattando in quel preciso momento, ignorando (o fingendo di ignorare) qual è la vera questione (*ignoratio elenchi*). *Elenchos* (in Aristotele, *Confutazioni sofistiche*, 5, 167a 21-27) è una prova confutatoria. Con la fallacia dell'*ignoratio elenchi* si dimostra qualcosa di diverso da ciò che si deve provare, si dà una prova diversa da quella richiesta. L'effetto, ricercato o involontario, è una diversione dalla materia del contendere. Esempio: un amministratore, accusato di avere impiegato parte del denaro affidatogli in speculazioni rovinose, replica di avere ottenuto profitti cospicui impegnando un'altra parte di denaro in titoli di borsa. È la tecnica del costruire false piste, del rispondere parlando d'altro, con un argomento che abbia una qualche analogia con la tesi in questione.

Altra possibile violazione di questa quarta regola è sostenere l'opinione usando mezzi di persuasione non argomentativi: per esempio, accampando le proprie qualità personali (variante dell'*argumentum ad verecundiam*), con una fallacia legata all'*êthos*; oppure facendo leva sull'emotività dell'uditorio (variante dell'*argumentum ad populum)*, e in questo caso si ha una fallacia dovuta al *páthos*, in opposizione al *lógos*.

L'*argumentum ad populum* può puntare su valori positivi (ad esempio, sulla salvaguardia delle tradizioni, nazionali o locali) o, all'opposto, su disvalori (ad esempio, sulla xenofobia, l'egoismo, la paura del nuovo, la gretta conservazione di privilegi). Nel caso presentato da Van Eemeren e Grootendorst (1992, p. 134) si puntava sulla forza delle emozioni radicate in pregiudizi etnici, sociali, economici, per prospettare un interesse collettivo: per limitare il numero degli immigrati in un quartiere residenziale di buon livello, si ventilava il rischio della perdita di identità del gruppo già residente, si agitava lo spettro dell'abbassamento di "tono" che nuove abitudini di vita e diversi comportamenti avrebbero provocato, si ipotizzava la perdita del valore immobiliare che le proprietà dei singoli potevano subire[24].

Osserva Plantin (1998, p. 12)[25], con l'intento di mostrare l'importanza (nel bene e nel male) degli elementi affettivi, quando si sostiene una tesi in cui sono in gioco interessi e valori:

> Le espressioni che designano un valore rientrano nel contesto «*in nome di*» [...]. Quanto agli interessi, se vogliamo differenziarli dai valori, possiamo ricondurli alla celebre trilogia «*honos, voluptas, pecunia*» (il potere, il piacere, il denaro). Solo l'ultimo è stato etichettato (*ad pecuniam*), ma con ogni evidenza si parlerebbe altrettanto bene di argomento *ad voluptatem* o di argomento *ad honorem*. C'è un legame tra valori e interessi, e il metterli in causa si accompagna inevitabilmente a emozioni.

La quinta regola (*Non bisogna disconoscere una premessa lasciata implicita nel proprio discorso, o presentare falsamente qualcosa come una premessa sottaciuta dalla controparte*) prescrive l'onestà nell'ammettere e nell'interpretare il sottinteso che è inferibile dal discorso. Può essere infranta avvalendosi della "fallacia del fantoccio"; oppure asserendo: «io non ho mai detto qualcosa di simile», quando invece «qualcosa di simile» si arguisce (correttamente) dal discorso dello stesso; o ancora, interpretando in modo distorto le presupposizioni della parte avversa.

La sesta regola verte ancora sui principî sottesi al cor-

[24] La retorica classica, e poi Perelman, interpretavano valori positivi e negativi, interessi, ecc. in termini di *tópoi* o "luoghi comuni", che costituivano, appunto, le basi dell'argomentazione.

[25] Traduco qui di seguito il testo originale francese.

retto ragionare: *Non bisogna presentare come punto di partenza comune una premessa non accettata dall'avversario, né si deve ripudiare un punto di partenza condiviso*. Si può disattenderla sottraendosi all'onere della prova, con petizioni di principio (fallacia della *petitio principii*), oppure impedendo alla controparte di sostenere la sua opinione *ex concessis*.

La settima regola (*Un punto di vista non si può ritenere difeso compiutamente se la difesa non ha luogo per mezzo di uno schema argomentativo appropriato e correttamente applicato*) riguarda la correttezza e l'adeguatezza delle procedure argomentative, il rispetto per le regole del gioco.

Per classificare le possibili violazioni ci si basa sulle tre principali classi di argomentazioni: *sintomatiche*, *analogiche*, *strumentali*.

- Argomentazioni *sintomatiche* (del genere "membro-classe"): «Tizio è uno zingaro [gli zingari vivono di espedienti], dunque Tizio vive certamente di espedienti». Si usa scorrettamente un'argomentazione sintomatica quando si presenta una tesi come giusta sulla base del principio di autorità (*argumentum ad verecundiam*) o di comuni modi di pensare (*argumentum ad populum*, che è la variante populistica dell'*argumentum auctoritatis*).
- Argomentazioni *analogiche* (o *per comparazione*): «Il provvedimento che vorrei prendere è pacifico, perché l'ho già preso in un caso analogo a questo». Si fa un uso scorretto dell'argomentazione analogica nei casi di analogie false o stabilite soggettivamente (Perelman ha autorevolmente sostenuto la debolezza del ragionamento per analogia).
- Argomentazioni *strumentali* (o *consequenziali*): «Dal momento che Caio ha preso una dose massiccia di tranquillanti [e i tranquillanti tolgono prontezza ai riflessi], Caio non deve avere i riflessi pronti e dunque non può mettersi al volante di un'auto». Un'argomentazione strumentale è usata scorrettamente quando, ad esempio, si svaluta una testimonianza resa da persona psichicamente labile o immatura, sul presupposto che chi è tale non sia attendibile (*argumentum ad consequentiam*); oppure si inferisce la relazione causa-effetto dalla semplice successione temporale dei fatti (*post hoc ergo propter hoc*).

L'ottava regola (*Si devono usare solo argomenti logicamente validi o che possano essere validati esplicitando una o piú premesse implicite*) può essere infranta in modi svariati. Adduco appena un esempio da un'arringa di Alfredo De Marsico[26]:

(10) V'è di piú: la confessione.
Non la rende ma *la fa*. Tutto quel che fa e tutto quel che non fa non è una confessione? Piú terribile della confessione espressa a parole. Perché dalle parole si può sofisticare o cincischiare sugli atti e sulle omissioni, studiati nei loro tempi e nelle loro connessioni.

La nona regola (*La difesa di una tesi si può ritenere fallita solo se la parte che l'ha sostenuta ne fa una ritrattazione o rinuncia a difenderla; e, viceversa, si deve dire che ha avuto successo se la parte avversa ritratta i dubbi avanzati su quella tesi*) subisce almeno due violazioni:

– quando il proponente conferisce al successo difensivo un valore di verità, cioè conclude che qualcosa è vero per il semplice fatto d'essere stato sostenuto in modo convincente (assolutizzazione della difesa vincente);
– quando l'antagonista conferisce all'insuccesso difensivo altrui un valore di verità, vale a dire conclude che la propria tesi è vera per il solo fatto che la tesi avversa non è stata dimostrata in modo convincente (assolutizzazione della difesa perdente). (Cattani 1995, p. 97).

La decima regola (*Ciascuna delle parti non deve usare formulazioni oscure, confuse, ambigue, e deve interpretare quelle dell'antagonista con la massima attenzione e accuratezza*) può essere sintetizzata cosí: farsi capire, e cercare di capire. La si infrange con la mancanza di chiarezza, l'ambiguità, l'equivocazione, l'anfibolia. Questi vizi possono derivare da *inopia* concettuale e linguistica, ma piú spesso rispondono a disegni strategici, non escluso il piacere del gioco di parole. Nell'ultimo caso si sfrutta il potere del comico, dell'arguzia, dell'effetto straniante che deriva dal paradosso: espedienti rubricati nei manuali di retorica dall'antichità a oggi.

[26] «Contro il dr. Carlo Nigrisoli», Corte di assise di Bologna, 5 e 6 febbraio 1965. Il testo è stato pubblicato nel vol. V delle *Arringhe* di Alfredo De Marsico cit., pp. 71-206. La citazione rinvia a p. 194.

L'indugio sulla «pragmadialettica» è giustificato dall'opportunità di incasellare in un quadro teorico organico almeno alcuni degli espedienti piú comuni nell'esercizio dell'eloquenza forense. In questo quadro possono trovare posto le valutazioni delle caratteristiche che rendono pragmaticamente accettabili, o inaccettabili, argomenti logicamente fallaci. È quanto ha fatto Walton (1992) analizzando i quattro «*argumenta ad*» (*ad baculum*, *ad misericordiam*, *ad hominem*, *ad populum*) con i quali si intende fare leva sulle emozioni dell'uditorio.

Ad esempio, il "fare appello alla compassione" (*ad misericordiam*) è valutato secondo che sia:

- ragionevole e appropriato (*reasonable and appropriate*); il che accade quando si richiamano valori (positivi) condivisi, come la solidarietà, il principio dell'uguaglianza fra persone di culture diverse, l'obbligo morale di soccorrere chi è in difficoltà, debole, indifeso, ecc.;
- debole, ma non irrilevante o fallace (*weak, but not irrelevant or fallacious*): può prestare il fianco a critiche se confrontato con altri valori concorrenti in una data situazione, ma non può essere del tutto rifiutato;
- irrilevante (*irrelevant*), cioè fuori posto, non consono alla situazione; ad esempio, se avesse luogo in una ricerca scientifica;
- insufficientemente motivato (*not enough information given*): quando ci si accontenta di appelli generici, senza precisare particolari che giustifichino l'invito a lasciarsi impietosire;
- fallace (*fallacious*): lo si usa solitamente per prevenire obiezioni critiche nel dialogo che seguirà.

La penultima è una condizione generale, valevole per ogni tipo di discussione e non specifica dell'argomento che vorrebbe caratterizzare.

Non occorre essere specialisti per accorgersi che negli attuali dibattiti forensi la tendenza ad argomentare con sobrietà e, nei casi migliori, con rigore si va progressivamente consolidando. Vale sempre, comunque, il principio dell'influenza che il tipo di causa (civile o penale), di pubblico, di sede (Corte di assise, Cassazione, ecc.) esercita sulle parti in contesa. Vale, per farla breve, tutto ciò che vale anche per gli altri tipi di comunicazione: sui quali il "contesto" (destinatari, situazione: tempo e luogo, riceventi non destinatari, consapevolezza delle conoscenze "enciclopediche" e dei valori condivisi, incidenza di elementi di disturbo) agisce in maniera determinante. Singolari e specifici rimangono i rituali del processo. Elemento nuovo, di disturbo sotto un certo aspetto, e per altro verso tale da garantire agli eventi un uditorio potenzialmente universale è la trasmissione televisiva dei processi. *Ne supra crepidam sutor*, rinuncio a trattare temi che indurrebbero a sconfinamenti fuori programma[27].

5. *Le ragioni del «páthos»*.

Gli elementi emotivi non possono essere esclusi dalle tecniche dell'argomentare, se non altro perché le argomentazioni non sono soltanto "collaborative": nei dibattiti processuali sono, in massima parte, antagonistiche. E qui l'emotività non è mai assente. Del resto, l'intensità "patetica" è sempre stata commisurata alle sedi del dibattimento, ai tipi di processo e soprattutto ai destinatari: giudici, parti in causa e pubblico. E di solito raggiungeva il culmine nell'epilogo, quando l'intera arringa sembrava, per dirlo con Maurice Garçon, una sorta di preparazione alla perorazione.

Le arringhe degli avvocati piú famosi del Novecento (almeno fino agli ultimi decenni del secolo) abbondavano di espedienti diretti a suscitare emozioni, combinando con accortezza (e senza risparmio di enfasi iperboliche) prove oggettive e prove soggettive. Nella *peroratio* si poteva forzare la mano, fino a indirizzare al collegio giudicante l'*argumentum ad metum*. Cito ad apertura di libro:

[27] Sulle riprese televisive dei processi si veda almeno Grasso 1998.

(11) Sí, Carnelutti prega; e non per loro soltanto ma anche per voi, o giudici, perché non sono soltanto gli imputati a correre un rischio tremendo: anche voi lo correte. Non dimenticate le parole di Cristo, ripetute poco fa [...]. Egli ha anche detto: «come avete giudicato cosí sarete giudicati [...]». Voi non siete soltanto dei giudici, ma anche dei giudicandi. E chi giudicherà voi, avrà in mano una bilancia che non può fallire[28].

L'efficacia della perorazione dipendeva (dipende) da atti preparatori piú o meno scopertamente diretti alla *captatio benevolentiae*. Si legga il seguente passo, ove l'autore ricorre, per ben due volte in breve spazio, all'*argumentum auctoritatis* per avvalorare gli elogi: per enfatizzare il consenso cerimonioso alle parole del personaggio elogiato (il presidente della Corte), come se non bastasse la citazione accattivante di quelle parole, buttata lí con movenza colloquiale dosata ad arte. È uno squarcio di oratoria epidittica nel bel mezzo di una dimostrazione difensiva:

(12) A tal proposito bisogna dare atto al Presidente della sua intuizione umana. Giuseppe Sotgiu – uno dei miei maestri [...] – soleva dire che «le cause, piú che studiarle, bisogna capirle». E qualcosa di simile Ella, signor Presidente, diceva nella pausa d'un'udienza, accennando alle sensazioni che provengono da alcuni processi, nei quali – mi sembra che cosí Ella abbia detto – «c'è qualcosa che quadra o non quadra, quali che siano le risultanze; c'è come un odore particolare che rende vigili». Trattasi appunto di quella intuizione umana che Piero Calamandrei indicava come la virtú piú importante del giudice: «Non dico che al giudice sia nociva la troppa intelligenza: dico che il giudice ottimo è quello in cui, sulla cauta cerebralità, prevale la pronta intuizione umana. Il senso della giustizia, per il quale, appresi i fatti, si sente subito da che parte è la ragione, è una virtú innata, che non ha niente a che vedere con la tecnica del diritto: come nella musica, in cui la piú grande intelligenza non serve a supplire alla mancanza di orecchio». Ecco, dinanzi alla ipotizzata causale, Ella, signor Presidente, ha dimostrato questo tipo d'intuizione umana. Basterebbe pensare con quanto garbo Ella ha interrogato Simonetta Zonetti, senza soffermarsi sull'ipotesi della relazione adulterina, e ricordare inoltre le volte in cui Ella ha sottolineato

[28] F. Carnelutti, «In difesa di Giovanni Fenaroli», arringa pubblicata in *Controvento* cit., pp. 409-83; la citazione è a p. 472.

la facilità con cui nascono e si diffondono le «voci» in una cittadina di provincia. (T. Mazzuca, «In difesa di Ferdinando Carosi», 1992)[29].

Sarebbe impresa disperata proporsi di illustrare la casistica delle innumerevoli variazioni tonali con cui sono modulati i finali "ad effetto" nei discorsi di accusa e di difesa. Un esempio di sobrietà nell'amministrare le risorse del *páthos* è il passo qui riprodotto in (13). È un *páthos* con radici lunghe. Refrattario ad analisi di superficie, si lascia catturare solo riportando gli argomenti che ne sono sostanziati alle loro matrici filosofiche. A un primo, macroscopico, livello si punta sulla forza intimidatoria dell'esortazione (suffragata, nel finale, da un *argumentum auctoritatis* di calcolato prestigio) a decidere non «sulle ipotesi» ma «sulla *realtà certa*», contro le pretese dell'accusa, che «crede di possedere la verità e qualche volta non ne ha che l'ombra triste»[30]. All'opposizione "verità/certezza" si arriva per gradi: dapprima si mette a contrasto la soggettività delle ipotesi con l'oggettività dei fatti accertati. Poi, per legittimare il dubbio, si punta sulla "certezza", o meglio sulle catalogabili "certezze". Il riferimento alla scuola napoletana porta dritto a Filangieri[31], alla sua illuminata distinzione tra ciò che appartiene alle proposizioni (verità e falsità), e ciò che ha sede nell'animo (certezza e dubbio). La certezza come «passione dell'animo», dunque: *tópos* culto assunto come base argomentativa, con elementi di contorno "umanizzanti", che allignano, anche questi, nel dominio delle emozioni («con umiltà», «il nostro affanno», «si affatica»...):

[29] T. MAZZUCA, *Arringhe* cit., p. 223.

[30] Le espressioni fra virgolette in questo periodo e il successivo es. (13) appartengono agli appunti, inediti, di un'arringa defensionale dell'avvocato Antonio Rossomando, in un processo per omicidio.

[31] G. FILANGIERI, *La scienza della legislazione* (1780), Istituto poligrafico e zecca dello Stato, Roma 1984, tomo I, p. 456. Preziose osservazioni sul tema "certezza/verità" riferito alla «motivazione della sentenza», in Iacoviello 1997, pp. 33 sgg.

(13) Questa causa deve essere affrontata con umiltà o non può essere giudicata.

Io ho finito.

Un ammonimento nasce da questo processo: la conoscenza nella quale noi crediamo è il nostro punto di riferimento, ma qualche volta può essere il nostro affanno. Pur nella misura del suo compito la difesa non mira alla conquista di verità ultime. Si affatica e discute per evidenziare gli aspetti del singolo caso e poi si ferma. Il dubbio in questo processo è sovrano.

La legislazione napoletana conteneva tre formule di estrema chiarezza per le decisioni dei giudici penali: 1) consta che tizio abbia commesso il reato; 2) consta che tizio non l'abbia commesso; 3) non consta che l'abbia commesso. Una per la certezza della responsabilità. Una per la certezza della innocenza. Una per il dubbio. Se il giudice, dopo avere cercato le tracce, valutate le prove, meditato i costituti, considerato l'imponderabile, cercato di scrutare le intenzioni, non riesce a vedere chiaro, si fermi. Decidere per il dubbio non è la resa della Legge, ma l'affermazione della giustizia.

Occuparsi dell'emotività ha un interesse rinnovato se la si considera come tema e movente dell'azione, non solo come pedale su cui premere per ottenere consensi. Si tratterebbe di analizzare i principî sottesi all'anima "psicagogica" della retorica, cercando di imbrigliarne le regolarità reperibili negli aspetti del discorso persuasivo qualificati come irrazionali: *Though this be madness, yet there is method in 't*[32].

A chi voglia giovarsi dei suggerimenti di cui è prodiga la tradizione degli studi retorici, è utile tenere presente la «topica delle emozioni» proposta da Plantin (1998) per analizzare il complesso dei «principî generali» che regolano «l'orientamento verso un'emozione» in enunciati «che non contengono termini emozionali» (p. 24). Una «topica delle emozioni», aggiungiamo, potrebbe vantare l'antecedente meglio blasonato: Aristotele, per il quale sia l'*êthos* sia il *páthos* costituiscono

«materia» di ragionamento; diventano fonti o premesse indispensabili dell'argomentazione, *tópoi* da cui trarre entimemi ed

[32] La battuta di Polonio (*Amleto*, II, 2) vale anche nel caso che per "follia" si intenda quella sorta di «illusione» o «inganno» (*apáte*) che, secondo Gorgia, avvicinava la forza psicagogica della persuasione retorica all'«incantesimo» della parola poetica.

esempi. [...] Lo scopo di Aristotele non sarebbe perciò tanto quello di prendere in considerazione i mezzi attraverso cui si possono suscitare o dissolvere emozioni, quanto quello di *indicare i luoghi da cui si possono trarre argomentazioni intorno alle passioni*. (Parodi Scotti 1996, pp. 93-94).

Plantin si rifà alle classiche enunciazioni dei luoghi dell'argomentazione, passando per le medioevali "circostanze"[33], ma con innesti delle piú recenti teorie pragmatiche dell'interazione comunicativa e con riguardo sia alle dimensioni psicologiche e linguistiche, sia alle componenti cognitive delle emozioni. Preso l'avvio dalla retorica classica[34], lo studioso arriva a costruire un modello articolato di un insieme (i prodotti discorsivi dell'affettività) che né la retorica né la linguistica del Novecento, salvo poche autorevoli eccezioni[35], hanno fatto oggetto di trattazione sistematica.

L'arringa come monologo ingloba il dialogo (finzione, evocazione, citazione di dialoghi): è intrinsecamente dialogica. A tale carattere si accompagna l'aspetto "interattivo" dell'arringa. L'interazione avviene tra i "ministri" del rito processuale: le parti in causa con i loro avvocati, i testimoni, il pubblico ministero, i giudici. Ma la destinazione del discorso, di accusa e di difesa, è plurima: oltre alle comparse (funzionari con ruoli svariati),

[33] Cfr. Mortara Garavelli 1997, pp. 69 e 82-83.

[34] Plantin (1998, pp. 31-36) considera come «principî generatori di emozioni» e riformula come regole le *affektische Figuren* («figure affettive») classificate da Lausberg (1973², pp. 399-423) come sottoclasse delle *figurae sententiae*: *exclamatio*, *evidentia* («descrizione, ipotiposi»), *sermocinatio*, *fictio personae* («personificazione»), *expolitio* («ritocco»), *similitudo*, *aversio* («distacco, modificazione della prospettiva del discorso»). Per le definizioni di ciascuna rimando innanzitutto alla fonte diretta qui citata, poi a Lausberg 1969, dove si trova anche una trattazione esemplare della «realizzazione intellettuale ed emozionale della *persuasio*» (pp. 51-53); e, da ultimo, a Mortara Garavelli 1997, pp. 270, 238, 265-66, 263-64, 236, 249-51, 256-57.

[35] L'eccezione piú importante è rappresentata da Charles Bally (1965), da cui Caffi (1999, 2000 e, in collaborazione con Janney, 1994) ha tratto suggerimenti fecondi. Un'attenta panoramica del «posto accordato alle emozioni dalla linguistica del ventesimo secolo» è il saggio di Kerbrat-Orecchioni 2000.

c'è un destinatario indiretto, il pubblico degli spettatori, che non è autorizzato a parlare, e quindi non interagisce verbalmente, ma è partecipe e in molti casi coinvolto per piú ragioni (si pensi, ad esempio, a parenti e amici degli imputati e delle vittime, nei processi penali).

La comunicazione processuale, se vogliamo chiamarla cosí, è un sistema complesso, i cui fattori sono interdipendenti. Le regole del funzionamento di tale sistema sono predeterminate, ma sulla loro intelaiatura si sviluppano contenuti di cui sono prevedibili solo le modalità di svolgimento, l'alternarsi delle mosse conformemente alle procedure stabilite da codici, convenzioni, tradizioni. Non sono prevedibili (o lo sono solo teoricamente) le reazioni emotive indotte da quei "contenuti" nel loro realizzarsi in discorsi.

Per analizzare le manifestazioni della «emotività nelle interazioni», Caffi (2000, pp. 90-92) propone quattro tesi, che è bene tenere presenti anche nell'esame degli atti comunicativi su cui vertono le nostre osservazioni. La prima tesi è cosí formulata: «La componente emotiva non è facoltativa o addizionale, ma, come riteneva Bally, è parte integrante del sistema linguistico e comunicativo»[36]. Può essere studiata proficuamente facendo convergere sugli oggetti della ricerca e integrandoli l'uno all'altro i punti di vista linguistico, psicologico, sociologico, semiotico. Il «coinvolgimento emotivo» (*engagement emotif*) è uno dei parametri concorrenti in quel sistema complesso, e dinamico, che è l'interazione.

Le tre tesi successive riguardano, nell'ordine: la «gestione dell'emozione» e la costruzione dell'identità personale; la comprensione delle inferenze che permettono di penetrare «sottili effetti di senso»; la valutazione delle scelte stilistiche rapportate al criterio che Bally definiva «tensione fra attesa e sorpresa» e Caffi/Janney (1994, pp. 349-54) riformulano in termini di un «contrasto emotivo».

Nelle regioni del *páthos* abita anche quella che Eco (1986) ha chiamato *suasione*: termine arcaico, scelto «per le connotazioni di cui si carica a causa degli usi dell'ag-

[36] La citazione è una traduzione dall'originale francese di Caffi 2000, p. 90.

gettivo *suadente*» (ivi, p. 20). Suasivo è «un discorso che mette in opera tecniche di persuasione che non si presentino come tali»; tecniche di persuasione «coperta». Ecco uno degli esempi di Eco (ivi, pp. 20-21):

> Se vediamo una foto di un bambino paffuto e sorridente che mangia felice un omogeneizzato e la parte verbale dice che quell'omogeneizzato fa bene perché contiene la vitamina Tale, il discorso verbale è persuasivo, la foto è suasiva. [...] L'intreccio tra persuasione e suasione si verifica anche nei discorsi persuasivi piú rispettabili.

Fra i "discorsi rispettabili" si collocano a buon diritto le arringhe, ove l'intreccio di cui parla Eco alimenta nel modo piú vistoso la classica mozione degli affetti, ma può anche permeare le ricostruzioni dei fatti. Sono piú o meno copertamente suasivi gli usi fallaci delle argomentazioni sintomatiche, analogiche, strumentali, a cui abbiamo accennato nel § 4.

Secondo Eco (ivi, pp. 22-23) un caso di «suasione scoperta a livello di testo» sarebbe la drammatizzazione del discorso, anche nei discorsi scientifici rigorosi «dove, mentre si parla, si cerca di [...] predisporre il consenso emotivo del lettore che gradatamente si comporta come lo spettatore di un film di avventure». Queste considerazioni si prestano ad essere trasposte senza difficoltà all'oratoria giudiziaria, in aggiunta a quanto già si è osservato sulle forme del dialogismo.

E per finire

> Die Tatsachen gehören alle nur zur Aufgabe, nicht zur Lösung.
>
> LUDWIG WITTGENSTEIN[1].

Sulla problematicità dei fatti analizzati in questo libro restano ben pochi dubbi. Le soluzioni, se pure qualcuna è stata tentata con qualche probabilità di successo, appaiono inevitabilmente soggettive. E parziali, come parziale è stata la rassegna dei fenomeni e degli argomenti sui quali mi sono soffermata.

Credo di non essere la sola, tra tutti coloro che danno alle stampe i risultati di una ricerca, a pensare di avere lasciato fuori dal proprio obiettivo parti interessanti (forse anche le piú interessanti). Mi affascinano le parole che Vanni Scheiwiller ha scritto nel catalogo dei libri da lui editi dal 1925 al 1983: «Conto di pubblicare il catalogo dei libri che non ho pubblicato, delle occasioni mancate, delle speranze tradite; sarà un catalogo bellissimo, tutto di libri bellissimi, senza paragone con quanto ho saputo realizzare»[2]. Sarebbe presunzione dire che, se avessi messo insieme quello che ho trascurato, ne sarebbe risultato un libro "bellissimo"; ma è solo questo particolare che va sottratto alle analogie tra il mio lavoro, con le relative inevitabili lacune o rinunce, e quello del compianto Editore.

I temi che ho trattato aprono prospettive su possibili prosecuzioni. Un argomento fecondo, oltre a quelli ri-

[1] *Tractatus logico-philosophicus [1921], Satz 6.4321*, edizione italiana a cura di A. G. Conte, Torino, Einaudi 1989, pp. 172-73 [«I fatti appartengono tutti soltanto al problema, non alla risoluzione»].

[2] Cito dalla *Premessa* di Maria Corti al fascicolo di «Autografo», n. 41 (2000) dedicato «A Vanni Scheiwiller: una sirena nell'editoria italiana», p. 9.

guardo ai quali ho già denunciato le mie (provvisorie) rinunce, sono i trapianti linguistici dal settore giuridico in produzioni di altri settori. E ancora, le esplorazioni sugli artifici retorici, e su applicazioni di schemi ermeneutici che mutuano il nome, e non piú che il nome con qualche debole analogia di contenuto, da schemi retorici. Penso alla "sineddoche", come è intesa in teorie giuridiche di cui non ho dato conto.

La sfera della diacronia è stata appena ricordata qua e là nelle mie pagine. È una miniera in cui molti stanno lavorando; ma c'è posto per tutti, e a tutti questa miniera promette la scoperta di materiali preziosi.

L'elenco potrebbe allungarsi. Lo tronco, non senza accennare a un lavoro di pubblica utilità: la revisione e il miglioramento, che è già in atto, ma che ha ancora parecchia strada da fare, dei correttori automatici applicati alla stesura dei testi giuridici.

Riferimenti bibliografici

1. *Saggi*.

AINIS, M.

1997 *La legge oscura. Come e perché non funziona*, Laterza, Roma-Bari.

AINIS, M. / PAGANO, R. (a cura di)

1990 *Indicazioni bibliografiche sul drafting legislativo*, in D'ANTONIO (a cura di) 1990, pp. 803-28.

ALBANO LEONI, F. / MATURI, P. (a cura di)

1991 *Fonetica sperimentale e fonetica giudiziaria*, in «La Giustizia Penale», XCVI, I, coll. 315-20.

ALEXY, R.

1989 *A Theory of Legal Argumentation: the Theory of Rational Discourse as Theory of Legal Justification*, Clarendon Press - Oxford University Press, New York - Oxford.

ALFIERI, G. / CASSOLA, A. (a cura di)

1998 *La «Lingua d'Italia»: usi pubblici e istituzionali. Atti del XXIX Congresso della Società di Linguistica Italiana (Malta, 1995)*, Bulzoni, Roma.

ALPA, G.

1997 *Nuove frontiere del diritto contrattuale*, in «Contratto e impresa», XIII, 3, pp. 961-79.

2000 *Trattato di diritto civile*, I. *Storia, fonti, interpretazione*, Giuffrè, Milano (i capp. I. *Profilo storico*, e II. *Il metodo e l'interpretazione*, pp. 7-320).

AMBROSINI, G.

1997 *Ti querelo! I diritti di chi informa e di chi è oggetto di informazione*, Il Segnalibro, Torino.

ANDORNO, C.

2000 *Focalizzatori fra connessione e messa a fuoco. Il punto di vista delle varietà di apprendimento*, Angeli, Milano.

AUSTIN, J. L.

1962 *How to Do Things with Words*, Oxford University Press, London [trad. it. a cura di C. Penco e M. Sbisà, *Come fare cose con le parole*, Marietti, Genova 1987].

AZZONI, G. M.

1988 *Il concetto di condizione nella tipologia delle regole*, Cedam, Padova.

1997 *Regola tecnica*, in *Digesto*, IV ed., vol. XVI, sez. Civile, Utet, Torino, *s.v.*

BALLY, CH.

1965 *Le langage et la vie*, Droz, Genève.

BAMBI, F.

1991 *I nomi delle 'leggi fondamentali'*, in «Studi di Lessicografia Italiana», XI, pp. 153-224.

BECCARIA, G. L.

1973 *Linguaggi settoriali e lingua comune*, in BECCARIA (a cura di) 1973, pp. 7-59.

1992 *Italiano. Antico e Nuovo*, Garzanti, Milano.

BECCARIA, G. L. (a cura di)

1973 *I linguaggi settoriali in Italia*, Bompiani, Milano.

BELLUCCI, P.

1994 *Note di sociolinguistica giudiziaria italiana*, in G. DEL LUNGO CAMICIOTTI *et al.* (a cura di), *Studi in onore di Carlo Alberto Mastrelli. Scritti di allievi e amici fiorentini*, Unipress, Firenze, pp. 35-46.

1995 *Tra lingua e diritto: Appunti di sociolinguistica giudiziaria italiana*, in «Quaderni del Dipartimento di Linguistica. Università degli studi di Firenze», n. 6, pp. 1-14.

1996 *Le intercettazioni ambientali 'in senso stretto': appunti di sociolinguistica giudiziaria italiana*, in F. FEDI / A. PAOLONI (a cura di), *Caratterizzazione del parlatore. Atti delle 6ᵉ Giornate di studio del Gruppo di Fonetica sperimentale (A.I.A.)*, Fondazione Ugo Bordoni, Roma, pp. 127-33.

1997 *La lingua in divisa. I verbali nella pratica giudiziaria*, in AA.VV., *Studi linguistici offerti a Gabriella Giacomelli dagli amici e dagli allievi*, Unipress, Padova, pp. 39-54.

BELLUCCI, P. / ANTOGNOLI, S. / CARMIGNANI, B. / GRIMALDI, M.

1998 *Studi di sociolinguistica giudiziaria italiana*, in ALFIERI/CASSOLA (a cura di) 1998, pp. 226-68.

BELLUCCI, P. / CARPITELLI, E.

1997 *Il repertorio italiano giudiziario: processi alla radio*, in AA.VV., *Gli italiani trasmessi - La radio. Incontri del Centro di studi di grammatica italiana (Firenze, 13-14 maggio 1994)*, Accademia della Crusca, Firenze, pp. 237-350.

BELVEDERE, A.

1987 *Il linguaggio del codice civile: alcune osservazioni*, in P. RESCIGNO (dir.), *Trattato di diritto privato*, vol. XXI, Utet, Torino, pp. 5-44.

1989 *Definizioni*, in *Digesto*, IV ed., vol. V, sez. Civile, Utet, Torino, *s.v.*

1994 *Linguaggio giuridico*, in *Digesto*, IV ed., vol. XI, sez. Civile, Utet, Torino, *s.v.*

BELVEDERE, A.

1997 *Testi e discorso nel diritto privato*, in «Ars Interpretandi. Annuario di ermeneutica giuridica», n. 2, pp. 137-56.

1998 *I poteri semiotici del legislatore (Alice e l'art. 12 Preleggi)*, in L. GIANFORMAGGIO / M. JORI (a cura di), *Scritti per Uberto Scarpelli*, Giuffrè, Milano, pp. 85-103.

1999 *Il linguaggio del codice civile*, in P. RESCIGNO (dir.), *Trattato di diritto privato. Premesse e disposizioni preliminari*, II ed., Utet, Torino, pp. 87-125.

2000 *Pragmatica e semantica nell'art. 12 Preleggi*, in VERONESI (a cura di) 2000, pp. 49-58.

BENVENISTE, É.

[1958] 1971 *La soggettività nel linguaggio*, trad. it. in *Problemi di linguistica generale*, Il Saggiatore, Milano, pp. 310-19.

[1963] 1971 *La filosofia analitica e il linguaggio*, trad. it. in *Problemi di linguistica generale*, Il Saggiatore, Milano, pp. 321-31.

BERETTA, R.

1997-98 *Tipologia del testo di istruzione*, Tesi di laurea discussa presso l'Università degli studi di Pavia.

BERRETTA, M.

1986 *Struttura informativa e sintassi dei pronomi atoni: condizioni che favoriscono la 'risalita'*, in H. STAMMERJOHANN (a cura di), *Tema-Rema in italiano*, Narr, Tübingen, pp. 71-83.

1988 *Varietätenlinguistik des Italienischen / Linguistica delle varietà*, in HOLTUS/METZELTIN/SCHMITT (a cura di) 1988, pp. 762-74.

1990 *Catene anaforiche in prospettiva funzionale: antecedenti difficili*, in M.-E. CONTE (a cura di) 1990, pp. 91-115.

1993 *Morfologia*, in SOBRERO (a cura di) 1993, pp. 193-245.

1995 *Ordini marcati dei costituenti maggiori di frase: una rassegna*, in «Linguistica e Filologia», n. 1, pp. 125-70.

BERRUTO, G.

1995 *Fondamenti di sociolinguistica*, Laterza, Roma-Bari.

1998 *Sulla posizione prenominale dell'aggettivo in italiano*, in G. BERNINI, P. CUZZOLIN e P. MOLINELLI (a cura di), *Ars linguistica. Studi offerti a Paolo Ramat*, Bulzoni, Roma, pp. 95-108.

BERTINETTO, P. M.

1986 *Tempo, aspetto e azione nel verbo italiano. Il sistema dell'indicativo*, Accademia della Crusca, Firenze.

1991 *Il verbo*, in RENZI/SALVI (a cura di) 1991, pp. 13-161.

1997 *Il dominio tempo-aspettuale. Demarcazioni, intersezioni, contrasti*, Rosenberg & Sellier, Torino.

BIAGIOLI, C.

2000 *Strutturazione funzionale delle leggi per la progettazione di strumenti informatici a sostegno del drafting legislativo*, in VERONESI (a cura di) 2000, pp. 135-46.

BIAGIOLI, C. / MERCATALI, P. / SARTOR, G. (a cura di)

1993 *Elementi di legimatica*, Cedam, Padova.

1995 *Legimatica: informatica per legiferare*, Edizioni Scientifiche Italiane, Napoli.

BOBBIO, N.

1964 *Norma giuridica*, in *Novissimo Digesto*, Utet, Torino, vol. XI, *s. v.*

1994 *Il linguaggio del diritto*, Giuffrè, Milano.

BOURCIER, D. *et al.*

1979 *Le discours juridique: analyses et méthodes*, «Langages», n. 53.

BURZIO, L.

1986 *Italian Syntax. A Government-Binding Approach*, Reidel, Dordrecht.

BYBEE, J. / FLEISHMAN, S.

1995 *Modality in Grammar and Discourse*, Benjamins, Amsterdam - Philadelphia Pa.

CABASINO, F.

1986 *Stratégies discoursives dans la jurisprudence*, in «Studi italiani di linguistica teorica e applicata», XV, 1-3, pp. 171-88.

CAFFI, C.

1999 *Riflessioni su retorica e pragmatica. La mitigazione*, in «Quaderni di semantica», XX, 2, pp. 311-38.

2000 *Aspects du calibrage des distances émotives entre rhétorique et psychologie*, in PLANTIN/DOURY/TRAVERSO (a cura di) 2000, pp. 89-104.

CAFFI, C. / JANNEY, R. W.

1994 *Toward a pragmatics of emotive communication*, in «Journal of Pragmatics», n. 22, pp. 325-73.

CAHN, M.

1989 *Argomentazione e figura*, in «Quaderni della Fondazione San Carlo», nuova serie, n. 3, *Gli stili della argomentazione*, pp. 17-33.

CALAMANDREI, P.

1954^3 *Della cosiddetta oratoria forense*, in ID., *Elogio dei giudici scritto da un avvocato*, Le Monnier, Firenze, pp. 69-104.

CARCATERRA, G.

[1990] 1994 *Norme costitutive*, in SCARPELLI / DI LUCIA (a cura di) 1994, pp. 219-31.

CASCIO PRATILLI, G. / ZANGHERI, L. (a cura di)

1998 *Scritti per un commento*, Olschki, Firenze (vol. IV della Bibliografia delle edizioni giuridiche antiche in lingua italiana).

CASSESE, S.

1992 *Introduzione allo studio della normazione*, in «Rivista trimestrale di diritto pubblico», n. 2, pp. 307-30.

CASTELLI, M.

1988 *La nominalizzazione*, in RENZI (a cura di) 1988, pp. 333-55.

CATTANI, A.

1995 *Discorsi ingannevoli. Argomenti per difendersi, attaccare, divertirsi*, GB, Padova.

CAVAGNOLI, S. / WOELK, J.

1997 *Einführung in die italienische Rechtssprache / Introduzione all'italiano giuridico*, Beck-Manz-Stämpfli, München-Wien-Bern.

CEPIG (Centro Pontino di Iniziative Giuridico-Sociali)

1986 *Linguaggio e giustizia*, Nuove Ricerche, Ancona.

Codice di stile

1993 Presidenza del Consiglio dei ministri. Dipartimento per la Funzione Pubblica, *Codice di stile delle comunicazioni scritte ad uso delle amministrazioni pubbliche. Proposta e materiali di studio*, Istituto Poligrafico e Zecca dello Stato, Roma.

CONLEY, J. M.

1990 *Rules versus Relationships: the Ethnography of Legal Discourse*, University of Chicago Press, Chicago Ill.

CONTE, A. G.

1962 *Saggio sulla completezza degli ordinamenti giuridici*, Giappichelli, Torino (rist. anast. in A. G. CONTE 1997, pp. 71-302).

1977 *Aspetti della semantica del linguaggio deontico*, in G. DI BERNARDO (a cura di), *Logica deontica e semantica*, il Mulino, Bologna, pp. 147-165.

1985 *Materiali per una tipologia delle regole*, in «Materiali per una storia della cultura giuridica», n. 15, pp. 345-68.

1989a *Costitutività di regole*, in *Digesto*, IV ed., vol. IV, Discipline privatistiche, Utet, Torino, *s. v.*

1989b *Filosofia del linguaggio normativo*, vol. I, Giappichelli, Torino.

1990 *Regole costitutive in deontica*, in Università degli studi di Macerata, Annali della Facoltà di Giurisprudenza 1989/I, *Filosofia del diritto e teoria politica*, Giuffrè, Milano, pp. 207-50.

1992 *Deontica aristotelica*, in «Rivista internazionale di filosofia del diritto», n. 69, pp. 178-252.

1994 *Performativo vs normativo*, in SCARPELLI / DI LUCIA (a cura di) 1994, pp. 247-63.

1995 *Filosofia del linguaggio normativo*, vol. II, Giappichelli, Torino.

1997 *Filosofia dell'ordinamento normativo. Studi 1957-1968*, Giappichelli, Torino.

CONTE, A. G.

2000 *Ambiguità semantica vs ambivalenza pragmatica in deontica*, in VERONESI (a cura di) 2000, pp. 59-68.

CONTE, M.-E.

1983 *La pragmatica linguistica*, in C. SEGRE (a cura di), *Intorno alla linguistica*, Feltrinelli, Milano, pp. 94-128.

1988 *Condizioni di coerenza. Ricerche di linguistica testuale*, Firenze, La Nuova Italia.

1995 *Epistemico, deontico, anankastico*, in A. GIACALONE RAMAT / G. CROCCO GALÈAS (a cura di), *From Pragmatics to Syntax. Modality in Second Language Acquisition*, Narr, Tübingen, pp. 3-9.

1999 *Condizioni di coerenza. Ricerche di linguistica testuale*, nuova edizione con l'aggiunta di due saggi, a cura di B. Mortara Garavelli, Edizioni dell'Orso, Alessandria.

CONTE, M.-E. (a cura di)

1990 *Anaphoric Relations in Sentence and Text*, «Rivista di Linguistica», II, n. 1.

CORNU, G.

1990 *Linguistique juridique*, Domat, Montchrestien.

CORTELAZZO, M. A.

1988 *Lingua e legislazione*, in HOLTUS/METZELTIN/SCHMITT (a cura di) 1988, pp. 305-11.

1990 *Lingue speciali. La dimensione verticale*, Unipress, Padova.

1997 *Lingua e diritto in Italia. Il punto di vista dei linguisti*, in SCHENA (a cura di) 1997, pp. 35-50.

2000a *Preliminari per lo studio dei testi accademici italiani di scienze giuridiche*, in VERONESI (a cura di) 2000, pp. 337-44.

2000b *La semplificazione del linguaggio amministrativo: il modello 740*; *La semplificazione del linguaggio amministrativo nell'università*, in ID., *Italiano d'oggi*, Esedra, Padova, pp. 137-54; 155-71.

COSTANZO, A.

1992 *Condizioni di incoerenza. Un'analisi dei discorsi giuridici*, Giuffrè, Milano.

COULTHARD, M.

1992 *Forensic Discourse Analysis*, in ID., *Advances in Spoken Discourse Analysis*, Routledge, London - New York, pp. 242-66.

D'AIETTI, G.

1986 *La formalizzazione grafica delle fattispecie giuridiche*, in «Quaderni della giustizia», VI, 58, pp. 94-100.

DANET, B. (a cura di)

1984 *Studies of Legal Discourse*, in «Text», 4 (1-3).

D'ANTONIO, M. (a cura di)

1990 *Corso di studi superiori legislativi 1988-1989*, Cedam, Padova.

DARDANO, M.

1986 *Il linguaggio dei giornali italiani*, Laterza, Roma-Bari.

1994 *Profilo dell'italiano contemporaneo*, in SERIANNI/TRIFONE (a cura di) 1994, pp. 343-430.

DE MAURO, T.

1963 *La lingua della legislazione italiana*, in ID., *Storia linguistica dell'Italia unita*, Laterza, Bari, pp. 424-35.

1986 *Linguaggio giuridico: profili storici, sociologici e scientifici*, in CEPIG 1986, pp. 11-20.

1999 *Dante, il gendarme e l'articolo 3 della Costituzione*; *Nota linguistica sulla bolletta Enel*, in DE MAURO / VEDOVELLI (a cura di) 1999, pp. 3-11; 15-31.

DE MAURO, T. / VEDOVELLI, M. (a cura di)

1999 *Dante, il gendarme e la bolletta. La comunicazione pubblica in Italia e la nuova bolletta Enel*, Laterza, Roma-Bari.

DEON, V.

1990 *Insegnare la Costituzione. La lingua della Costituzione*, in «Protagonisti. Trimestrale di ricerca e di informazione», XI, 39, pp. 50-57.

1998 *Una lingua democratica: la lingua della Costituzione*, in ALFIERI/CASSOLA (a cura di) 1998, pp. 195-211.

DE RENZO, F.

1994 *Alcune riflessioni sul rapporto tra linguaggio giuridico e linguaggio scientifico*, in T. DE MAURO (a cura di), *Studi sul trattamento linguistico dell'informazione scientifica*, Bulzoni, Roma, pp. 263-72.

DEVOTO, G.

1958 *Parole giuridiche*, in ID., *Scritti minori*, Le Monnier, Firenze ,vol. I, pp. 95-109 (prima ed., con il titolo *I problemi del piú antico vocabolario giuridico romano*, in «Annali della R. Scuola Normale Superiore di Pisa», serie II, II, 1933, pp. 225-40).

DEYSINE, A.

1997 *Spécificité du langage juridique français*, in SCHENA (a cura di) 1997, pp. 60-72.

DI LUCIA, P.

1994 *Introduzione. Tre opposizioni per lo studio dei rapporti tra diritto e linguaggio*, in SCARPELLI / DI LUCIA (a cura di) 1994, pp. 9-23.

1995 *Il termine 'nomografia'*, in DI LUCIA (a cura di) 1995, pp. IV-IX.

2000 *'Sollen' in Herbert Spiegelberg*, in VERONESI (a cura di) 2000, pp. 69-84.

DI LUCIA, P. (a cura di)

1995 *Nomografia. Linguaggio e redazione delle leggi*, Giuffrè, Milano.

DOMENIGHETTI, I.

1998 *Introduzione* e *Note sul linguaggio giudiziario*, in DOMENIGHETTI (a cura di) 1998, pp. 11-62 e 255-72.

DOMENIGHETTI, I. (a cura di)

1998 *Con felice esattezza. Economia e diritto fra lingua e letteratura*, Casagrande, Bellinzona.

ECO, U.

1986 *Il messaggio persuasivo*, in G. FENOCCHIO (a cura di), *Le ragioni della retorica*, Mucchi, Modena, pp. 11-27.

EEMEREN, F. H. VAN / GROOTENDORST, R.

1992 *Argumentation, Communication, and Fallacies. A Pragma-dialectical Perspective,* Lawrence Erlbaum Associates, Hillsdale N.J.

EEMEREN, F. H. VAN *et al.*

1996 *Fundamentals of Argumentation Theory. A Handbook of Historical Backgrounds and Contemporary Developments*, Lawrence Erlbaum Associates, Mahwah N.J.

EKLUND-BRACONI, P.

2000 *Il linguaggio normativo delle Comunità Europee. Studi quantitativi e semantici sul lessico con particolare riguardo al concetto di ambiente*, Dipartimento di francese e italiano - Università di Stoccolma, Graphium, Stockolm.

FARAU, S. / FARAU, M.

1986 *Il linguaggio forense nel tempo*, in CEPIG 1986, pp. 49-61.

FAVA, E. / SALVI, G.

1995 *Il tipo dichiarativo*, in RENZI/SALVI/CARDINALETTI (a cura di) 1995, cap. II. *Tipi di frasi principali*, pp. 49-69.

FERRARI, A.

1995 *Semantica dei connettivi e subordinazione avverbiale*, in ID., *Connessioni. Uno studio integrato della subordinazione avverbiale*, Slaktine, Ginevra, pp. 187-324.

1999 *Tra rappresentazione ed esecuzione: indicare la «causalità testuale» con i nomi e con i verbi,* in «Studi di Grammatica Italiana», XVIII, pp. 113-44.

FERRERO, F. E. (a cura di)

1979 *L'identificazione della persona per mezzo della voce. Atti della Tavola Rotonda*, Esa, Roma.

FILIPPONIO, A.

[1983] 1994 *Enunciazioni performative e linguaggio giuridico*, in SCARPELLI / DI LUCIA (a cura di) 1994, pp. 207-18.

FIORELLI, P.

1947 *Per un vocabolario giuridico italiano*, in «Lingua Nostra», VIII, pp. 96-108.

FIORELLI, P.

1957 *Storia giuridica e storia linguistica*, in «Annali di Storia del diritto», I, pp. 261-91.

1960 *Marzo novecentosessanta*, in «Lingua Nostra», XXI, pp. 1-16.

1979 *L'Accademia della Crusca per il Vocabolario Giuridico Italiano*, in «Studi di Lessicografia Italiana», I, pp. 55-81.

1993a *Tra il proverbio e la regola di diritto*, in M. BANDINI / F. G. PERICOLI (a cura di), *Scritti in memoria di Dino Pieraccioni*, Istituto papirologico «G. Vitelli», Firenze, pp. 189-212.

1993b *Premessa* a I.L.L.I. 1993, pp. V-XII.

1994 *La lingua del diritto e dell'amministrazione*, in SERIANNI/TRIFONE (a cura di) 1994, pp. 553-97.

1995 *Gli archivi selettivi del Vocabolario giuridico italiano*, in C. CIAMPI / F. SOCCI NATALI / G. TADDEI ELMI (a cura di), *Verso un sistema esperto giuridico integrale. Esempi scelti dal diritto dell'ambiente e della salute. Atti del Convegno celebrativo del venticinquennale dell'Istituto per la Documentazione Giuridica del C.N.R. (Firenze, 1-3 dicembre 1993)*, Cedam, Padova, pp. 215-28.

1997a *'Ragione' come 'diritto' fra latino e volgare*, in AA.VV., *Nozione formazione e interpretazione del diritto dall'età romana alle esperienze moderne. Ricerche dedicate al Professor Filippo Gallo*, Jovene, Napoli, pp. 105-57.

1997b *Giuridico e non giuridico nelle frequenze lessicali*, in I.L.L.I. 1997, pp. 963-93.

1998 *L'italiano giuridico dal latinismo al tecnicismo*, in DOMENIGHETTI (a cura di) 1998, pp. 139-83.

FIORITTO, A. (a cura di)

1997 *Manuale di stile. Strumenti per semplificare il linguaggio delle amministrazioni pubbliche*, il Mulino, Bologna.

FISH, S. E.

1989 *Doing What Comes Naturally: Change, Rhetoric, and the Practice of Theory in Literary and Legal Studies*, Duke University Press, Durham N.C.

FROSINI, V.

1992 *Traduzione e interpretazione di testi giuridici*, in «Quaderni di libri e riviste d'Italia», n. 28. *La traduzione. Saggi e documenti*, I, pp. 105-18.

GALGANO, F.

1997 *Il dissenso occulto in Cassazione*, in «Contratto e impresa», XIII, 3, pp. 890-94.

GAMBINI, C.

[1876] 1980 *Alcune frasi e voci errate usate nel Foro e ne' pubblici uffizj* [Milano, Pio Istituto Tipografico], a cura di P. Zolli, Cooperativa Editrice Universitaria, Firenze.

GARÇON, M.

1957 *Sull'oratoria forense*, trad. it. di G. Crescenzi, prefazione di E. Altavilla, Giuffrè, Milano.

GARZONE, G.

1996 *Performatività e linguaggio giuridico. Una proposta di classificazione*, Centro Linguistico Università Bocconi, Milano.

1997 *Inglese giuridico e generi testuali nella prospettiva didattica*, in SCHENA (a cura di) 1997, pp. 235-52.

GAVAZZI, G.

[1956] 1994 *Legislazione e linguaggio perfetto*, in SCARPELLI / DI LUCIA (a cura di) 1994, pp. 305-10.

GEHRKE, H.-J. (a cura di)

1994 *Rechtskodifizierung und soziale Normen im interkulturellen Vergleich*, Narr, Tübingen.

GIULIANI, A.

1997 *Prova e convincimento. Profili logici e storici*, in QUADERNI 1997, pp. 235-57.

GOODRICH, P.

1987 *Legal Discourse: Studies in Linguistics, Rhetoric, and Legal Analysis*, MacMillan Press, London.

GORLA, G.

1967 *Lo stile delle sentenze. Ricerca storico-comparativa*, Quaderni de «Il Foro Italiano», coll. 314-62.

1968 *Lo stile delle sentenze. Testi commentati*, Quaderni de «Il Foro Italiano», coll. 363-544.

1969 *I «grandi tribunali» italiani fra i secoli* XVI *e* XIX*: un capitolo incompiuto della storia politico-giuridica d'Italia*, in «Il Foro Italiano», coll. 629-52.

GOTTI, M.

1991 *I linguaggi specialistici. Caratteristiche linguistiche e criteri pragmatici*, La Nuova Italia, Firenze.

GRAFFI, G.

1994 *Sintassi*, il Mulino, Bologna.

GRASSO, A.

1998 *Retorica, televisione e processo*, in TRAVERSI (a cura di) 1998, pp. 67-73.

GULOTTA, G. e collaboratori

1990 *Strumenti concettuali per agire nel nuovo processo penale. Metodologia giudiziaria*, Giuffrè, Milano.

GULOTTA, G. / PUDDU, L.

1990 *Narrare per argomentare per persuadere*, in GULOTTA e collaboratori 1990, pp. 231-67.

HOLTUS, G. / METZELTIN, M. / SCHMITT, CH. (a cura di)
1988 *Lexikon der Romanistischen Linguistik*, vol. IV, Niemeyer, Tübingen.

IACOVIELLO, F. M.
1997 *La motivazione della sentenza penale e il suo controllo in Cassazione*, Giuffrè, Milano.

JACKSON, B. S.
1985 *Semiotics and Legal Theory*, Routledge & Kegan Paul, London - Boston Mass.

JORI, M.
[1979] 1994 *Definizioni e livelli di discorso giuridico*, in SCARPELLI / DI LUCIA (a cura di) 1994, pp. 367-86.

KERBRAT-ORECCHIONI, C.
2000 *Quelle place pour les émotions dans la linguistique du XX*e *siècle? Remarques et aperçus*, in PLANTIN/DOURY/TRAVERSO (a cura di) 2000, pp. 33-74.

KRONNING, H.
1994 *Modalité, cognition et polysémie: sémantique du verbe modal devoir*, Acta Universitatis Uppsaliensis, Uppsala.

KURZON, D.
1986 *It is Hereby Performed...: Explorations in Legal Speech Acts*, Benjamins, Amsterdam - Philadelphia Pa.

LAUSBERG, H.
1969 *Elementi di retorica*, trad. it. il Mulino, Bologna.
1973² *Handbuch der literarischen Rhetorik. Eine Grundlegung der Literaturwissenschaft*, 2 voll., Hueber, München.

LAZZARO, F.
1986 *Linguaggio delle sentenze e massimazione*, in CEPIG 1986, pp. 49-61.

LAZZARO, G.
1981 *Diritto e linguaggio comune*, in «Rivista trimestrale di diritto e procedura civile», n. 35, pp. 140-81.

LEGAULT, G. A.
1977 *La structure performative du langage juridique*, Presses de l'Université de Montréal, Montréal.

LEVI, J. N.
1982 *Linguistics, Language, and Law: A Topical Bibliography*, Department of Linguistics, Northwestern University, Evanston Ill.
1990 *Introducing Language in the Judicial Process*, in LEVI / GRAFFAM WALKER (a cura di) 1990, pp. 3-35.

LEVI, J. N. / GRAFFAM WALKER, A. (a cura di)
1990 *Language in the Judicial Process*, Plenum, New York - London.

LO CASCIO, V.
1991 *Grammatica dell'argomentare. Strategie e strutture*, La Nuova Italia, Firenze.

LONZI, L.

1991 *Il sintagma avverbiale*, in RENZI/SALVI (a cura di) 1991, pp. 341-412.

LOSANO, M. G.

1984 *Corso d'informatica giuridica*, Unicopli, Milano.

LUCISANO, P. (a cura di)

1992 *Misurare le parole*, Kepos, Roma.

LUCISANO, P. / PIEMONTESE, M. E.

1988 *Gulpease: una formula per la predizione della difficoltà dei testi in lingua italiana*, in «Scuola e Città», XXXIX, 3, pp. 110-24.

LUMIA, G.

1992 *Osservazioni sul linguaggio giuridico*, in «Cassazione Penale», XXXII, pp. 789-92.

LUZZATI, C.

1990 *La vaghezza delle norme: un'analisi del linguaggio giuridico*, Giuffrè, Milano.

MANZOTTI, E.

1999a *Alternative*, in SKYTTE/SABATINI (a cura di) 1999, pp. 57-88.

1999b *Spiegazione, riformulazione, correzione, alternativa: sulla semantica di alcuni tipi e segnali di parafrasi*, in L. LUMBELLI / B. MORTARA GARAVELLI (a cura di), *Parafrasi. Dalla ricerca linguistica alla ricerca psicopedagogica*, Edizioni dell'Orso, Alessandria, pp. 169-206.

MARAZZINI, C.

1996 *Plurilinguismo giuridico e burocratico prima dell'Unità d'Italia*, in «Plurilinguismo», n. 3, pp. 69-82.

1998 *La lingua degli Stati italiani. L'uso pubblico e burocratico prima dell'Unità*, in ALFIERI/CASSOLA (a cura di) 1998, pp. 1-27.

MARCONI, D.

1993 *Retorica e logica (Esiste una «logica dell'argomentazione»?)*, in A. PENNACINI (a cura di), *Retorica e comunicazione. Teoria e pratica della persuasione nella società contemporanea*, Edizioni dell'Orso, Alessandria, pp. 13-25.

MARELLO, C.

1996 *Le parole dell'italiano. Lessico e dizionari*, Zanichelli, Bologna.

MARIANI BIAGINI, P.

1993 *Introduzione* a I.L.L.I. 1993, pp. XIII-XVIII.

MARIANI BIAGINI, P. / PARENTI, L.

2000 *Gli archivi lessicali della lingua giuridica italiana. Considerazioni e prospettive*, in VERONESI (a cura di) 2000, pp. 285-94.

MERCATALI, P.

1995 *Legimatica e redazione delle leggi*, in BIAGIOLI/MERCATALI/SARTOR (a cura di) 1995, pp. 37-74.

MERCATALI, P.

1999 *Il computer può leggere la Costituzione? Analisi legimatica sullo stile, la struttura e il lessico della proposta di modifica della II parte della Costituzione italiana*, in «Rivista del notariato», LIII, 3, pp. 565-603; riedito, con varianti minime, in VERONESI (a cura di) 2000, pp. 119-33.

MERRYMAN, J. H.

1968 *Lo «stile italiano»: l'interpretazione*, in «Rivista trimestrale di diritto e procedura civile», pp. 373-414.

MEYER, M.

1993 *Questions de rhétorique: langage, raison et séduction*, Librairie Générale Française, Paris.

1999 *La problématologie comme clé pour l'unité de la rhétorique*, in ID. (dir.), *Histoire de la rhétorique des Grecs à nos jours*, Librairie Générale Française, Paris, pp. 289-329.

MIONI, A. M.

1992 *Sociolinguistica*, in A. M. MIONI / M. A. CORTELAZZO (a cura di), *La linguistica italiana degli anni 1976-1986*, Bulzoni, Roma, pp. 507-536.

MIONI, A. M. / ZAMBONI, A.

1979 *Alla ricerca della comunità linguistica di un parlante sconosciuto: cenni teorico-metodologici*, in FERRERO (a cura di) 1979, pp. 87-104.

MORONI, S.

1999 *Urbanistica e regolazione. La dimensione normativa della pianificazione territoriale*, Franco Angeli, Milano.

MORTARA GARAVELLI, B.

1985 *La parola d'altri. Prospettive di analisi del discorso riportato*, Sellerio, Palermo.

1988 *Textsorten / Tipologia dei testi*, in HOLTUS/METZELTIN/SCHMITT (a cura di) 1988, pp. 157-68.

1993 *Strutture testuali e retoriche*, in SOBRERO (a cura di) 1993, pp. 371-402.

1996 *L'interpunzione nella costruzione del testo*, in M. MUÑIZ / F. AMELLA (a cura di), *La costruzione del testo in italiano*, Cesati, Firenze, pp. 93-111.

1997 *Manuale di retorica*, nuova edizione, Bompiani Tascabili, Milano.

1998 *Nuovi orizzonti della retorica*, in TRAVERSO (a cura di) 1998, pp. 13-29.

MÜLLER, F. (a cura di)

1989 *Untersuchungen zur Rechtslinguistik: interdisziplinare Studien zu praktischer Semantik und strukturierender Rechtslehre in Grundfragen der juristischen Methodik*, Duncker & Humblot, Berlin.

NENCIONI, G.

1989 *Idealismo e realismo nella scienza del linguaggio*, Scuola Normale Superiore, Pisa (prima ed. La Nuova Italia, Firenze 1946).

NIVARRA, L.

1987 *Come normalizzare il linguaggio legale*, in «Contratto e impresa», III, 1, pp. 256-85.

NYSTEDT, J.

1998 *L'italiano nei documenti della CEE. Il progetto di Stoccolma: presentazione e sommario di dati stilolinguistici, statistici e quantitativi*, Arcomedia, Stockholm.

2000 *L'italiano nei documenti della CEE: le sequenze di parole*, in VERONESI (a cura di) 2000, pp. 273-84.

OLIVECRONA, K.

[1962] 1994 *Linguaggio giuridico e realtà*, in SCARPELLI / DI LUCIA (a cura di) 1994, pp. 147-86.

PARODI SCOTTI, F.

1996 *Ethos e consenso nella teoria e nella pratica dell'oratoria greca e latina*, Pitagora, Bologna.

PERELMAN, CH.

[1976] 1979 *Logica giuridica e nuova retorica*, trad. it. Giuffrè, Milano.

[1977] 1981 *Il dominio retorico. Retorica e argomentazione*, trad. it. Einaudi, Torino.

PERELMAN, CH. / OLBRECHTS-TYTECA, L.

[1958] 1966 *Trattato dell'argomentazione. La nuova retorica*, trad. it. Einaudi, Torino.

PIATTELLI PALMARINI, M.

1995 *L'arte di persuadere. Come impararla, come esercitarla, come difendersene*, Mondadori, Milano.

PIEMONTESE, M. E.

1996 *Capire e farsi capire. Teorie e tecniche della scrittura controllata*, Tecnodid, Napoli.

1997 (con la collaborazione di M. R. Galullo e C. Recchi), *Guida alla redazione dei documenti amministrativi*, in FIORITTO (a cura di) 1997, pp. 17-65.

2000 *Leggibilità e comprensibilità delle leggi italiane. Alcune osservazioni quantitative e qualitative*, in VERONESI (a cura di) 2000, pp. 103-18.

PIEMONTESE, M. E. / TIRABOSCHI, M. T.

1990 *Leggibilità dei testi della pubblica amministrazione. Strumenti e metodologie di ricerca al servizio del diritto a capire i testi di rilievo pubblico*, in E. ZUANELLI (a cura di), *Diritto all'informazione*, Dipartimento per l'informazione e l'editoria della presidenza del Consiglio dei Ministri, Roma, pp. 225-46.

PLANTIN, CH.

1996 *L'argumentation*, Seuil, Paris.

1998 *Les raisons des émotions*, in M. BONDI (a cura di), *Forms of Argumentative Discourse. Per un'analisi linguistica dell'argomentare*, Clueb, Bologna, pp. 3-50.

PLANTIN, CH. / DOURY, M. / TRAVERSO, V. (a cura di)
2000 *Les émotions dans les interactions*, Presses Universitaires de Lyon, Lyon.

PRADA, M.
1995 *Note sulla lingua di alcuni procedimenti giudiziari cinquecenteschi: i «Processi contro ebrei e giudaizzanti» del S. Uffizio di Venezia*, carte Romanze serie I, in «Quaderni di Acme», n. 23, pp. 159-226.

PUDDU, L.
1990 *Argomentare l'incredibile. Il tragitto persuasivo di una difesa*, in G. GULOTTA e collaboratori 1990, pp. 269-320.

PUGLIATTI, S.
1978 *Sistema grammaticale e sistema giuridico*, in ID., *Grammatica e diritto*, Giuffrè, Milano, pp. 1-75.

QUADERNI
1997 «Quaderni del Consiglio superiore della magistratura», *La prova penale*, Pubblicazione interna per l'ordine giudiziario curata dalla Nona commissione tirocinio e formazione professionale, n. 98.

RAY, J.
[1926] 1994 *La struttura logica del codice civile francese*, in SCARPELLI / DI LUCIA (a cura di) 1994, pp. 281-90.

REBOUL, O.
[1994] 1996 *Introduzione alla retorica*, trad. it. e cura di G. Alfieri, il Mulino, Bologna.

Regole e Suggerimenti
[1992] 1993 *Regole e Suggerimenti per la redazione dei testi normativi*, in BIAGIOLI/MERCATALI/SARTOR (a cura di) 1993, pp. 29-109.

RENZI, L. (a cura di)
1988 *Grande grammatica italiana di consultazione*, vol. I. *La frase. I sintagmi nominale e preposizionale*, il Mulino, Bologna.

RENZI, L. / SALVI, G. (a cura di)
1991 *Grande grammatica italiana di consultazione*, vol. II. *I sintagmi verbale, aggettivale, avverbiale. La subordinazione*, il Mulino, Bologna.

RENZI, L. / SALVI, G. / CARDINALETTI, A. (a cura di)
1995 *Grande grammatica italiana di consultazione*, vol. III. *Tipi di frase, deissi, formazione delle parole*, il Mulino, Bologna.

RESCIGNO, G. U.
1992 *Regole e suggerimenti per la redazione dei testi normativi. Presentazione*, in «Politica del diritto», n. 23, pp. 351-53.

RICCA, D.
1999 *Osservazioni preliminari sui focalizzatori in italiano*, in N. DITTMAR / A. GIACALONE RAMAT (a cura di), *Grammatik und Diskurs. Studien zum Erwerb des Deutschen und des Italienischen / Grammatica e discorso. Studi sull'acquisizione dell'italiano e del tedesco*, Stauffenburg, Tübingen, pp. 145-63.

ROLAND, H. / BOYER, L.

1999[4] *Adages du Droit Français*, Litec, Paris.

ROSELLI, F.

1986 *Le sentenze devono essere comprese da tutti?*, in CEPIG 1986, pp. 21-31.

ROSS, A.

[1951] 1994 *Tû-tû*, in SCARPELLI / DI LUCIA (a cura di) 1994, pp. 120-34.

1982 *Critica del diritto e analisi del linguaggio*, il Mulino, Bologna.

ROVERE, G.

1996 *Verbi comuni in contesti tecnici*, in P. BLUMENTHAL *et al.* (a cura di), *Lexikalische Analyse romanischer Sprachen*, Niemeyer, Tübingen, pp. 101-12.

1999 *Gradi di lessicalizzazione nel linguaggio giuridico*, in «Studi Italiani di Linguistica Teorica e Applicata», XXVIII, 2, pp. 395-412.

2000 *Aspetti grammaticali in testi giuridici*, in VERONESI (a cura di) 2000, pp. 261-71.

(in stampa) *L'avverbiale strumentale nel linguaggio giuridico*, in L. SCHENA / R. SNEL TRAMPUS (a cura di), *Traduttori e giuristi a confronto*, Clueb, Bologna.

RUGGIERI, R. M.

1959 *Tra storia della lingua e storia del diritto: elementi bizantini, longobardi e romanici nel placito capuano del 960*, Presso la Sede del Centro di studi, Spoleto, pp. 534-50.

SABATINI, F.

1990 *Analisi del linguaggio giuridico. Il testo normativo in una tipologia generale dei testi*, in D'ANTONIO (a cura di) 1990, pp. 675-724.

1996 *Bilancio del millenario della lingua italiana* [1962], in ID., *Italia linguistica delle Origini*, vol. I, Argo, Lecce, pp. 3-40.

1997 *Pause e congiunzioni nel testo. Quel "ma" a inizio di frase...*, in AA.VV., *Norma e lingua in Italia: alcune riflessioni fra passato e presente*, Istituto Lombardo di Scienze e Lettere, Milano, pp. 113-46.

1998 *Funzioni del linguaggio e testo normativo giuridico*, in DOMENIGHETTI (a cura di) 1998, pp. 125-37.

1999 *«Rigidità-esplicitezza» vs «elasticità-implicitezza»: possibili parametri massimi per una tipologia dei testi*, in SKYTTE/SABATINI (a cura di) 1999, pp. 141-72.

SACCO, R.

[1992] 1994 *La traduzione giuridica*, in SCARPELLI / DI LUCIA (a cura di) 1994, pp. 475-90.

1996 *Riflessioni di un giurista sulla lingua (la lingua del diritto uniforme, e il diritto al servizio di una lingua uniforme)*, in «Rivista di diritto civile», XLII, 1, pp. 57-65.

SAGNOTTI, S. C.

1999 *Retorica e logica. Aristotele, Cicerone, Quintiliano, Vico*, presentazione di G. Carcaterra, Giappichelli, Torino.

SALVI, G.

1988 *La frase semplice*, in RENZI (a cura di) 1988, pp. 29-113.

1991 *I complementi predicativi*, in RENZI/SALVI (a cura di) 1991, pp. 191-226.

SASSE, H.-J.

1996 *Theticity*, Institut für Sprachwissenschaft Universität zu Köln, Arbeitspapier Nr. 27 (Neue Folge).

SCARPELLI, U.

1969 *Semantica giuridica*, in A. AZARA / E. EULA (dir.), *Novissimo digesto italiano*, vol. XVI, Utet, Torino, *s. v.*

1985 *Contributo alla semantica del linguaggio normativo*, Milano, Giuffrè.

SCARPELLI, U. / DI LUCIA, P. (a cura di)

1994 *Il linguaggio del diritto*, Led, Milano.

SCAVUZZO, C.

1994 *I latinismi del lessico italiano*, in SERIANNI/TRIFONE (a cura di) 1994, pp. 469-94.

SCHAUER, F. (a cura di)

1993 *Law and Language*, International Library of Essays in Law and Legal Theory», Dartmouth.

SCHENA, L.

1997 *La traduzione e i linguaggi giuridici: le ricerche degli studiosi italiani*, in SCHENA (a cura di) 1997, pp. 21-34.

SCHENA, L. (a cura di)

1997 *La lingua del diritto. Difficoltà traduttive. Applicazioni didattiche. Atti del primo Convegno internazionale, Milano, 5-6 ottobre 1995*, Cisu (Centro d'Informazione e Stampa Universitaria), Roma.

SCHOPENHAUER, A.

[1830-31] 1991 *L'arte di ottenere ragione esposta in 38 stratagemmi*, trad. it. Adelphi, Milano.

SCOTTI, L.

1986 *Le nuove regole per la redazione delle leggi*, in «Quaderni della giustizia», VI, 58, pp. 1-7.

SEARLE, J. R.

[1969] 1976 *Atti linguistici. Saggio di filosofia del linguaggio*, trad. it. Boringhieri, Torino.

SEGRETERIA GENERALE DELLA CAMERA DEI DEPUTATI (a cura di)

1986 *Formulazione tecnica dei testi legislativi*, Ufficio stampa e pubblicazioni della Camera dei deputati, Roma.

SEMPLICI, S. (a cura di)

1996 *Una lingua in Pretura*, Bonacci, Roma.

SERIANNI, L.

1989a *Grammatica italiana. Italiano comune e lingua letteraria*, Utet-libreria, Torino.

SERIANNI, L.

1989b *Lingua medica e lessicografia specialistica nel primo Ottocento*, in ID., *Saggi di storia linguistica italiana*, Morano, Napoli, pp. 77-139.

2000 *Alcuni aspetti del linguaggio giornalistico recente*, in AA.VV., *L'italiano oltre frontiera*, vol. I, Cesati, Firenze, pp. 317-58.

SERIANNI, L. / TRIFONE, P. (a cura di)

1994 *Storia della lingua italiana*, vol. II, Einaudi, Torino.

SHUY, R. W.

1987 *Linguistic analysis of real estate commission agreements in a civil law suit*, in R. STEELE / T. THREADGOLD (a cura di), *Language Topics. Essays in Honour of Michael Halliday*, Benjamins, Amsterdam - Philadelphia Pa.

SIMONE, R.

1990 *Effetto copia e effetto quasi copia*, in «AIÔN. Annali del Dipartimento di Studi del Mondo Classico e del Mediterraneo Antico», n. 12, pp. 69-83.

1991 *Riflessioni sulla virgola*, in M. ORSOLINI / C. PONTECORVO (a cura di), *La costruzione del testo scritto nei bambini*, La Nuova Italia, Firenze, pp. 219-31.

SKYTTE, G.

1983 *La sintassi dell'infinito in italiano moderno*, 2 voll., Munksgaard, København.

SKYTTE, G. / SABATINI, F. (a cura di)

1999 *Linguistica Testuale Comparativa*, Museum Tusculanum, København.

SOBRERO, A. A. (a cura di)

1993 *Introduzione all'italiano contemporaneo. Le strutture*, Laterza, Roma-Bari.

SOLAN, L. M.

1993 *The Language of Judges*, The University of Chicago Press, Chicago Ill. - London.

SORNICOLA, R.

1994 *On Word-Order Variability: A Study from a Corpus of Italian*, in «Lingua e stile», XXIX, 1, pp. 25-57.

SORNICOLA, R. / SVOBODA, A. (a cura di)

1991 *Il campo di tensione. La sintassi della Scuola di Praga*, Liguori, Napoli.

TERRACINI, B.

1958 Recensione a FIORELLI 1957, in «Archivio Glottologico Italiano», XLIII, 2, pp. 188-90.

[1963] 1970 *Lingua libera e libertà linguistica. Introduzione alla linguistica storica*, nuova ed. con un'introduzione di M. Corti, Einaudi, Torino.

TOULMIN, S.

[1958] 1975 *Gli usi dell'argomentazione*, trad. it. Rosenberg & Sellier, Torino.

TOUSIGNANT, CH.

1991 *L'ambigüité lexicale et le milieu juridique*, in «Cahiers de Lexicologie», LIX, pp. 29-38.

TRAVERSI, A.

1995 *La difesa penale. Tecniche argomentative e oratorie*, Giuffrè, Milano.

TRAVERSI, A. (a cura di)

1998 *Arte della persuasione e processo. Atti del Convegno organizzato dalla Associazione Giovani Avvocati di Firenze (Firenze, 28-29 novembre 1997)*, Giuffrè, Milano.

TRUMPER, J.

1979 *Sociolinguistica giudiziaria. Preliminari di metodo e applicazioni*, Clesp, Padova.

VANELLI, L.

1995 *La deissi*, in RENZI/SALVI/CARDINALETTI (a cura di) 1995, pp. 261-350.

VEDOVELLI, M.

1999 *La comunicazione pubblica e sociale in italiano: presupposti sociolinguistici della ricerca per l'Enel*; *Obiettivi e metodi della ricerca*, in DE MAURO / VEDOVELLI (a cura di) 1999, pp. 45-84; 85-101.

VENIER, F.

1991 *La modalizzazione assertiva. Avverbi modali e verbi parentetici*, Franco Angeli, Milano.

(in stampa) *E gli enunciati tetici? La nozione di presentatività tra grammatica e pragmatica*, in «Studi e Saggi linguistici».

VERONESI, D.

2000 *La metafora negli articoli scientifici giuridici: linguaggio, testo, discorso*, in VERONESI (a cura di) 2000, pp. 363-82.

VERONESI, D. (a cura di)

2000 *Rechtslinguistik des Deutschen und Italienischen: Ziele, Methoden, Ergebnisse / Linguistica giuridica italiana e tedesca: obiettivi, approcci, risultati. Atti del Convegno di studi (Bolzano, 1-3 ottobre 199)8*, Unipress, Padova.

VICO, G.

[1741] 1989 *Institutiones oratoriae*, testo critico versione e commento di G. Crifò, Istituto Suor Orsola Benincasa, Napoli.

VISCONTI, J.

1997 *L'elaborazione di un glossario comparativo dei condizionali nel linguaggio giuridico: un progetto europeo*, in Z. G. BARANSKI / L. PERTILE, *In amicizia. Essays in Honour of Giulio Lepschy*, in «The Italianist», n. 70 (Special supplement), pp. 509-26.

VISCONTI, J.
2000 *I connettivi condizionali complessi in italiano e in inglese: uno studio contrastivo*, Edizioni dell'Orso, Alessandria.

WALTON, D. N.
1992 *The Place of Emotion in Argument*, The Pennsylvania State University Press, University Park Pa.

WANDRUSZKA, U.
1991 *Frasi subordinate al congiuntivo*, in RENZI/SALVI (a cura di) 1991, pp. 415-81.

WHITE, J. B.
1985 *Heracles' Bow: Essays on the Rhetoric and Poetics of Law*, University of Wisconsin Press, Madison Wis.

WRIGHT, G. H. VON
[1963] 1989 *Norma e azione. Un'analisi logica*, trad. it. il Mulino, Bologna.

WÜEST, J.
1993 *Die Sprache der Gesetze. Ein Beitrag zu einer vergleichenden Pragmatik*, in G. ROVERE / G. WOTJAK (a cura di), *Studien zum romanisch-deutschen Sprachvergleich*, Niemeyer, Tübingen, pp. 103-20.

ZAGREBELSKY, G.
1992 *Il diritto mite. Legge diritti giustizia*, Einaudi, Torino.

ZOLLI, P.
1974 *Saggi sulla lingua italiana dell'Ottocento*, Pacini, Pisa.
1980 *Introduzione* a GAMBINI [1876] 1980, pp. 5-12.

ZUANELLI, E.
1998 *La dimensione pragmatica del testo normativo*, in «Iter Legis» (numero monografico: *Strumenti per il drafting e linguaggio delle leggi*, Atti del Seminario di Bologna, giugno 1997), pp. 260-74.
2000 *Macro-struttura pragmatica e modelli di interazione nel testo normativo*, in VERONESI (a cura di) 2000, pp. 85-99.

2. *Raccolte bibliografiche, testi, concordanze, indici e lessici di frequenza.*

Bibliografia delle edizioni giuridiche antiche in lingua italiana: vol. I. *I bandi (1485-1619)*, a cura di G. Cascio Pratilli; vol. II. *Testi statutari e dottrinali*: tomo 1. *(1701-1751)*, a cura di M. Caso Chimenti; tomo 2. *(1752-1782)*, a cura di M. C. Vigni Pecchioli; tomo 3. *(1783-1800)*, a cura di F. Giovannelli Onida; vol. III, tomi 1, 2, 3: *Indici degli autori, dei traduttori e curatori e delle persone citate*; vol. IV. *Scritti per un commento*, a cura di G. Cascio Pratilli e L. Zangheri, Olschki, Firenze 1978-98.

La Costituzione della Repubblica Italiana del 1947. Testo, concordanze, indici, a cura di A. M. Bartoletti Colombo, I.D.G., Firenze 1971.

La Costituzione del Regno di Corsica del 1794. Testo, concordanze, indici, a cura di P. Mariani Biagini, I.D.G., Firenze 1994.

La Costituzione della Repubblica romana del 1798. Testo e index locorum, a cura di P. Mariani Biagini, I.D.G., Firenze 1998.

I Progetti e la Costituzione della Repubblica romana del 1849. Testi e index locorum, a cura di P. Mariani Biagini, I.D.G., Firenze 1999.

Costituzione italiana, con Introduzione di G. Ambrosini; in appendice: *Statuto fondamentale del Regno di Sardegna* (1848); *Costituzione della Repubblica romana* (1849); *Decreto Legge luogotenenziale* (1946); *Progetto di Costituzione* (1947), Einaudi, Torino 1975.

Codice civile e *Codice di procedura civile*, in F. BARTOLINI (a cura di), *I nuovi codice civile e codice di procedura civile e leggi complementari*, La Tribuna, Piacenza 1996.

Codice penale e *Codice di procedura penale*, in M. CHIAVARIO / D. MANZIONE / T. PADOVANI, *Codici e leggi per l'udienza penale. Costituzione. Fonti internazionali. Codice penale. Codice di procedura penale. Leggi collegate e complementari*, Zanichelli, Bologna 2000/1.

4 codici e 350 leggi complementari: G. DE NOVA, *Codice civile e leggi collegate*; C. FERRI, *Codice di procedura civile e leggi collegate*; M. CHIAVARIO / D. MANZIONE / T. PADOVANI, *Codici e leggi per l'udienza penale*, Cd-Rom, Zanichelli, Bologna 2000/1.

Nuovo codice della strada, Decreto legislativo 30 aprile 1992, n. 285, in «Le leggi dello Stato e delle Regioni», XXI, 14, 20 maggio 1992, pp. 2001-2087.

I.L.L.I.

1993-97 *Indice della Lingua Legislativa Italiana. Inventario lessicale dei cento maggiori testi di legge tra il 1723 e il 1973*, a cura di P. Mariani Biagini, vol. I (A - E), 1993; vol. II (F - P), 1994; vol. III (Q - Z e Appendici), 1997, I.D.G., Firenze.

LIF

1972 U. BORTOLINI / C. TAGLIAVINI / A. ZAMPOLLI (a cura di), *Lessico di frequenza della lingua italiana contemporanea*, Garzanti, Milano.

LIP

1993 T. DE MAURO / F. MANCINI / M. VEDOVELLI / M. VOGHERA, *Lessico di frequenza dell'italiano parlato*, elaborazione e lemmatizzazione automatica dei testi di F. Mancini, Etas libri, Milano.

3. *Glossari*.

BAMBI, F.

1997 *Il lessico giuridico negli statuti bilingui delle arti fiorentine del Trecento. Saggio di glossario: lettera B*, in «Studi di Lessicografia Italiana», XIV, pp. 5-122.

CALABRESI, I.

1989-93 *Glossario giuridico dei testi in volgare di Montepulciano. Saggio d'un lessico della lingua giuridica italiana*, 3 voll., Pacini, Pisa.

CASCIO PRATILLI, G.

1993 *Glossario della legislazione medicea sull'ambiente*, Accademia della Crusca, Firenze.

FIORELLI, P.

1985 *Per un glossario giuridico della Toscana napoleonica. Saggio d'un glossario giuridico dei testi bilingui della Toscana napoleonica (lettera B)*, in AA.VV., *Lingua degli uffici e lingua di popolo nella Toscana napoleonica*, Accademia della Crusca, Firenze, pp. 59-210.

LARSON, P.

1995 *Glossario diplomatico toscano avanti il 1200*, Accademia della Crusca, Firenze.

TONDO, S.

1980 *Glossario delle consuetudini giuridiche dall'unità d'Italia*, vol. I (A - D), I.D.G., Firenze.

4. *Dizionari*.

BLUMENTHAL, P. / ROVERE, G.

1998 *Wörterbuch der italienischen Verben. Konstruktionen, Bedeutungen, Übersetzungen*, Klett, Stuttgart-Düsseldorf-Leipzig.

DELI

1979-88 M. CORTELAZZO / P. ZOLLI, *Dizionario etimologico della lingua italiana*, 5 voll., Zanichelli, Bologna.

DE MAURO, T.

1999 *Grande Dizionario Italiano dell'uso*, 6 voll., Utet, Torino.

DISC

1997 F. SABATINI / V. COLETTI, *Dizionario Italiano Sabatini Coletti*, con edizione in Cd-Rom, Giunti, Firenze.

DISC, Guida

1997 *Didadisc. Guida all'uso didattico del Dizionario Italiano Sabatini Coletti*, Giunti, Firenze.

G.D.L.I.

1961 sgg. S. BATTAGLIA / G. BÀRBERI SQUAROTTI (dir.), *Grande Dizionario della Lingua Italiana*, Utet, Torino.

GDU

vedi DE MAURO 1999.

ZINGARELLI

2001 N. ZINGARELLI, *Vocabolario della lingua italiana*, dodicesima edizione a cura di M. Dogliotti e L. Rosiello, Zanichelli, Bologna 2000.

5. *Dizionari giuridici.*

DALFINO, E.

1992 *Lessico giuridico dell'edilizia e dell'urbanistica*, Laterza, Roma-Bari.

FERRARETTI, S.

1986 *Dizionari dei termini giuridici e amministrativi*, Edizioni Laurus Robuffo, Roma.

PARISI, N. / RINOLDI, D.

1985 *Dizionario dei termini giuridici*, Sansoni, Firenze.

REZASCO, G.

1881 *Dizionario del linguaggio italiano storico ed amministrativo*, Le Monnier, Firenze.

SACCHETTI, G.

1825-33 *Dizionario legale*, 5 voll., Stamperia granducale, Firenze.

TRINGALI, S.

1914 *Dizionario legale. Diritto civile - commerciale - penale - militare - marittimo*, Hoepli, Milano.

WEST'S LAW & COMMERCIAL DICTIONARY

1988 *Dizionario giuridico e commerciale inglese-italiano francese spagnolo tedesco; italiano-inglese*, Zanichelli/West, Bologna.

Indice analitico

Indice dei nomi

Stampato per conto della Casa editrice Einaudi
presso ELCOGRAF S.p.A. - Stabilimento di Cles (Tn)

C.L. 12440

Ristampa						Anno			
10	11	12	13	14	15	2024	2025	2026	2027